政法指导工作系列丛书

行政工作实务操作指南

浦东新区“引领区”法治保障工作范例

上海市浦东新区法学会　著

中国出版集团　东方出版中心

图书在版编目（CIP）数据

行政工作实务操作指南 / 上海市浦东新区法学会著
. —上海：东方出版中心, 2022.11

ISBN 978-7-5473-2093-8

Ⅰ. ①行… Ⅱ. ①上… Ⅲ. ①行政管理－中国－指南
Ⅳ. ①D630.1-62

中国版本图书馆CIP数据核字（2022）第207202号

行政工作实务操作指南

著　　者　上海市浦东新区法学会
责任编辑　王欢欢
封面设计　钟　颖

出版发行　东方出版中心有限公司
地　　址　上海市仙霞路345号
邮政编码　200336
电　　话　021-62417400
印 刷 者　上海盛通时代印刷有限公司

开　　本　710mm×1000mm 1/16
印　　张　19
字　　数　209千字
版　　次　2022年12月第1版
印　　次　2022年12月第1次印刷
定　　价　58.00元

出版说明

坚持全面依法治国，是新时代坚持和发展中国特色社会主义的基本方略之一。随着依法治国方略的全面深入推进，行政工作的规范化程度越来越高，专业化工作越来越细。为了积极贯彻落实中央依法治国的文件精神、打造浦东新区“引领区”法治保障的工作目标，为基层工作提供实战业务指导，我们组织法学业务骨干开展专项攻坚。《行政工作实务操作指南》(以下简称:《操作指南》)就是工作成果之一。

在这个目标的指引下,《操作指南》主要用途有二,一是提供工作指引。为行政工作人员在执法过程中，提供法制保障和学习参考。《操作指南》既是规范基层实务工作流程的操作指引，也可以帮助基层工作人员扩展知识面，掌握了解法律的立法原意和法理。二是提供办事指南。除从事行政执法工作的人员之外，也对人民群众知法、用法和依法办事的需求提供指引，尤其是对可能影响行政相对人、利益相关人权利的重要法定期限、法定条件等作出提示，让人民群众办理行政许可、申请行政确认的时候有法可依、有据可循。

编写过程中，本书力求紧贴基层实务工作，突出以下几个特点：

1. 形式简约。考虑到行政执法人员工作任务繁重，需要更为实用的方式学习参考，因此本书在编排上注重简洁明确。通过示意图的方式，点明各类行政行为概念、划清轮廓，继而提示法定操作流程、期限等要素，方便随时查阅。

2. 重点突出。浦东新区的行政执法和行政诉讼，涉猎范围之广、涵盖内容之多，远非一本小小手册所能容纳。如何在浩如烟海的素材中作“大”和“小”的取舍，以小篇幅映射大范围，是本书要解决的首要难题。在筛选过程中，我们力求服务主题，突出重点。对于示意图部分，既在面上顾及每一类行政行为，又以实务操作指引为准绳，对内容不作过多扩展。对于行政诉讼案例部分，则求实用不求全面。对执法实务中诉讼争议突出、败诉较多的案件类型，在选择时有所偏重，突出指引性。

3. 内容“浦东”。法治实践具有地方性特色。《操作指南》旨在为浦东新区依法治区提供重要抓手，内容选排上也以浦东本土法治实践为落脚点。其中，不仅包括浦东所遇的真实行政诉讼案例，也涵盖了立法权授予至今所有颁布的“浦东法规”，供读者实时参考运用。

需要说明的是，《操作指南》得到了各单位的帮助和支持，特别感谢上海市公安局法制总队副总队长金黎钢、浦东公安分局法制支队支队长单斌、浦东法院行政及执行裁判庭庭长孙忠耘、静安法院行政及执行裁判庭庭长陈剑红、浦东司法局行政复议处处长徐丽红等领导的关心和指导。

由于知识和能力的局限，本手册编写难免有不当、遗漏、疏忽之处，衷心欢迎广大读者、专家学者批评指正。

编写组

2022 年 8 月

序

2020年11月12日，习近平总书记在庆祝浦东开发开放三十周年之际，提出浦东要“勇于挑最重的担子、啃最硬的骨头，努力成为更高水平改革开放的开路先锋、全面建设社会主义现代化国家的排头兵、彰显‘四个自信’的实践范例”。2021年，中共中央、国务院发布《关于支持浦东新区高水平改革开放打造社会主义现代化建设引领区的意见》，赋予浦东新区重要历史使命，支持浦东新区打造中国特色社会主义建设的引领模范。全国人大常委会也授予上海市人民代表大会及其常务委员会制定浦东新区法规的立法权，让浦东的法治建设有了更大的自主性，支持浦东建设与大胆试、大胆闯、自主改相适应的法治保障体系。

中央把厚望寄予浦东，也把重担交给了浦东，从此浦东的发展道路可谓“一步一擂台”。如何进一步贯彻习近平法治思想，为“引领区”建设提供相适应的法治保障，突出依法行政、依法治区水平的引领性，成了摆在浦东新区所有执法者面前的机遇和挑战。

行政工作人员在执法过程中，不免存在一些手段不规范、过程不严谨的情况，因此在行政诉讼中造成了行政机关败诉案件。此外，广大人民群众对知法、用法和依法办事，尤其是对重要法定期限、法定条件等信息的需求也日益迫切。为此，我们及时出版这本《行政工作实务操作指南》，为浦东新区推进依法行政提供有法律规范、有操作步骤、有应用指导的学习素材，为贯彻落实中央依法治国和助力打造浦东新区“引领区”提供有效依据。

百年前，张之洞尝道：“古来世运之明晦，人才之盛衰，其表在政，其里在学。”我们认为，欲求行政工作水平质的提升，执法者与时俱进的学习积累必不可少。浦东行政人员靠学习走到今天，也必然靠学习走向未来。我们希望，无论是基层一线执法者，还是法学法律工作者，都能从本书中获得有效指引和有益参考，确保行政人员执法更加规范，群众合法权益保障更加有力，“引领区”建设更加秩序井然。

行政工作内容复杂、种类繁多，任何形式的操作指南都可能挂一漏万，因此，本书或许只是一个大胆的尝试。但法律的生命从来都不仅在于逻辑，而更在于实践。在浦东“引领区”建设起锚扬帆之际，我们愿意多做一些这样的尝试。

張磊

2022 年 8 月 18 日

编写组成员

主　编：张　磊　浦东新区区委常委、政法委书记

副主编：蔡忠民　浦东新区区委政法委副书记

唐　斌　浦东新区区委政法委副书记

（上海市浦东新区法学会会长）

编　辑：孙燕君　浦东新区区委政法委政法指导处处长

（上海市浦东新区法学会副会长）

包蔚薇　浦东新区区委政法委政法指导处副处长

（上海市浦东新区法学会秘书长）

奚敏敏　上海市公安局警务保障部办公室副科长

（上海市浦东新区法学会理事）

黄宇宸　浦东新区区委政法委政法指导处干部

（上海市浦东新区法学会监事长）

目　录

第一部分　行政执法原理与类型示意图

PART I

第一部分

行政执法原理与类型示意图

PART1

一、法律位阶示意图

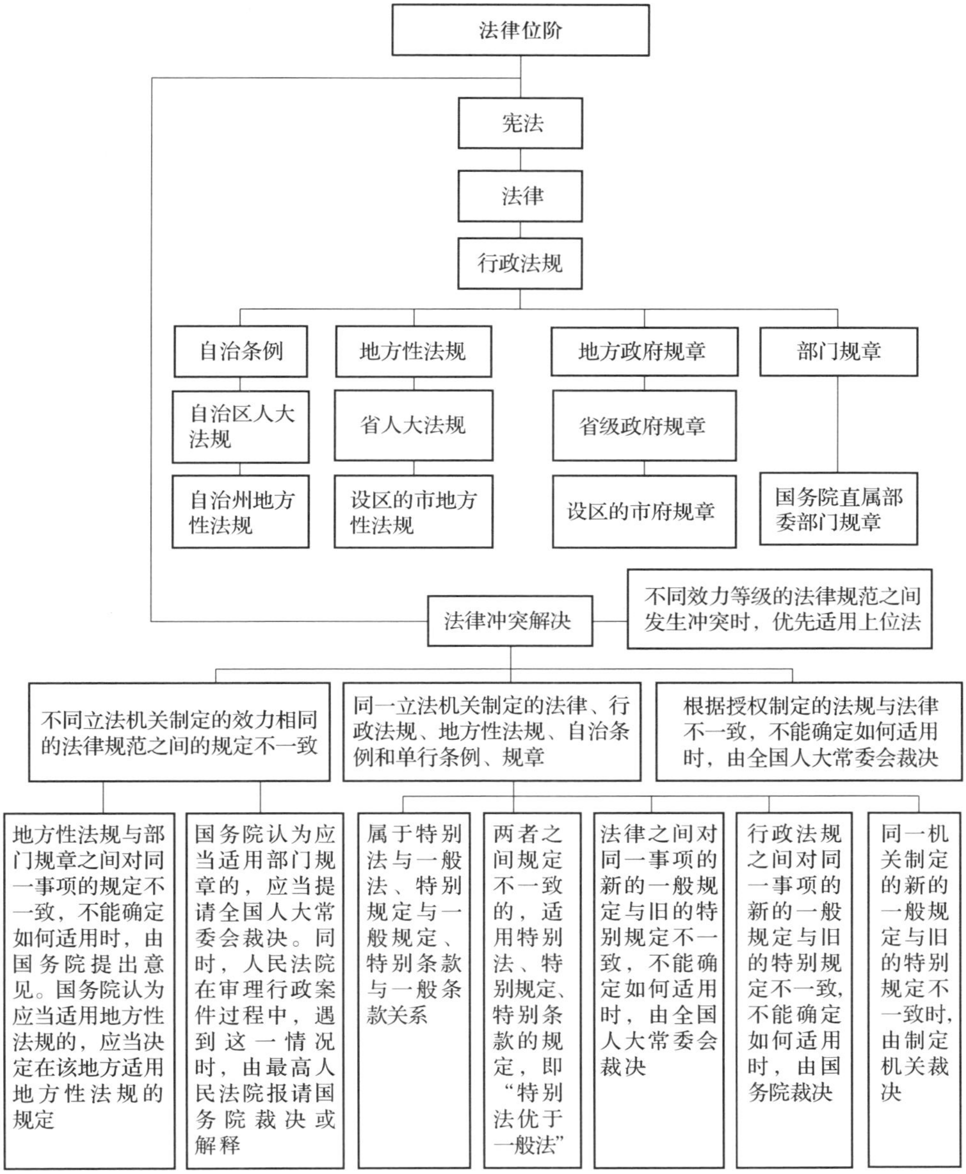
法律位阶
宪法
法律
行政法规
自治条例
地方性法规
地方政府规章
部门规章
自治区人大法规
省人大法规
省级政府规章
自治州地方性法规
设区的市地方性法规
设区的市府规章
国务院直属部委部门规章
法律冲突解决
不同效力等级的法律规范之间发生冲突时，优先适用上位法
不同立法机关制定的效力相同的法律规范之间的规定不一致
同一立法机关制定的法律、行政法规、地方性法规、自治条例和单行条例、规章
根据授权制定的法规与法律不一致，不能确定如何适用时，由全国人大常委会裁决
地方性法规与部门规章之间对同一事项的规定不一致，不能确定如何适用时，由国务院提出意见。国务院认为应当适用地方性法规的，应当决定在该地方适用地方性法规的规定
国务院认为应当适用部门规章的，应当提请全国人大常委会裁决。同时，人民法院在审理行政案件过程中，遇到这一情况时，由最高人民法院报请国务院裁决或解释
属于特别法与一般法、特别规定与一般规定、特别条款与一般条款关系
两者之间规定不一致的，适用特别法、特别规定、特别条款的规定，即“特别法优于一般法”
法律之间对同一事项的新的一般规定与旧的特别规定不一致，不能确定如何适用时，由全国人大常委会裁决
行政法规之间对同一事项的新的一般规定与旧的特别规定不一致，不能确定如何适用时，由国务院裁决
同一机关制定的新的一般规定与旧的特别规定不一致时，由制定机关裁决

二、行政法基本原则示意图

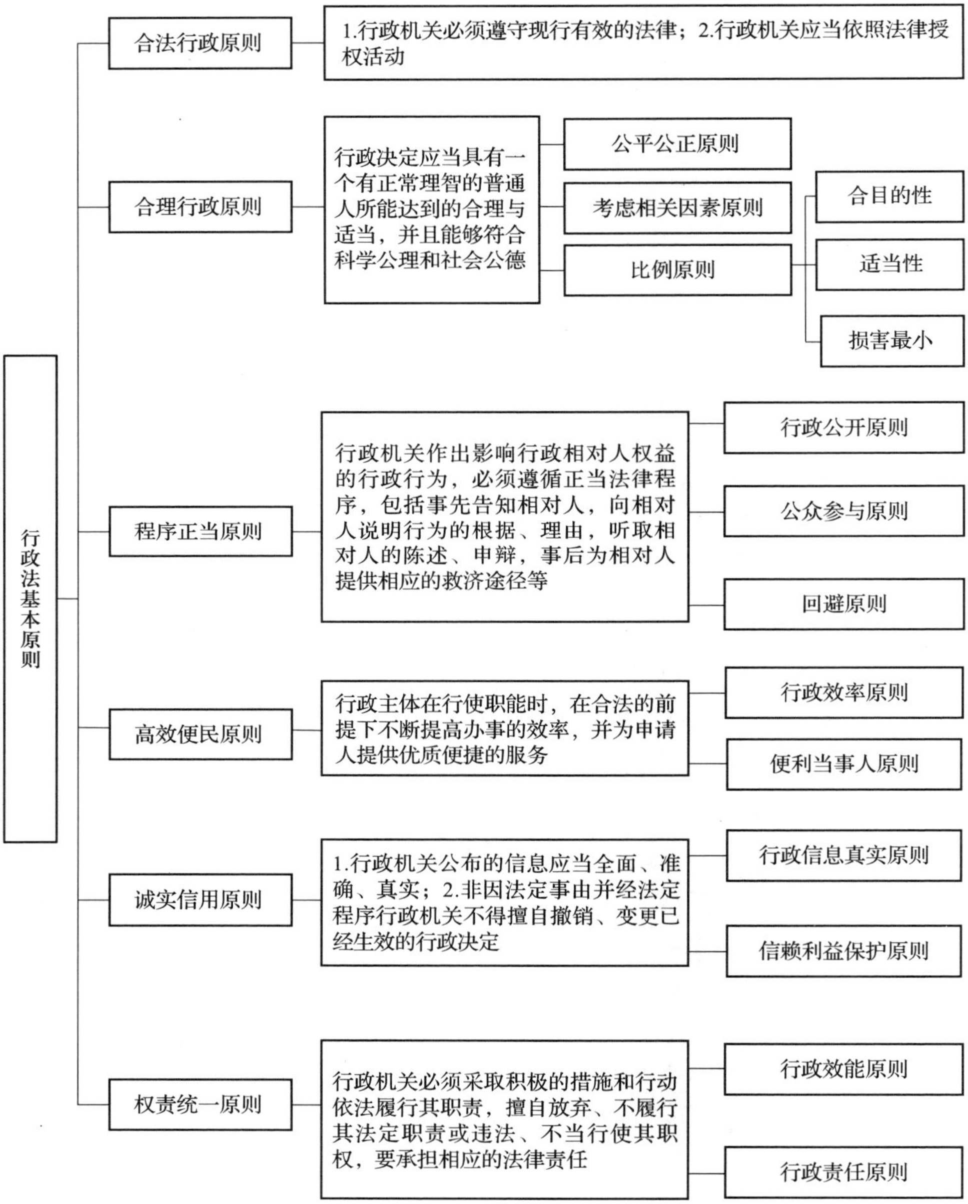

三、行政组织示意图

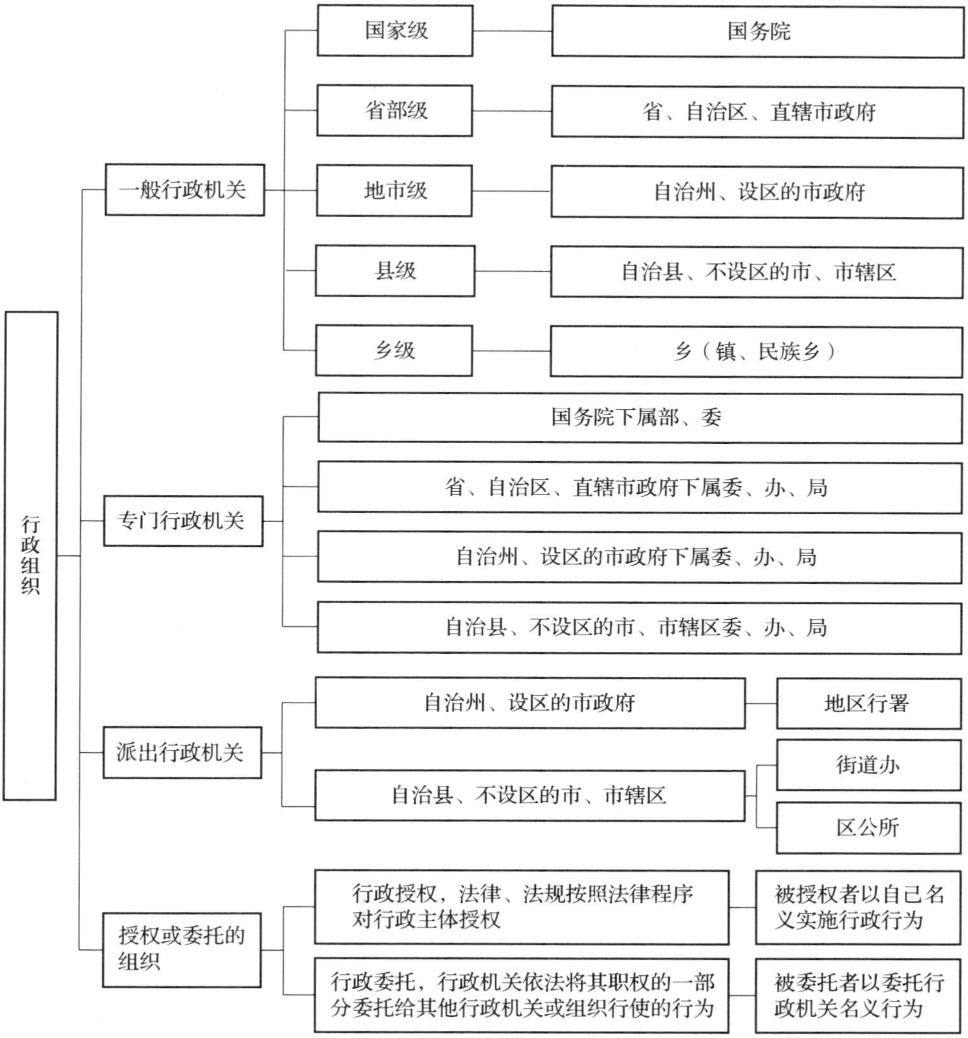
行政组织
一般行政机关
国家级
国务院
省部级
省、自治区、直辖市政府
地市级
自治州、设区的市政府
县级
自治县、不设区的市、市辖区
乡级
乡（镇、民族乡）
专门行政机关
国务院下属部、委
省、自治区、直辖市政府下属委、办、局
自治州、设区的市政府下属委、办、局
自治县、不设区的市、市辖区委、办、局
派出行政机关
自治州、设区的市政府
地区行署
自治县、不设区的市、市辖区
街道办
区公所
授权或委托的组织
行政授权，法律、法规按照法律程序对行政主体授权
被授权者以自己名义实施行政行为
行政委托，行政机关依法将其职权的一部分委托给其他行政机关或组织行使的行为
被委托者以委托行政机关名义行为

四、行政行为示意图

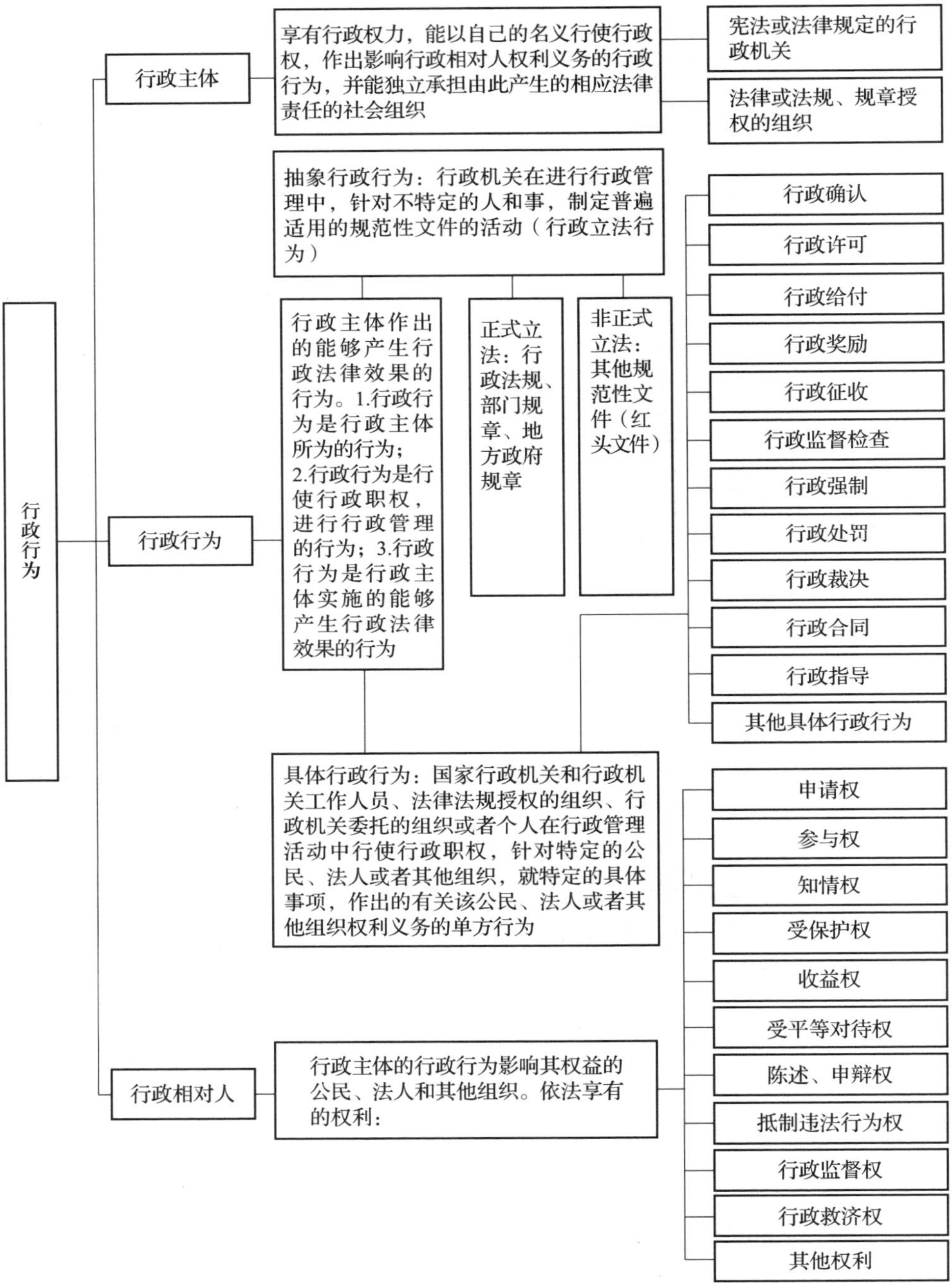
行政行为
行政主体
享有行政权力，能以自己的名义行使行政权，作出影响行政相对人权利义务的行政行为，并能独立承担由此产生的相应法律责任的社会组织
宪法或法律规定的行政机关
法律或法规、规章授权的组织
行政行为
行政主体作出的能够产生行政法律效果的行为。1.行政行为是行政主体所为的行为；2.行政行为是行使行政职权，进行行政管理的行为；3.行政行为是行政主体实施的能够产生行政法律效果的行为
抽象行政行为：行政机关在进行行政管理中，针对不特定的人和事，制定普遍适用的规范性文件的活动（行政立法行为）
正式立法：行政法规、部门规章、地方政府规章
非正式立法：其他规范性文件（红头文件）
具体行政行为：国家行政机关和行政机关工作人员、法律法规授权的组织、行政机关委托的组织或者个人在行政管理活动中行使行政职权，针对特定的公民、法人或者其他组织，就特定的具体事项，作出的有关该公民、法人或者其他组织权利义务的单方行为
行政确认
行政许可
行政给付
行政奖励
行政征收
行政监督检查
行政强制
行政处罚
行政裁决
行政合同
行政指导
其他具体行政行为
行政相对人
行政主体的行政行为影响其权益的公民、法人和其他组织。依法享有的权利：
申请权
参与权
知情权
受保护权
收益权
受平等对待权
陈述、申辩权
抵制违法行为权
行政监督权
行政救济权
其他权利

五、行政许可示意图

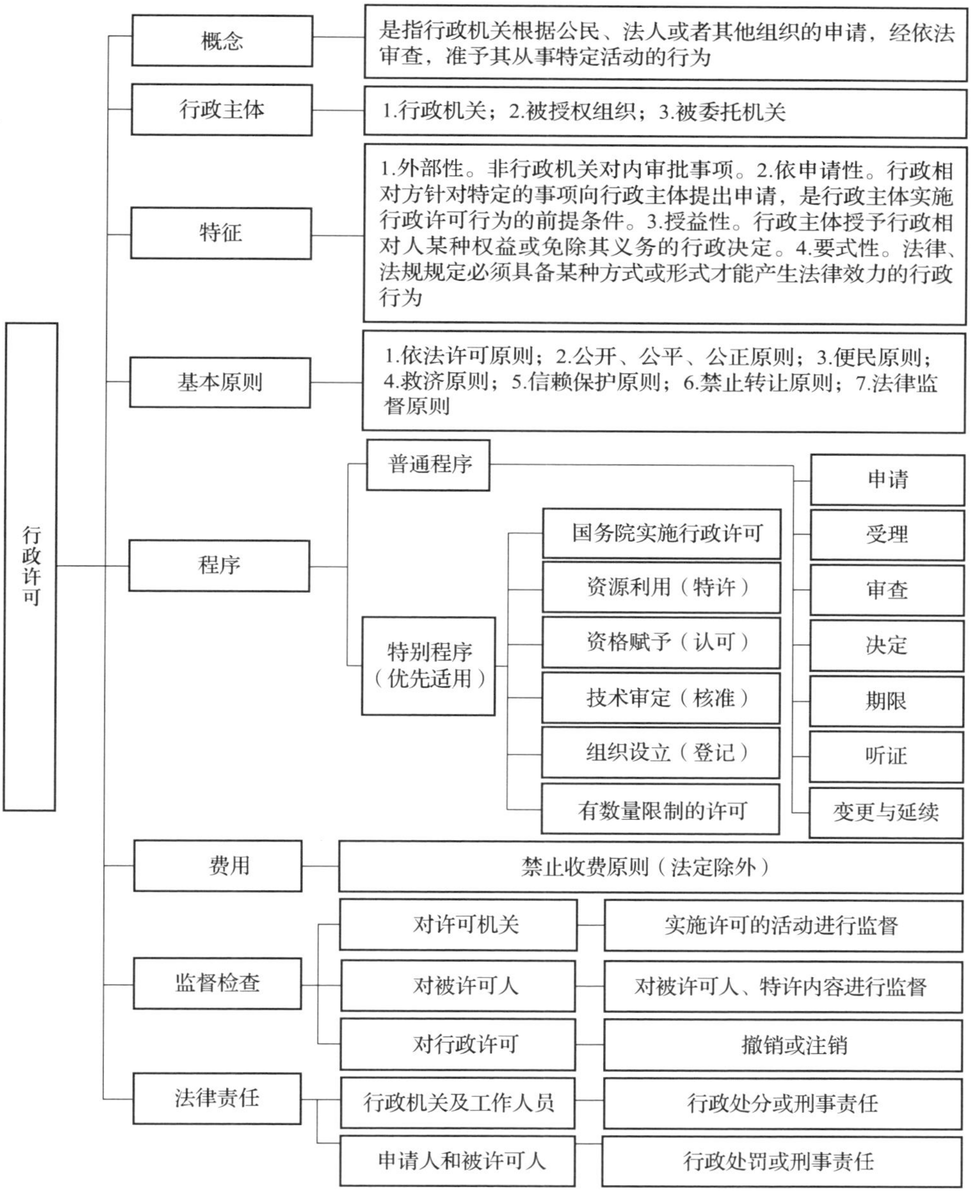
行政许可
概念
是指行政机关根据公民、法人或者其他组织的申请，经依法审查，准予其从事特定活动的行为
行政主体
1.行政机关；2.被授权组织；3.被委托机关
特征
1.外部性。非行政机关对内审批事项。2.依申请性。行政相对方针对特定的事项向行政主体提出申请，是行政主体实施行政许可行为的前提条件。3.授益性。行政主体授予行政相对人某种权益或免除其义务的行政决定。4.要式性。法律、法规规定必须具备某种方式或形式才能产生法律效力的行政行为
基本原则
1.依法许可原则；2.公开、公平、公正原则；3.便民原则；4.救济原则；5.信赖保护原则；6.禁止转让原则；7.法律监督原则
程序
普通程序
特别程序（优先适用）
国务院实施行政许可
资源利用（特许）
资格赋予（认可）
技术审定（核准）
组织设立（登记）
有数量限制的许可
申请
受理
审查
决定
期限
听证
变更与延续
费用
禁止收费原则（法定除外）
监督检查
对许可机关
实施许可的活动进行监督
对被许可人
对被许可人、特许内容进行监督
对行政许可
撤销或注销
法律责任
行政机关及工作人员
行政处分或刑事责任
申请人和被许可人
行政处罚或刑事责任

六、行政确认示意图

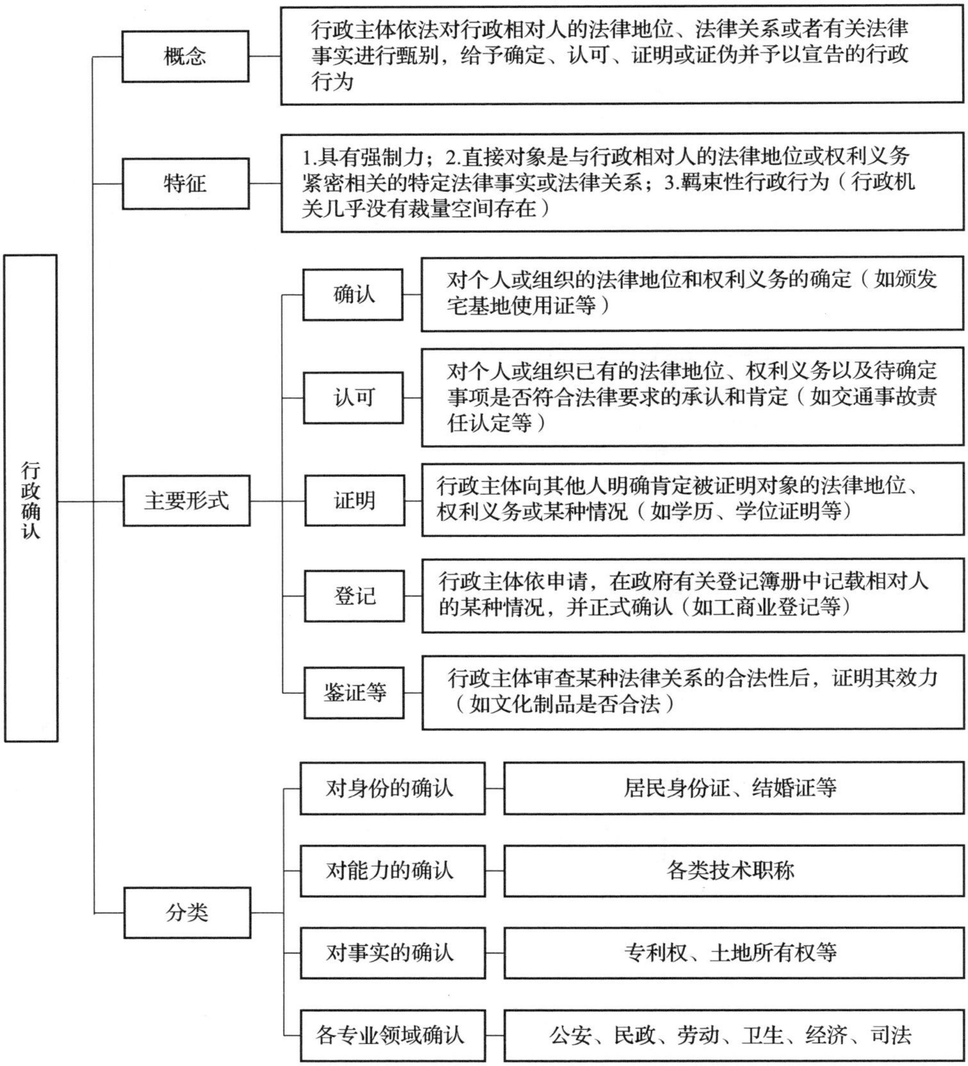
行政确认
概念
行政主体依法对行政相对人的法律地位、法律关系或者有关法律事实进行甄别，给予确定、认可、证明或证伪并予以宣告的行政行为
特征
1.具有强制力；2.直接对象是与行政相对人的法律地位或权利义务紧密相关的特定法律事实或法律关系；3.羁束性行政行为（行政机关几乎没有裁量空间存在）
主要形式
确认
对个人或组织的法律地位和权利义务的确定（如颁发宅基地使用证等）
认可
对个人或组织已有的法律地位、权利义务以及待确定事项是否符合法律要求的承认和肯定（如交通事故责任认定等）
证明
行政主体向其他人明确肯定被证明对象的法律地位、权利义务或某种情况（如学历、学位证明等）
登记
行政主体依申请，在政府有关登记簿册中记载相对人的某种情况，并正式确认（如工商业登记等）
鉴证等
行政主体审查某种法律关系的合法性后，证明其效力（如文化制品是否合法）
分类
对身份的确认
居民身份证、结婚证等
对能力的确认
各类技术职称
对事实的确认
专利权、土地所有权等
各专业领域确认
公安、民政、劳动、卫生、经济、司法

七、行政给付示意图

- 行政给付
  - 概念
    - 行政主体依照有关法律、法规，向符合条件的申请人提供物资利益或者赋予其与物质利益有关的权益的具体行政行为
  - 目的
    - 政府通过给予公民、法人利益和便利等方式实现行政目的活动
  - 原则
    - 法定原则
    - 公开、公平、平等原则
    - 专款专用和效率原则
    - 合理比例原则
    - 国家保障与社会扶助相结合、鼓励劳动自救原则
    - 信赖保护原则
  - 程序
    - 1.申请；2.受理；3.审查；4.决定
  - 特点
    - 以行政相对人的申请为条件
    - 具有特定法律依据，属于行政行为
    - 赋予行政相对人以一定的物质帮助权益
    - 行政给付的对象是处于特殊状态下的行政相对人
  - 形式
    - 抚恤金
    - 生活补助费
    - 安置费（费用或住所）
    - 自然灾害救济金及救济物资
    - 优待（减免费用）
    - 社会福利
    - 其他

八、行政奖励示意图

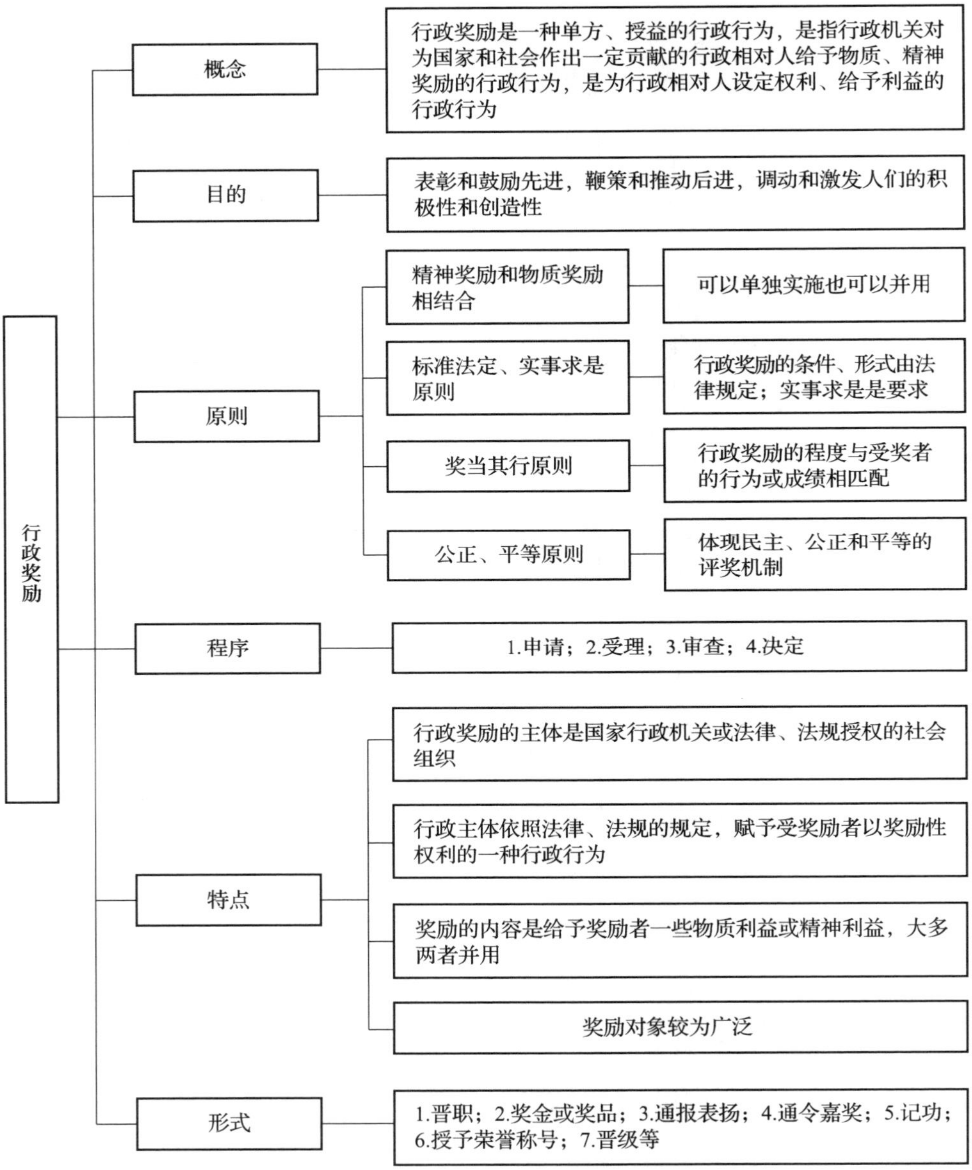
行政奖励
概念
行政奖励是一种单方、授益的行政行为，是指行政机关对为国家和社会作出一定贡献的行政相对人给予物质、精神奖励的行政行为，是为行政相对人设定权利、给予利益的行政行为
目的
表彰和鼓励先进，鞭策和推动后进，调动和激发人们的积极性和创造性
原则
精神奖励和物质奖励相结合
可以单独实施也可以并用
标准法定、实事求是原则
行政奖励的条件、形式由法律规定；实事求是是要求
奖当其行原则
行政奖励的程度与受奖者的行为或成绩相匹配
公正、平等原则
体现民主、公正和平等的评奖机制
程序
1.申请；2.受理；3.审查；4.决定
特点
行政奖励的主体是国家行政机关或法律、法规授权的社会组织
行政主体依照法律、法规的规定，赋予受奖励者以奖励性权利的一种行政行为
奖励的内容是给予奖励者一些物质利益或精神利益，大多两者并用
奖励对象较为广泛
形式
1.晋职；2.奖金或奖品；3.通报表扬；4.通令嘉奖；5.记功；6.授予荣誉称号；7.晋级等

九、行政检查示意图

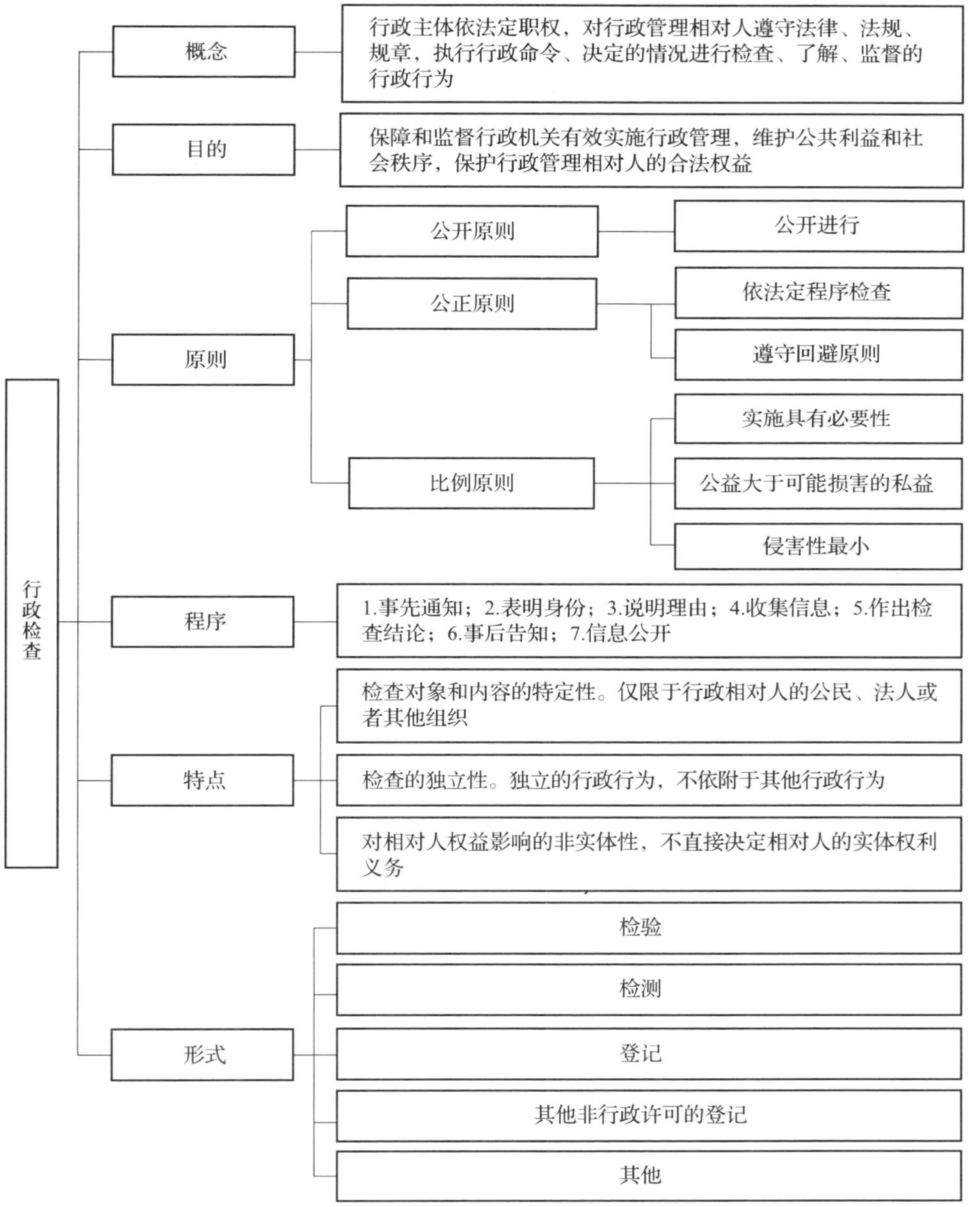
行政检查
概念
行政主体依法定职权，对行政管理相对人遵守法律、法规、规章，执行行政命令、决定的情况进行检查、了解、监督的行政行为
目的
保障和监督行政机关有效实施行政管理，维护公共利益和社会秩序，保护行政管理相对人的合法权益
原则
公开原则
公开进行
公正原则
依法定程序检查
遵守回避原则
比例原则
实施具有必要性
公益大于可能损害的私益
侵害性最小
程序
1.事先通知；2.表明身份；3.说明理由；4.收集信息；5.作出检查结论；6.事后告知；7.信息公开
特点
检查对象和内容的特定性。仅限于行政相对人的公民、法人或者其他组织
检查的独立性。独立的行政行为，不依附于其他行政行为
对相对人权益影响的非实体性，不直接决定相对人的实体权利义务
形式
检验
检测
登记
其他非行政许可的登记
其他

十、行政强制示意图

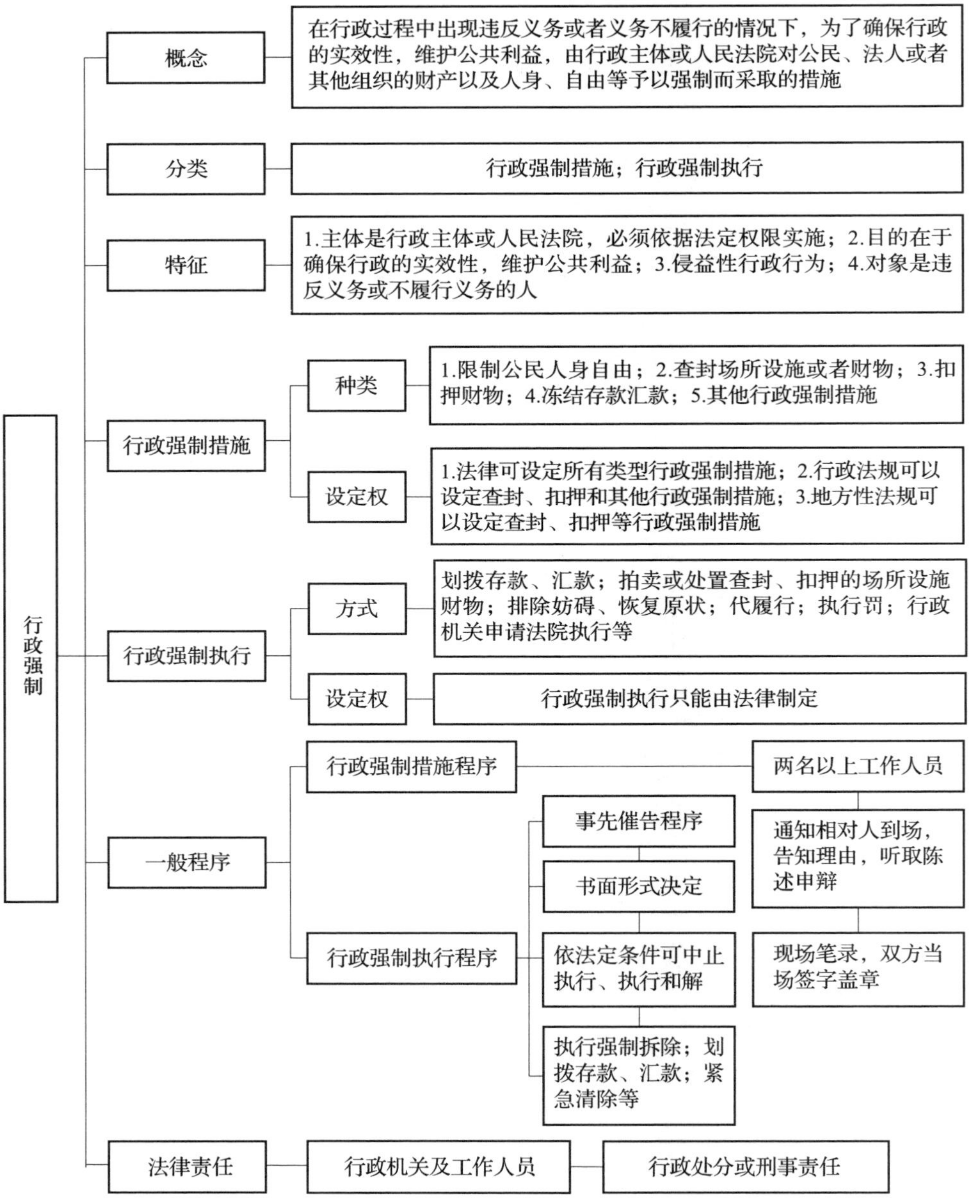
行政强制
概念
在行政过程中出现违反义务或者义务不履行的情况下，为了确保行政的实效性，维护公共利益，由行政主体或人民法院对公民、法人或者其他组织的财产以及人身、自由等予以强制而采取的措施
分类
行政强制措施；行政强制执行
特征
1.主体是行政主体或人民法院，必须依据法定权限实施；2.目的在于确保行政的实效性，维护公共利益；3.侵益性行政行为；4.对象是违反义务或不履行义务的人
行政强制措施
种类
1.限制公民人身自由；2.查封场所设施或者财物；3.扣押财物；4.冻结存款汇款；5.其他行政强制措施
设定权
1.法律可设定所有类型行政强制措施；2.行政法规可以设定查封、扣押和其他行政强制措施；3.地方性法规可以设定查封、扣押等行政强制措施
行政强制执行
方式
划拨存款、汇款；拍卖或处置查封、扣押的场所设施财物；排除妨碍、恢复原状；代履行；执行罚；行政机关申请法院执行等
设定权
行政强制执行只能由法律制定
一般程序
行政强制措施程序
两名以上工作人员
通知相对人到场，告知理由，听取陈述申辩
现场笔录，双方当场签字盖章
行政强制执行程序
事先催告程序
书面形式决定
依法定条件可中止执行、执行和解
执行强制拆除；划拨存款、汇款；紧急清除等
法律责任
行政机关及工作人员
行政处分或刑事责任

十一、查封和扣押工作示意图

查封和扣押工作

- **主体**
  - 查封、扣押应当由法律、法规规定的行政机关实施，其他任何行政机关或者组织不得实施
- **范围**
  - 查封、扣押限于涉案的场所、设施或者财物；不得查封、扣押与违法行为无关的场所、设施或者财物；不得查封、扣押公民个人及其扶养家属的生活必需品
  - 当事人的场所、设施或者财物已被其他国家机关依法查封的，不得重复查封
- **流程**
  - 1.实施前须向行政机关负责人报告并经批准；2.由两名以上行政执法人员实施；3.出示执法身份证件；4.通知当事人到场；5.当场告知当事人采取行政强制措施的理由、依据以及当事人依法享有的权利、救济途径；6.听取当事人的陈述和申辩；7.制作现场笔录；8.现场笔录由当事人和行政执法人员签名或者盖章，当事人拒绝的，在笔录中予以注明；9.当事人不到场的，邀请见证人到场，由见证人和行政执法人员在现场笔录上签名或者盖章；10.法律、法规规定的其他程序
- **内容**
  - 1.当事人的姓名或者名称、地址；2.查封、扣押的理由、依据和期限；3.查封、扣押场所、设施或者财物的名称、数量等；4.申请行政复议或者提起行政诉讼的途径和期限；5.行政机关的名称、印章和日期
  - 查封、扣押清单一式二份，由当事人和行政机关分别保存
- **期限**
  - 查封、扣押的期限不得超过三十日；情况复杂的，经行政机关负责人批准，可以延长，但是延长期限不得超过三十日。法律、行政法规另有规定的除外。延长查封、扣押的决定应当及时书面告知当事人，并说明理由
- **保管**
  - 对查封、扣押的场所、设施或者财物，行政机关应当妥善保管，不得使用或者损毁；造成损失的，应当承担赔偿责任。对查封的场所、设施或者财物，行政机关可以委托第三人保管，第三人不得损毁或者擅自转移、处置。因第三人的原因造成的损失，行政机关先行赔付后，有权向第三人追偿。因查封、扣押发生的保管费用由行政机关承担
- **解除**
  - 行政采取查封、扣押措施后，应当及时查清事实，在法定期限内作出处理决定。对违法事实清楚，依法应当没收的非法财物予以没收；法律、行政法规规定应当销毁的，依法销毁；应当解除查封、扣押的，作出解除查封、扣押的决定

十二、冻结工作示意图

- 冻结工作
  - 主体
    - 冻结存款、汇款应当由法律规定的行政机关实施，不得委托给其他行政机关或者组织；其他任何行政机关或者组织不得冻结存款、汇款
  - 内容
    - 冻结存款、汇款的数额应当与违法行为涉及的金额相当
    - 已被国家其他机关依法冻结的，不得重复冻结
  - 流程
    - 1.实施前须向行政机关负责人报告并经批准；2.由两名以上行政执法人员实施；3.出示执法身份证件；4.制作现场笔录，并向金融机构交付冻结通知书
    - 三日内向当事人交付冻结决定书
  - 内容
    - 1.当事人的姓名或者名称、地址；2.冻结的理由、依据和期限；3.冻结的账号和数额；4.申请行政复议或者提起行政诉讼的途径和期限；5.行政机关的名称、印章和日期
  - 期限
    - 自冻结存款、汇款之日起三十日内，行政机关应当作出处理决定或者作出解除冻结决定；情况复杂的，经行政机关负责人批准，可以延长，但是延长期限不得超过三十日。法律另有规定的除外
    - 延长冻结的决定应当及时书面告知当事人，并说明理由
  - 解除
    - 符合下列情形之一，行政机关应当及时作出解除冻结决定：1.当事人没有违法行为；2.冻结的存款、汇款与违法行为无关；3.行政机关对违法行为已经作出处理决定，不再需要冻结；4.冻结期限已经届满；5.其他不再需要采取冻结措施的情形
    - 行政机关作出解除冻结决定的，应当及时通知金融机构和当事人。金融机构接到通知后，应当立即解除冻结
    - 行政机关逾期未作出处理决定或者解除冻结决定的，金融机构应当自冻结期满之日起解除冻结

十三、行政机关申请法院强制执行示意图

- 行政机关申请法院强制执行
  - 概念
    - 行政强制执行是指作为义务主体的行政相对人不履行其应履行的义务时，行政机关或者行政机关申请法院，依法强制其履行义务的行为。行政机关申请法院执行是行政强制执行的一种，行政机关在法定条件下向法院提出申请，由法院依法强制执行
  - 条件
    - 公民、法人或者其他组织对行政行为在法定期间不起诉又不履行义务的。行政机关应在被执行人法定起诉期限届满之日起3个月内提出
  - 期限
    - 执行案件应当在立案之日起六个月内执结，非诉执行案件应当在立案之日起三个月内执结
  - 特征
    - 必须经行政机关申请法院实施
    - 前提条件是行政相对人应履行而不履行法定义务
    - 侵益性行政行为
    - 对象是违反义务或不履行义务的人
    - 目的是实现义务的履行
  - 设定权
    - 行政强制执行均只能由法律设定
  - 申请材料
    - 强制执行申请书
    - 行政决定书及作出决定的事实、理由和依据
    - 行政相对人的意见及行政机关催告情况
    - 申请强制执行标的情况
  - 执行程序
    - 事先催告程序
    - 书面形式决定
    - 依法定条件可中止执行、执行和解
    - 执行
  - 法律责任
    - 行政机关及工作人员
      - 行政处分或刑事责任

十四、行政处罚种类和设定示意图

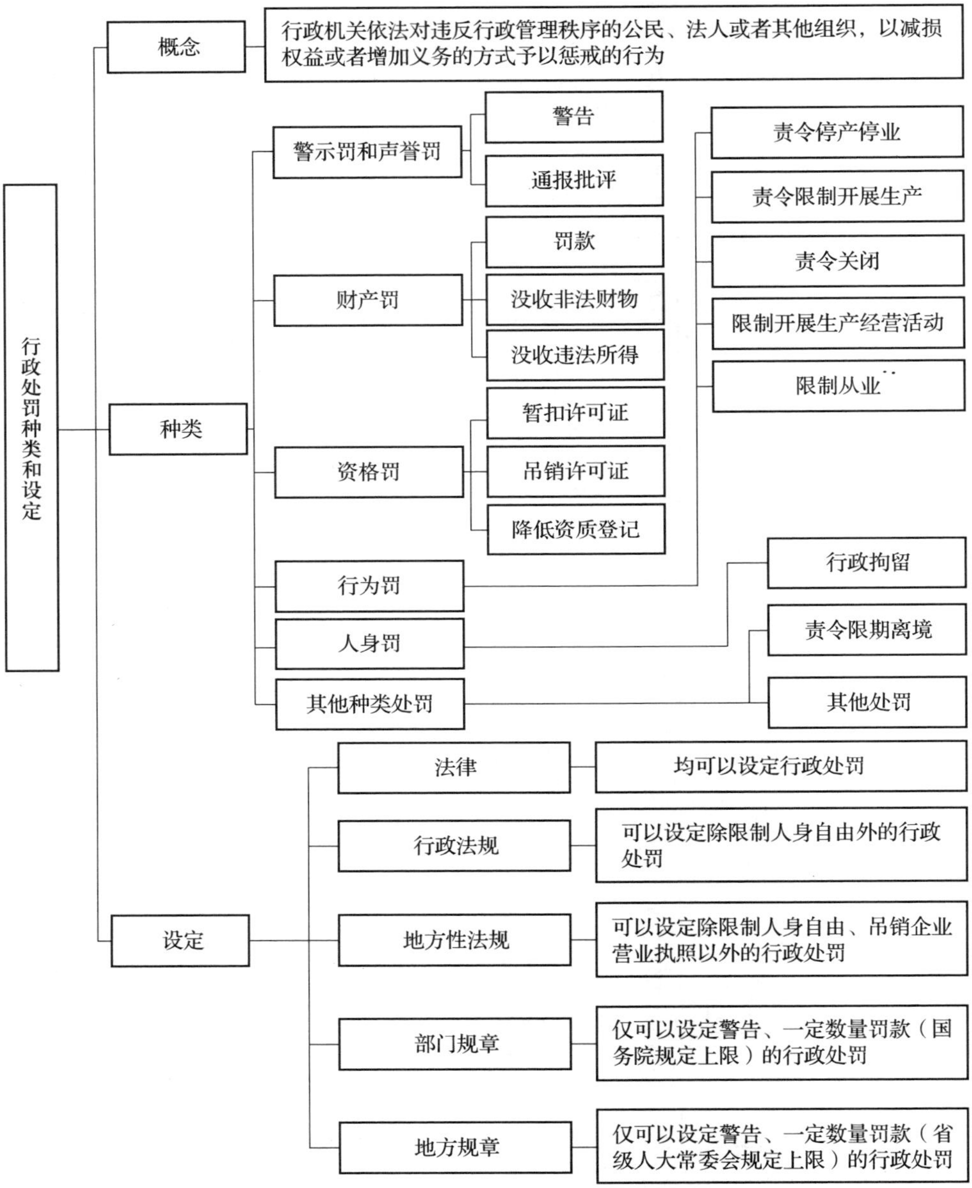

十五、行政处罚简易程序示意图

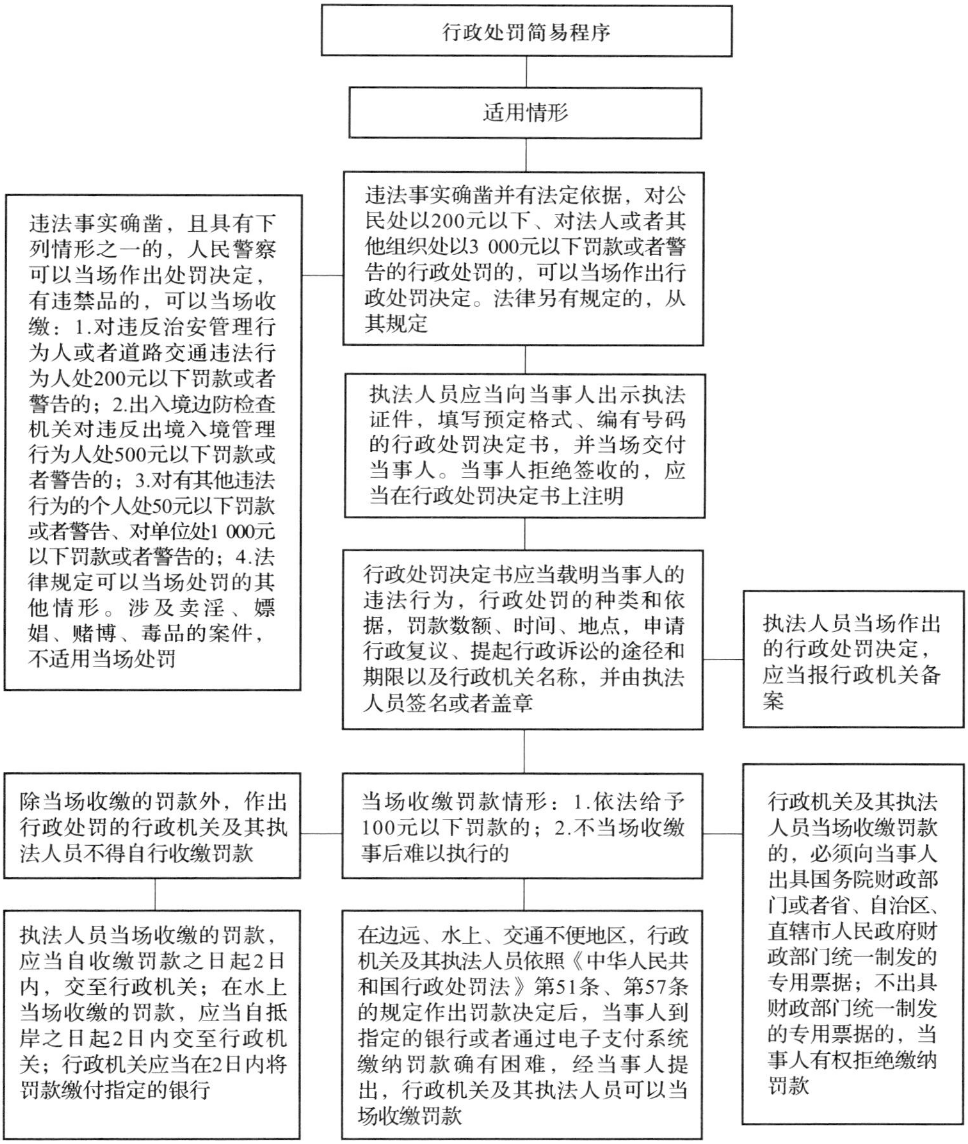

十六、行政处罚普通程序示意图

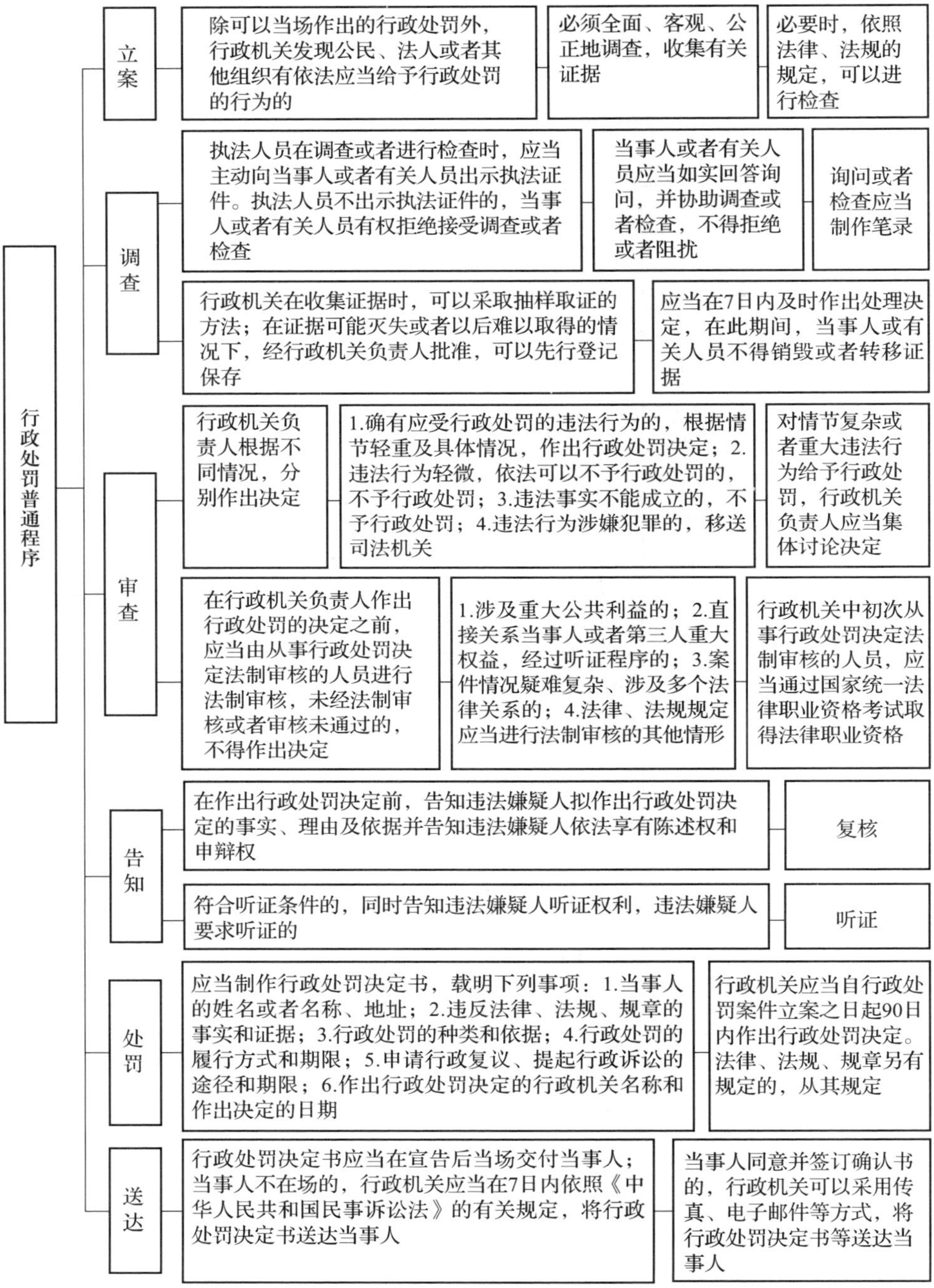

十七、行政案件听证工作示意图

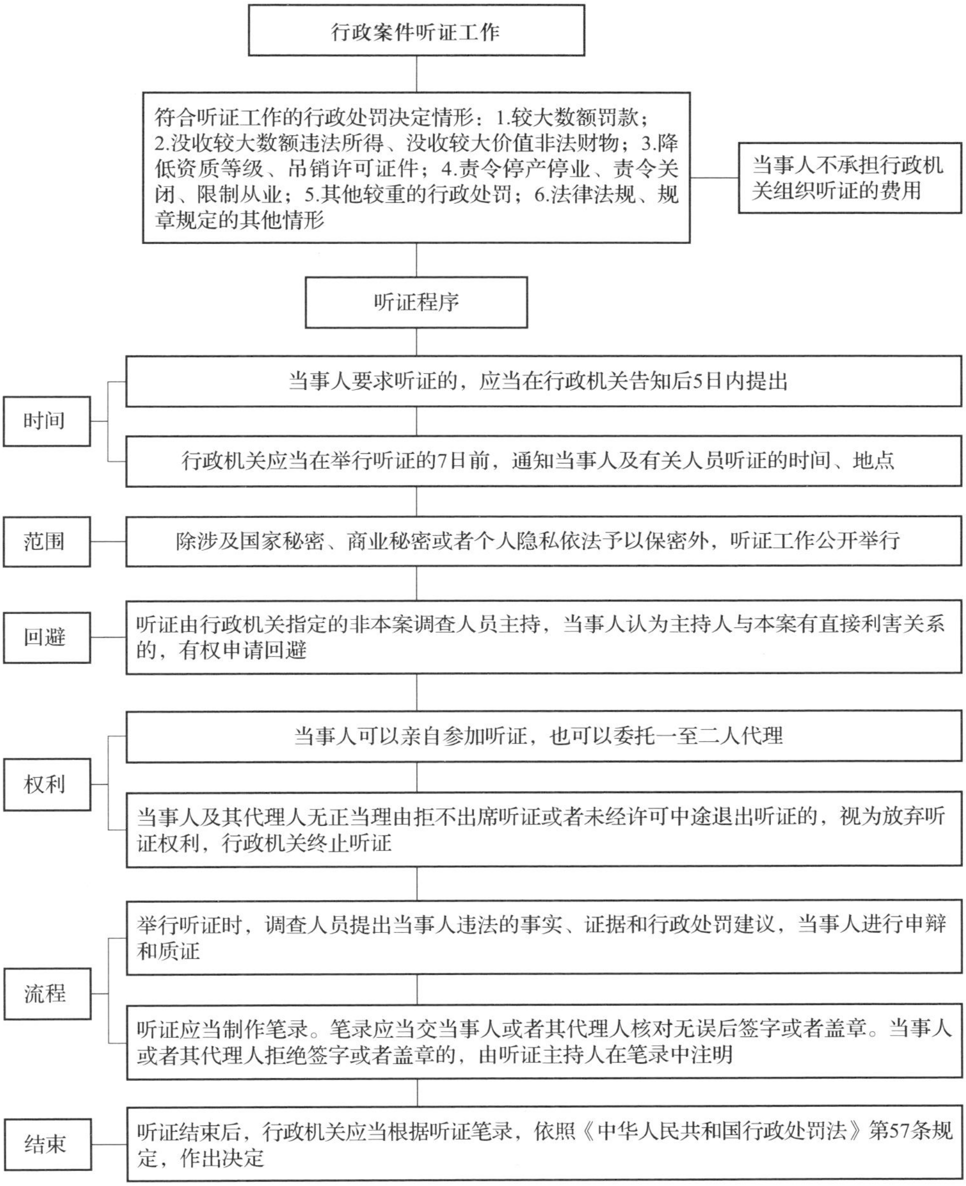

十八、政府信息公开示意图

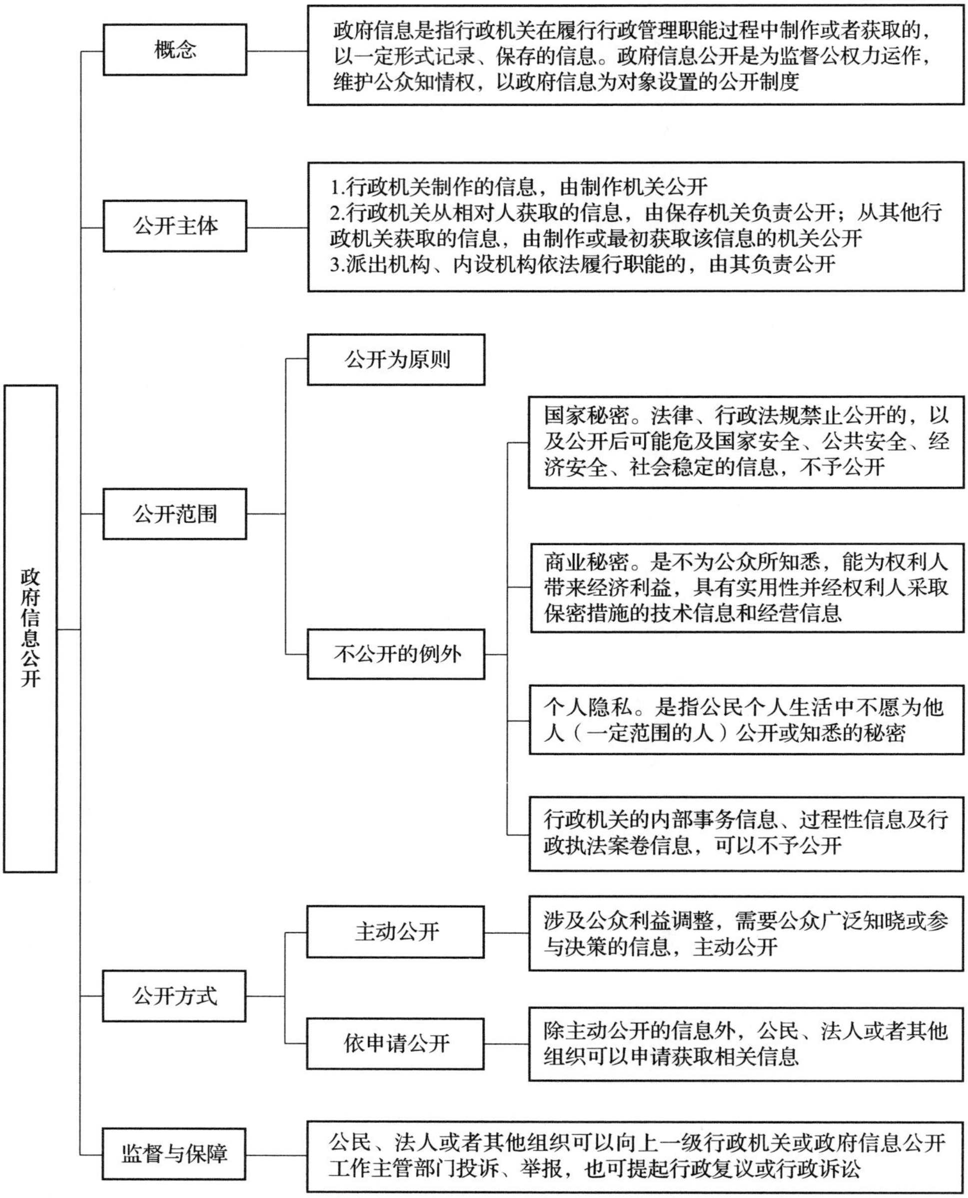

十九、政府信息主动公开工作示意图

政府信息主动公开工作

涉及公众利益调整，需要公众广泛知晓或者需要公众参与决策的政府信息

行政机关应当主动公开

1.行政法规、规章和规范性文件；2.机关职能、机构设置、办公地址、办公时间、联系方式、负责人姓名；3.国民经济和社会发展规划、专项规划、区域规划及相关政策；4.国民经济和社会发展统计信息；5.办理行政许可和其他对外管理服务事项的依据、条件、程序以及办理结果；6.实施行政处罚、行政强制的依据、条件、程序以及本行政机关认为具有一定社会影响的行政处罚决定；7.财政预算、决算信息；8.行政事业性收费项目及其依据、标准；9.政府集中采购项目的目录、标准及实施情况；10.重大建设项目的批准和实施情况；11.扶贫、教育、医疗、社会保障、促进就业等方面的政策、措施及其实施情况；12.突发公共时间的应急预案、预警信息及应对情况；13.环境保护、公共卫生、安全生产、食品药品、产品质量的监督检查情况；14.公务员招考的职位、名额、报考条件等事项以及录用结果；15.法律、法规、规章和国家有关规定规定应当主动公开的其他政府信息

设区的市级、县级人民政府及其他部门

还应当根据本地方的具体情况，主动公开涉及市政建设、公共服务、公益事业、土地征收、房屋征收、治安管理、社会救助等方面的信息

乡（镇）级人民政府

还应当根据本地方的具体情况，主动公开贯彻落实农业农村政策、农田水利工程建设运营、农村土地承包经营权流转、宅基地使用情况审核、工地征收、房屋征收、筹资筹劳、社会救助等方面的政府信息

通过政府公报、政府网站或者其他互联网政务媒体、新闻发布会以及报刊、广播、电视等途径予以公开

可以根据需要设立公共查阅室、资料索取点、信息公告栏、电子信息屏等场所、设施，公开政府信息；应当及时向国家档案馆、公共图书馆提供主动公开的政府信息

各级人民政府应当加强依托政府门户网站公开政府信息的工作，利用统一的政府信息公开平台集中发布主动公开的政府信息

应当在国家档案馆、公共图书馆、政务服务场所设置政府信息查阅场所，并配备相应的设施、设备，为公民、法人和其他组织获取政府信息提供便利

自政府信息形成或者变更之日起20个工作日内及时公开。法律、法规对政府信息公开的期限另有规定的，从其规定

二十、政府信息依申请公开工作示意图

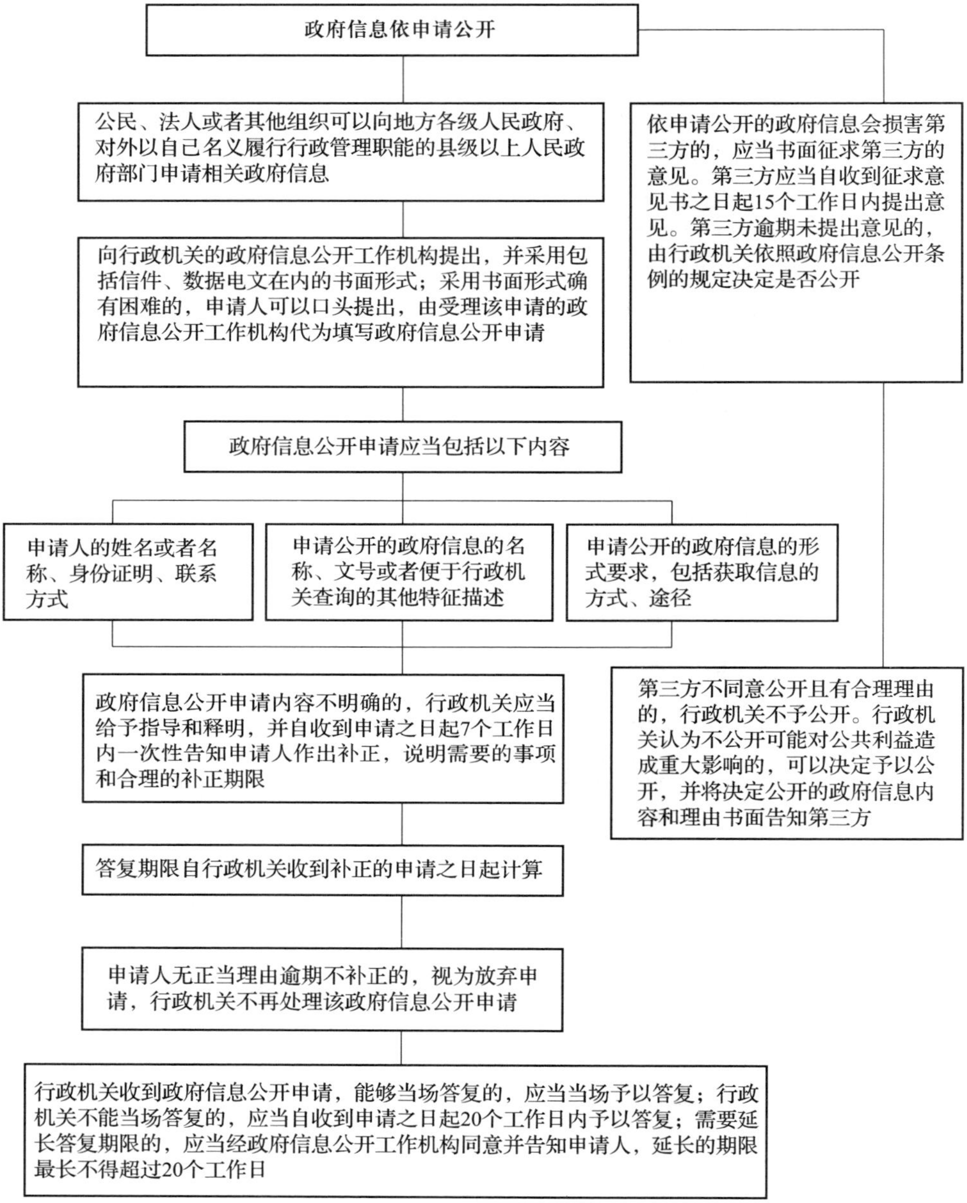

二十一、具体行政行为成立和效力示意图

- 具体行政行为成立和效力
  - 成立
    - 行使行政权力机关的单方面行为。即该行为无需对方同意，仅行政机关单方即可决定，且决定后即发生法律效力，对方负有服从的义务，如果不服从，该行为可以强制执行或者申请人民法院强制执行
  - 效力
    - 确定力，指具体行政行为一旦作出，不得随意更改：已确定的行政决定，公民无权自行变更；已确定的行政执法行为，非经法定程序行政机关不得随意改变
    - 拘束力，指具体行政行为生效后，行政主体必须按照已经确定的内容实施行为，行政相对人必须遵守和实际履行行政行为规定的义务
    - 执行力，指具体行政行为发生拘束力后，有关当事人应当积极主动地履行相关义务。否则，有关机关可以根据法律的规定依职权或依申请采取措施强制实现具体行政行为的权利义务安排
  - 有效
    - 主体合法
    - 没有滥用职权
    - 证据确实充分
    - 适用法律、法规正确
    - 程序合法
  - 可撤销
    - 主要证据不足
    - 适用法律、法规错误
    - 违反法定程序
    - 超越职权
    - 滥用职权
    - 明显不当
  - 无效
    - 实施主体不具有行政主体资格
    - 要求从事客观上不可能实施或构成犯罪的行为
    - 明显缺乏法律依据的
    - 明显缺乏事实根据的
  - 废止
    - 已经发生法律效力的行政行为，因具有法定情形而被依法定程序宣布废止，使其失去法律效力，被废止的行政行为自被废止之日起失去效力。如给相对人带来较大损失的，行政机关应予适当补偿

二十二、具体行政行为违法性示意图

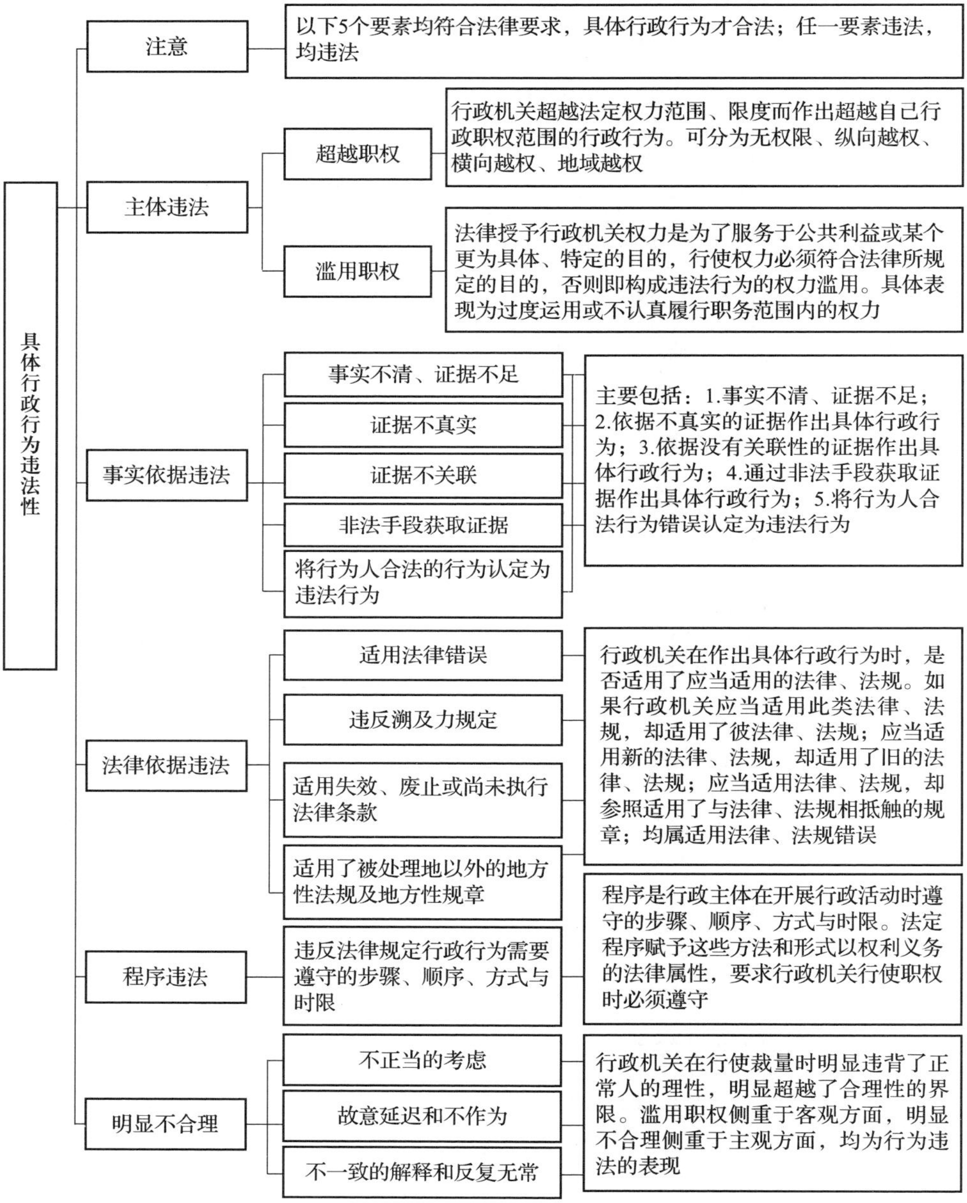

二十三、行政救济示意图

- 行政救济
  - 概念
    - 1.行政相对人对于违法和不当的行政行为，向行政机关请求矫正的一种救济；2.有关国家机关，基于相对人的请求，对行政机关损害相对人合法权益的违法或不当行政行为进行矫正，以恢复和补救相对人的合法权益
  - 行政复议
    - 行政相对人认为行政主体的具体行政行为侵犯其合法权益，依法向行政复议机关提出复查该具体行政行为的申请，行政复议机关依照法定程序对被申请的具体行政行为进行合法性、适当性审查，并作出行政复议决定的一种法律制度
      - 行政复议所处理的争议是行政争议
      - 行政复议以具体行政行为为审查对象，并附带审查部分抽象行政行为
      - 行政复议主要采用书面审查的方式
      - 行政复议实行一级复议制度
  - 行政诉讼
    - 公民、法人或者其他组织认为行政机关的行政行为侵犯其合法权益，向人民法院提起诉讼，人民法院依法予以受理、审理并作出裁判的活动
      - 行政诉讼解决的是行政争议
      - 行政诉讼被告只能是行政机关
      - 行政诉讼原告与被告法律地位平等，由法院主导行政诉讼程序
  - 行政赔偿
    - 国家行政机关及其工作人员在行使职权的过程中侵犯公民、法人或其他组织的合法权益并造成损害，由国家承担赔偿责任的制度
      - 行政主体是行政机关
      - 行政行为是违法行政行为
      - 直接因果关系
      - 损害后果：仅指物质损害与直接损害

二十四、行政复议示意图（一） 概念与范围

- 行政复议（一）概念与范围
  - 概念
    - 行政复议是指行政相对人认为行政机关的具体行政行为侵犯其合法权益，依法向行政复议机关提出复查该具体行政行为的申请，复议机关按照法定程序对被申请的行为进行合法、适当性审查，并作出行政复议决定的一种法律制度
  - 性质
    - 具有司法性因素的特殊行政行为
    - 行政机关内部监督和纠错机制的环节
    - 国家行政救济机制的重要环节
  - 特征
    - 处理的争议是行政争议
    - 审查对象是具体行政行为
    - 依申请行为
    - 主要采用书面审查的方式
  - 基本原则
    - 合法、公正、公开、及时、便民
  - 可申请复议范围
    - 1.行政处罚；2.行政强制措施；3.行政许可变更、中止、撤销行为；4.行政确权行为；5.涉及经营自主权的行为；6.变更或者废止农业承包合同行为；7.要求行政相对人履行义务的行为；8.没有依法办理行政许可的行为；9.不履行保护人身权、财产权、受教育权法定职责的行为；10.行政给付行为；11.其他具体行政行为
  - 可附带申请复议的范围
    - 相对人对具体行政行为申请行政复议时，可一并向复议机关提出对以下规定的审查申请：
      1.国务院部门的规定；2.县级以上地方各级人民政府及其工作部门的规定；3.乡、镇人民政府的规定
  - 可附带申请复议的条件
    - 申请行政复议针对的规定必须是行政机关作出某一具体行政行为的依据
  - 不可复议排除
    - 1.行政法规和规章；2.内部行政行为；3.居间行为

二十五、行政复议示意图（二）　主体与管辖

行政复议（二）主体与管辖

申请人

认为被具体行政行为侵害合法权益的行政相对人

被申请人

1.对作出具体行政行为的行政主体不服的，该主体是被申请人；
2.两个或两个以上行政主体以共同名义作出具体行政行为的，共同作出行为的行政机关是共同被申请人；
3. 法律、法规授权的组织作出具体行政行为的，被授权组织是被申请人；
4.行政机关委托的组织作出具体行政行为的，委托的行政机关是被申请人；
5.作出具体行政行为的行政机关被撤销的，继续行使其职权的行政机关是被申请人；
6.下级行政机关依照法律、法规、规章规定，经上级行政机关批准作出具体行政行为的，批准机关为被申请人；
7.行政机关的派出机构、内设机构或其他组织，未经法律、法规授权，对外以自己名义作出具体行政行为的，该行政机关为被申请人

第三人

1.治安处罚案件中的被处罚人或权益受被处罚人侵害的人；
2.行政处罚案件中的共同被处罚人；
3.其他与被申请的具体行政行为有利害关系的行政相对人

管辖

1.对县级以上人民政府工作部门作出的具体行政行为不服的复议，由申请人选择，由该部门的本级人民政府或上一级主管部门管辖；
2.对海关、金融、国税等实行垂直领导的行政机关和国家安全机关的具体行政行为不服的，由上一级主管部门管辖；
3.对地方人民政府的具体行政行为不服的，由上一级地方人民政府管辖；
4.对省级人民政府设立的派出机关（即行署）所属的县级地方人民政府的具体行政行为不服的，由该派出机关管辖；
5.对国务院部门或省级人民政府的具体行政行为不服的，向作出该行为的国务院部门或省级人民政府申请复议；
6.对县级以上人民政府设立的派出机关作出的具体行政行为不服，由设立该派出机关的政府管辖；
7.对人民政府的工作部门设立的派出机构以自己名义作出的具体行政行为不服的，由设立该派出机构的本级地方人民政府管辖；
8.对两个或两个以上行政机关以共同名义作出的具体行政行为不服，由它们共同上一级行政机关管辖；
9.对法律、法规授权的组织作出的具体行政行为不服的，由直接主管该组织的地方人民政府、地方人民政府的工作部门或者国务院部门管辖；
10.对被撤销的行政机关作出的具体行政行为不服的，由继续行使其职权的行政机关的上一级机关管辖

注：根据《上海市人民政府关于由区级以上人民政府统一行使行政复议职责的通告》，自2021年8月1日起，除实行垂直领导的行政机关、税务和国家安全机关外，市、区两级人民政府均只保留一个行政复议机关，由本级人民政府统一行使行政复议职责，统一管辖以本级人民政府派出机关、本级人民政府部门及其派出机构、下一级人民政府以及有关法律、法规授权的组织为被申请人的行政复议案件，并以本级人民政府名义作出行政复议决定。市、区人民政府各部门原则上不再办理新的行政复议申请。此前，市、区人民政府各部门已经收到的行政复议申请，由该部门继续办理

二十六、行政复议示意图（三） 申请期限

- 行政复议（三） 申请期限
  - 行政复议期限的计算
    - 当场作出具体行政行为的，自具体行政行为作出之日起计算
    - 载明具体行政行为的法律文书直接送达的，自受送达人签收之日起计算
    - 载明具体行政行为的法律文书邮寄送达的，自受送达人在邮件签收单上签收之日起计算；没有邮件签收单的，自受送达人在送达回执上签名之日起计算
    - 具体行政行为依法通过公告形式告知受送达人的，自公告规定的期限届满之日起计算
    - 行政机关作出具体行政行为时未告知公民、法人或者其他组织，事后补充告知的，自该公民、法人或者其他组织收到行政机关补充告知的通知之日起计算
    - 被申请人能够证明公民、法人或者其他组织知道具体行政行为的，自证据材料证明其知道具体行政行为之日计算
    - 行政机关作出具体行政行为，依法应当向有关公民、法人或者其他组织送达法律文书而未送达的，视为该公民、法人或者其他组织不知道具体行政行为
  - 公民、法人或者其他组织依照行政复议法第六条第（八）、第（九）项和第（十）项的规定申请行政机关履行法定职责，行政机关未履行的，行政复议期限依照下列规定计算
    - 有履行期限规定，自履行期限届满之日起计算
    - 没有履行期限规定的，自行政机关收到申请满60日起计算
    - 公民、法人或者其他组织在紧急情况下请求行政机关履行保护人身权、财产权的法定职责，行政机关不履行的，行政复议申请期限不受前款规定的限制
  - 行政机关作出的具体行政行为对公民、法人或者其他组织的权利、义务可能产生不利影响的，应当告知其申请行政复议的权利、行政复议机关和行政复议申请期限

二十七、行政复议示意图（四）　受理工作

- 行政复议（四）受理工作
  - 行政复议申请符合规定，应当受理情形
    - 有明确的申请人和符合规定的被申请人
    - 申请人与具体行政行为有利害关系
    - 有具体的行政复议请求和理由
    - 在法定申请期限内提出
    - 属于《中华人民共和国行政复议法》规定的行政复议范围
    - 属于收到行政复议申请的行政复议机构的职责范围
    - 其他行政复议机关尚未受理同一行政复议申请，人民法院尚未受理同一主体就同一事实提起的行政诉讼
  - 补正情形
    - 行政复议申请材料不齐全或者表述不清楚的，行政复议机构可以自收到该行政复议申请之日起5日内书面通知申请人补正。补正通知应当载明需要补正的事项和合理的补正期限。无正当理由逾期不补正的，视为申请人放弃行政复议申请。补正申请材料所用时间不计入行政复议审理期限
  - 受理主体
    - 申请人就同一事项向两个或者两个以上有权受理的行政机关申请行政复议的，由最先收到行政复议申请的行政机关受理；同时收到行政复议申请的，由收到行政复议申请的行政机关在10日协商确定；协商不成的，由其共同上一级行政机关在10日内指定受理机关。协商确定或者指定受理机关所用时间不计入行政复议审理期限
  - 受理顺序
    - 依照《中华人民共和国行政复议法》第二十条的规定，上级行政机关认为行政复议机关不予受理行政复议申请的理由不成立的，可以先行督促其受理；经督促仍不受理的，应当责令其限期受理，必要时也可以直接受理；认为行政复议申请不符合法定受理条件的，应当告知申请人

二十八、行政复议示意图（五） 复议程序

- 行政复议（五）复议程序
  - 申请条件
    - 申请人适格
    - 有明确的被申请人
    - 有具体的复议请求和事实根据
    - 属于受理的复议机关管辖
  - 受理
    - 5日内审查决定是否受理
    - 对符合申请条件，且没有向人民法院起诉的，应当决定受理
    - 对于不符合申请条件的，决定不予受理，并告知不予受理的理由
    - 复议材料不齐全或者表述不清楚的，可以5日内书面通知申请人补正
    - 符合申请条件，但不属于该机关管辖的，应当告知申请人向有管辖权的复议机关提出或者转送有关复议机关
    - 申请人就同一事项向两个或以上有权受理的行政机关申请复议的，由最先收到的行政机关受理；同时收到的，10日内协商决定；协商不成的，由二者的共同上一级行政机关在10日内指定受理机关
    - 上级行政机关认为复议机关不予受理复议申请理由不成立的，可以先行督促其受理；经督促仍不受理的，应当责令其限期受理，必要时也可以直接受理
  - 审理
    - 书面审理为主
    - 60日内作出复议决定，法律另有规定的除外
    - 复议机关发现被申请复议的具体行政行为依据不合法，自己可处理的，应在 30 日内处理；不能处理的，应在 7 日内转送至有权处理的机关
    - 以下情况可以由复议机关主持调解：1.被申请复议的具体行政行为是被申请人基于行政裁量权作出的；2.当事人之间存在行政赔偿或行政补偿纠纷的
  - 决定
    - 1.维持决定；2.限期履行决定；3.撤销、变更决定；4.确认违法的决定；5.驳回复议申请限期决定；6.行政赔偿决定；7.对行政规定的处理决定

二十九、行政复议示意图（六）　指导和监督

行政复议示意图（六）指导和监督

- **工作职责**
  - 行政复议机关应当加强对行政复议工作的领导。行政复议机关在本级行政复议机关的领导下，按照职责权限对行政复议工作进行督促、指导
  - 县级以上各级人民政府应当加强对所属工作部门和下级人民政府履行行政复议职责的监督。行政复议机关应当加强对其行政复议机构履行行政复议职责的监督
- **工作要求**
  - 县级以上地方各级人民政府应当建立健全行政复议工作责任制，将行政复议工作纳入本级政府目标责任制
- **组织监督**
  - 县级以上地方各级人民政府应当按照职责权限，通过定期组织检查、抽查等方式，对所属工作部门和下级人民政府行政复议工作进行检查，并及时向有关方面反馈检查结果
- **上级监督**
  - 行政复议期间行政复议机关发现被申请人或者其他下级行政机关的相关行政行为违法或者需要做好善后工作的，可以制作行政复议意见书。有关机关应当自收到行政复议意见书之日起60日内将纠正相关行政违法行为或者做好善后工作的情况通报行政复议机构
  - 行政复议期间行政复议机构发现法律、法规、规章实施中带有普遍性的问题，可以制作行政复议建议书，向有关机关提出完善制度和改进行政执法的建议
- **分析研究**
  - 县级以上各级人民政府行政复议机构应当定期向本级人民政府提交行政复议工作状况分析报告
- **下级备案**
  - 下级行政复议机关应当及时将重大行政复议决定上报上级行政复议机关备案
- **教育培训**
  - 各级行政复议机构应当定期组织对行政复议人员进行业务培训，提高行政复议人员的专业素质
- **表彰奖励**
  - 各级行政复议机关应当定期总结行政复议工作，对在复议工作中作出显著成绩的单位和个人，依照有关规定给予表彰和奖励

三十、行政诉讼示意图（一） 概述

- 行政诉讼（一） 概述
  - 概念
    - 行政相对人与行政主体在行政法律关系发生争议后，依法向人民法院提起诉讼，人民法院依法定程序审查行政主体行政行为的合法性，判断行政相对人的主张是否有事实和法律依据，然后作出裁判的一种活动
  - 特征
    - 解决争议的诉讼活动
    - 原告是行政相对人和利害关系人
    - 被告是作出行政行为的行政机关
  - 性质
    - 1.一种司法审查制度；2.一种行政法救济制度；3.国家三大基本诉讼制度的组成部分
  - 功能
    - 平衡
      - 进入诉讼程序后，行政机关与行政相对人的地位对等，双方权利义务得到平衡，既保障公民权，又监督和维护行政权
    - 权利保障
      - 以司法审查的形式建立的诉讼制度，本质通过对行政权的控制，实现权利的保障
    - 实现公正
      - 当行政活动出现争议后，通过公正的司法活动作出裁判，是实现法律公正的重要功能
  - 行政诉讼法
    - 概念
      - 调整行政诉讼活动的法律规范系统，包括规定法院和诉讼参加人在诉讼过程中的法律规则，以及调整和规范与行政诉讼有关的诉讼关系的法律规则
    - 特征
      - 以诉讼关系为调整对象
      - 规定行政诉讼主体的诉讼权利和诉讼义务的法律规范
      - 调整行政诉讼关系的所有法律规范系统
      - 一个重要的诉讼法律部门

三十一、行政诉讼示意图（二）　受案范围

行政诉讼（二）受案范围

- **概念**
  - 行政诉讼受案范围，即人民法院受理行政诉讼案件的范围。它既是人民法院对行政行为进行监督的范围和公民、法人和其他组织诉权的范围，也是人民法院所能调整的行政法律关系的范围
- **影响因素**
  - 行政机关行使职权的状况和自我约束的状况
  - 法院解决行政争议的能力
  - 公民权利意识和社会主体性意识发展的程度
  - 国家的权力架构及运作机制
- **总体划定**
  - 公民、法人或者其他组织认为行政机关和行政机关工作人员的行政行为侵犯其合法权益，有权向人民法院提起行政诉讼
- **正面列举**
  - 1.对行政拘留、暂扣或者吊销许可证和执照、责令停产停业、没收违法所得、没收非法财物、罚款、警告等行政处罚不服的；
  - 2.对限制人身自由或者对财产的查封、扣押、冻结等行政强制措施和行政强制执行不服的；
  - 3.申请行政许可，行政机关拒绝或者在法定期限内不予答复，或者对行政机关作出的有关行政许可的其他决定不服的；
  - 4.对行政机关作出的关于确认土地、矿藏、水流、森林、山岭、草原、荒地、滩涂、海域等自然资源的所有权或者使用权的决定不服的；
  - 5.对征收、征用决定及其补偿决定不服的；
  - 6.申请行政机关履行保护人身权、财产权等合法权益的法定职责，行政机关拒绝履行或者不予答复的；
  - 7.认为行政机关侵犯其经营自主权或者农村土地承包经营权、农村土地经营权的；
  - 8.认为行政机关滥用行政权力排除或者限制竞争的；
  - 9.认为行政机关违法集资、摊派费用或者违法要求履行其他义务的；
  - 10.认为行政机关没有依法支付抚恤金、最低生活保障待遇或者社会保险待遇的；
  - 11.认为行政机关不依法履行、未按照约定履行或者违法变更、解除政府特许经营协议、土地房屋征收补偿协议等协议的
- **不可诉排除**
  - 1.国防、外交等国家行为；
  - 2.行政法规、规章或者行政机关制定、发布的具有普遍约束力的决定、命令；
  - 3.行政机关对行政机关工作人员的奖惩、任免等决定；
  - 4.法律规定由行政机关最终裁决的行政行为；
  - 5.公安、国家安全等机关依照《中华人民共和国刑事诉讼法》的明确授权实施的行为；
  - 6.调解行为以及法律规定的仲裁行为；
  - 7.不具有强制力的行政指导行为；
  - 8.驳回当事人对行政行为提起申诉的重复处理行为；
  - 9.对公民、法人或者其他组织权利义务不产生实际影响的行为

三十二、行政诉讼示意图（三） 管辖

- 行政诉讼（三）管辖
  - 概念
    - 人民法院系统内同级人民法院或上下级人民法院之间受理第一审行政案件的分工和权限。对当事人来说，确定了发生争议后到哪一级的哪一个法院起诉或应诉
  - 原则
    - 便于公民、法人和其他组织进行诉讼
    - 便于人民法院行使审判权和有利于判决的顺利进行
    - 便于人民法院公正审理行政案件
  - 级别管辖
    - 基层人民法院
      - 基层人民法院管辖第一审行政案件。以上海市浦东新区为例：浦东新区行政机关为被告的案件由静安区人民法院管辖；以浦东新区政府为被告的信息公开案件由上海铁路运输法院管辖；以浦东新区政府为被告的行政不作为案件、行政复议机关不予受理或程序性驳回复议申请案件、自然资源权属争议行政裁决案件由静安区人民法院管辖；非诉执行案件由浦东新区人民法院管辖
    - 中级人民法院
      - 1.被告为国务院部门或县级以上地方政府的；2.海关处理的案件；3.本辖区内重大、复杂案件；4.其他法律规定的情况中级法院可以根据当事人起诉、基层法院报请或依职权提级管辖
    - 高级人民法院
      - 本辖区内重大、复杂的案件
    - 最高人民法院
      - 全国范围内重大、复杂的案件
  - 地域管辖
    - 一般管辖规则
      - 由最初作出行政行为的行政机关所在地的人民法院管辖；经复议的案件，也可以由复议机关所在地人民法院管辖
    - 专门管辖
      - 以诉讼标的为标准，规定特定诉讼只能由特定法院管辖；如因不动产提起的行政诉讼由不动产所在地人民法院管辖
    - 共同管辖
      - 1.经复议案件，可以由最初作出行政行为的行政机关所在地人民法院管辖，也可由复议机关所在地人民法院管辖；2.对限制人身自由的行政强制措施不服提起的诉讼，由被告所在地或原告所在地人民法院管辖
  - 裁定管辖
    - 移送管辖
      - 人民法院对已受理案件经审查发现不属于本法院管辖时，移送给有管辖权的法院
    - 指定管辖
      - 上级人民法院用裁定的方式，将某一案件交由某个下级人民法院进行管辖
    - 管辖权转移
      - 经由上级人民法院同意，把案件管辖权由下级人民法院移交给上级人民法院行使

三十三、行政诉讼示意图（四）　当事人

- 行政诉讼示意图（四）当事人
  - 概念
    - 依法参加行政诉讼活动，享有诉讼权利，承担诉讼义务，并且与诉讼争议或诉讼结果有利害关系的人
  - 特征
    - 以自己的名义进行诉讼
    - 与行政案件有直接或间接的利害关系
    - 受人民法院裁判的拘束
  - 原告
    - 概念
      - 认为行政主体及其工作人员的行政行为侵犯其合法权益，而向人民法院提起诉讼的个人或组织
    - 范围
      - 个人或组织
    - 原告资格转移
      - 有权提起诉讼的公民在诉讼中死亡，其近亲属可以提起诉讼
      - 有权提起诉讼的法人或其他组织在诉讼中终止，承受其权利的法人或者其他组织也可以提起诉讼
  - 被告
    - 概念
      - 所实施的行政行为被作为原告的个人或者组织指控侵犯其合法权益，而又被人民法院通知应诉的行政主体
    - 种类
      - 1.原告直接起诉的，作出被诉行政行为的行政机关是被告；
      - 2.行政案件经复议机关复议，复议决定维持原行政行为的，作出原行政行为的行政机关和复议机关是共同被告；复议改变原行为的，复议机关是被告；
      - 3.复议机关在法定期限内未作出复议，原告起诉原行政行为的，原行为机关是被告；起诉复议机关不作为的，复议机关是被告；
      - 4.两个以上行政机关作出同一行政行为的，行为机关为共同被告；
      - 5.行政机关委托的组织所作的行政行为，委托的行政机关是被告；
      - 6.行政机关变更或撤销的，由继续行使其职权的行政机关为被告
  - 第三人
    - 概念
      - 是指与提起诉讼的行政行为有利害关系，为了维护自己的合法权益而参加诉讼的个人或组织
    - 种类
      - 1.行政处罚案件中的受害人或被处罚人；
      - 2.行政机关与非行政机关共同署名作出决定中的非行政机关；
      - 3.确权案件中主张权利的人；
      - 4.共同利害关系人；
      - 5.两个或两个以上行政主体如果是基于同一事实、针对同一对象作出了相互关联或相互矛盾的行政行为，其中一个行为被诉，其他行政主体应当作为第三人参加诉讼

三十四、行政诉讼示意图（五） 证据

- 行政诉讼（五）证据
  - 概念
    - 依照诉讼规则认定案件事实的依据。证据是以各种材料为载体的，各种材料反映了特定的事实，材料反映的事实可以证明案件事实存在与否
  - 特征
    - 1.真实性；2.关联性；3.合法性
  - 种类
    - 1.书证；2.物证；3.视听资料；4.电子数据；5.证人证言；6.当事人陈述；7.鉴定意见；8.勘验笔录、现场笔录
  - 举证责任
    - 概念
      - 行政诉讼的举证责任是指由法律预先规定，在案件的真实情况难以确定的情况下，由一方当事人提供证据予以证明，若其无法提供相应证据则承担败诉风险及不利后果的制度
    - 责任分配
      - 被告对作出的行政行为负有举证责任，应当提供作出该行政行为的依据和所依据的规范性文件
      - 原告起诉时，应当提供其符合起诉条件的相应证据材料
      - 起诉不作为的案件中，原告应提供其向被告提出申请的证据
      - 行政赔偿、补偿案件中，原告应对行政行为造成的损害提供证据
    - 时限
      - 被告应当在收到起诉状副本之日起15日内提供全部相关证据；原告或第三人应当在开庭前或指定的交换证据之日提供证据
  - 提供证据要求
    - 书证：1.原件/复印件；2.保管（印章）；3.技术性（说明）、行政性（签名盖章）；
      物证：1.原物/复制件；2.种类物（一部分）；
      视听资料：1.原始载体/复制件；2.制作过程；3.声音资料（文字记录）；
      证人证言：1.证人基本情况；2.签名/盖章；3.日期；4.身份文件；
      鉴定意见：载明委托事项、相关材料、技术手段、鉴定说明、签名盖章；
      现场笔录：1.时间地点事件；2.双方签名，当事人拒签则注明原因，在场其他人可签；
      其他要求：1.域外证据说明来源、所在国公证、中国使领馆认证；2.外文证据提供中译本，翻译机构盖章/翻译人员签名；3.涉密证据明确标注并向法院说明
  - 调取和保全
    - 调取
      - 依职权：相关事实认定涉及国家利益、公共利益或他人合法权益的；涉及中止诉讼、终结诉讼、回避等程序性事项
      - 依申请：由国家机关保存需法院调取的；涉及国家秘密、商业秘密、个人隐私的；确因客观原因不能自行收集的
    - 保全
      - 1.证据可能灭失或以后难以取得；
        2.与案件有一定的关联性；
        3.当事人申请的，应当在举证期限届满前书面提出

三十五、行政诉讼示意图（六）　起诉与受理

- 行政诉讼（六）　起诉与受理
  - 起诉的概念
    - 行政行为的相对人以及其他与行政行为有利害关系的公民、法人或者其他组织，有权作为原告提起诉讼；有权提起诉讼的公民死亡或法人、组织终止时，承受其权利的人或组织可以提起诉讼
  - 起诉的条件
    - 应当是认为行政行为侵犯其合法权益的公民、法人或者其他组织
    - 应当有明确的被告
    - 应当有具体的诉讼请求和事实根据
    - 起诉的案件属于人民法院受案范围和受诉人民法院管辖
    - 应当符合法定情形
      - 原告和被告的基本情况
      - 诉讼请求及所依据的事实和理由
      - 证据的来源，证人的姓名和住所
    - 应当满足时间条件
      - 知道行政行为后6个月内，但最长不超过行为作出后5年（不动产20年）
      - 未告知诉权的，自知道诉权之日起6个月内，但最长不超过知道行为后1年
      - 起诉不作为的，有法律规定依法律，无法律规定的，自行政机关接到申请之日起2个月届满以后的6个月内
      - 经复议的案件，自收到行政复议决定之日起15日内
  - 受理
    - 决定立案
    - 裁定不予立案
    - 不能确定的，先接收诉状，7日内决定
    - 告知原告补正
  - 起诉与受理的法律意义
    - 行政诉讼案件成立
    - 原、被告取得相应诉讼地位
    - 被诉行政行为仍然有效
    - 起诉期限因法定事由中断或中止

三十六、行政诉讼示意图（七） 审理与判决

- 行政诉讼（七）审理与判决
  - 普通程序
    - 审理前的准备
      - 法院自立案之日起5日内向被告送达起诉状副本
      - 被告在收到起诉状副本之日起15日内提交作出行政行为的依据，并提交答辩状
      - 组成合议庭，要求3人以上单数审判员或审判员和人民陪审员
    - 庭审
      - 形式一般为公开审理，涉及国家秘密、个人因素和法律另有规定者可以不公开审理。涉及商业秘密的依申请可以不公开审理
      - 程序：预备阶段—法庭调查—法庭辩论—调解—评议—宣判
      - 期限自立案之日起6个月
  - 简易程序
    - 适用范围：1.被诉行政行为当场作出；2.涉及金额2 000元以下；3.政府信息公开案件；4.其他案件，各方当事人同意适用简易程序的，可以适用
    - 由审判员1人独任审理，立案之日起45日内审结
    - 经法院发现不宜适用简易程序的，转为普通程序
  - 二审程序
    - 上诉的提起与受理
      - 当事人对一审判决不服，可以自判决书送达之日起15日内或裁定书送达之日起10日内向上一级人民法院提起上诉
      - 二审法院收到上诉状，审查诉讼主体合格、未超过法定上诉期限者，应当受理
    - 审理
      - 应当组成合议庭，一般应开庭审理
      - 合议庭应当全面审查一审法院的判决或裁定认定的事实是否清楚，适用法律是否正确，诉讼程序是否合法
      - 审理期限为3个月
  - 审判监督程序
    - 提起
      - 当事人认为已生效判决、裁定确有错误的，可向上一级法院申请再审，但判决、裁定不停止执行
      - 各级法院院长对本院已生效判决可提起再审
      - 人民检察院抗诉
    - 审理
      - 原生效判决裁定是一审法院作出的，则按一审程序审理；二审法院作出的，按二审程序审理；原审是上级法院提审或上级法院指令再审的，按二审程序审理

三十七、行政赔偿示意图

- 行政赔偿
  - 概念
    - 是指国家行政机关及其工作人员在行使职权的过程中侵犯公民、法人或其他组织的合法权益并造成损害，由国家承担赔偿责任的制度
  - 赔偿原则
    - 只有行政行为，即行政主体行使行政权、执行公务的行为，才能构成行政赔偿。非行政行为，如立法机关的立法行为、司法机关的司法行为，行政机关的民事行为及行政人员的个人行为等，均不能构成行政赔偿
  - 赔偿构成要件
    - 行政主体
      - 是指执行行政职务的行政机关及其工作人员。其中“行政机关”包括中央行政机关（如国务院及其所属部门）与地方行政机关（如地方级政府及其所属部门）。“工作人员”则既包括行政机关中的工作人员，也包括受上述机关委托从事公务的人员
    - 行政违法行为
      - “违法”应包括违反宪法、法律、行政法规与规章、地方性法规与规章以及其他规范性文件和我国承认与参加的国际公约等；“执行职务”的范围既包括职务行为本身，亦包括与职务有关连而不可分的行为
    - 损害后果
      - 人身损害与财产损害、物质损害与直接损害
    - 因果关系
      - 直接因果关系，即指行为与结果间存在着逻辑上的直接关系，其中行为并不要求是结果的必然的或根本原因，但应是导致结果发生的一个较近的原因，至于其关联性紧密程度，则完全要依据案情来决定
  - 当事人
    - 赔偿请求人。是指有权要求赔偿的受行政行为侵害的公民、法人或其他组织。受害的公民死亡，其继承人和其他有抚养关系的亲属有权要求赔偿。受害的法人或者其他组织终止，承受其权利的法人或者其他组织有权要求赔偿
    - 赔偿义务机关。代表国家承担赔偿责任的行政主体。被授权的组织是赔偿义务机关。委托的行政主体是赔偿义务机关。赔偿义务机关被撤销的，继续行使其职权的行政主体是赔偿义务机关；没有继续行使其职权的行政主体的，撤销该赔偿义务机关的行政主体是赔偿义务机关
  - 赔偿方式
    - 返还财产
    - 恢复原状
    - 支付赔偿金
    - 消除影响、恢复名誉、赔礼道歉

PART2

第二部分

浦东新区行政诉讼典型案例评析

PART2

一、何某某不服镇政府所作责令限期拆除违法建筑决定和上海市浦东新区人民政府复议维持决定行政诉讼一审案例

关键词：房屋拆迁管理；行政复议维持

2019 年 12 月 30 日，某镇政府对位于上海市浦东新区某镇某队何家宅某某号的房屋进行现场检查及拍照取证，发现该处涉嫌违法搭建砖混结构建筑物 4 处，总面积 126.13 平方米，后于 2020 年 1 月 3 日立案受理。4 月 23 日，某镇政府对何某某制作询问笔录，何某某确认上述房屋系其于 1997 年改建，没有相关部门的审批手续；同日，某镇政府向何某某送达《违法搭建法律后果告知单》。2020 年 5 月 19 日，某镇政府作出限期拆除决定。5 月 21 日，某镇政府向何某某留置送达该决定并于同日制作《责令限期拆除违法建筑公告》，并将其张贴于违法建筑处。何某某不服，向上海市浦东新区人民政府（以下简称浦东新区政府）申请行政复议，复议机关于 2020 年 5 月 26 日收到何某某的申请后，于同年 6 月 1 日要求某镇政府书面答复。某镇政府于 6 月 9 日收到答复通知后，于同月 19 日提交答复意见及证据材料。2020 年 7 月 24 日，浦东新区政府作出《延长行政复议审理期限通知书》并将其送达何某某及某镇政府，决定延长审理期限不超过 30 日。8 月 18 日，浦东新区政府依法中止案件审理并制作《中止行政复议通知书》，并将其送达双方当事人，9 月 24 日依法恢复案件审理并制作《行政复议恢复审理通知书》。浦东新区政府查明前述事实，同时查明 2020 年 3 月 10 日，某镇政府城管中队向某镇城建中心发出《执法协助通知书》，后于同月 20 日收到《关于何某某违法搭建问题的回复函》。浦东新区政府认为被诉限期拆除决定认定事实清楚，证

据确凿，适用法律正确，程序合法，内容适当，于 2020 年 9 月 25 日作出行政复议维持决定。何某某仍不服，向上海市第二中级人民法院提起行政诉讼。

何某某诉称，某镇某一队何家宅某某号（下称系争房屋）系其祖辈留下来的老宅且具有土地证，由于旧房年久失修无法居住，故其于 1997 年在老宅的基础上进行整修改建，并实际居住至今长达 23 年；在老宅上进行整修改建系其合法权利，即使未向相关部门申请，其本人也属于实际产权人。《中华人民共和国城乡规划法》系 2008 年起施行的法律，新法不能对本人的历史建筑进行定性。其房屋所在地块在纳入征收前从未有相关政府部门进行调查处理，现进入征收程序后政府部门将其房屋认定为违法建筑，系政府部门不作为，亦损害其本人理应获得的安置补偿利益。故请求法院判决撤销某镇政府于 2020 年 5 月 19 日所作限期拆除决定，撤销浦东新区政府于 2020 年 9 月 25 日所作行政复议决定。

某镇政府辩称，根据相关规定，某镇政府具有对涉案行为进行处理的法定职权。某镇政府经现场检查、询问何某某等，查明系争房屋由何某某自行搭建，确未取得相关部门的审批手续，属于违章建筑。涉案违法行为及危害后果一直处于持续状态，故某镇政府适用《中华人民共和国城乡规划法》对其作出处理并无不当。限期拆除决定认定事实清楚，行政程序合法，适用法律正确。

浦东新区政府辩称，同意某镇政府的限期拆除决定，浦东新区政府所作行政复议决定认定事实清楚，证据确凿，适用法律法规正确，符合法定程序。

以上事实由《立案审批表》，现场检查笔录及现场照片，示意图，《谈话通知书》《行政执法行为告知书》，询问笔录，《违法搭建法律后果告知单》《责令限期拆除违法建筑决定书》及送达回证，《责令限期拆除违法建筑公告》，行政复议申请材料，《行政复议答复通知书》《行政复议答复书》《延长行政复议审理期限通知书》《中止行政复议通知书》《行政复议恢复审理通知书》《行政复议决定书》，相关送达回证和《中华人民共和国城乡规划法》《中华人民共和国行政复议法》《上海市城乡规划条例》《上海市人民政府关于扩大浦东新区城市管理领域相对集中行政处罚权范围的决定》等证据依据，以及当事人的庭审陈述予以证明。

上海市第二中级人民法院根据本案相关证据材料，确认某镇政府对实施了违法搭建行为的何某某作出限期拆除决定，并无不当。浦东新区政府经受理、延期、中止及恢复审理，在法定期限内作出复议维持决定亦无不当。据此，依照《中华人民共和国行政诉讼法》第六十九条、第七十九条之规定，上海市第二中级人民法院驳回何某某的诉讼请求。

案例分析

本案系动迁矛盾纠纷。何某某不服上海市浦东新区某镇政府所作责令限期拆除违法建筑决定，不服上海市浦东新区政府所作行政复议决定，向上海市第二中级人民法院提起诉讼。因被诉具体行政行为经过行政复议，复议机关作出维持决定，故复议机关与原行为机关作共同被告。

某镇政府于2020年5月19日作出《责令限期拆除违法建筑决定

书》，认定何某某于1997年年底在上海市浦东新区某镇某队何家宅某某号实施未取得乡村建设规划许可证进行建设（搭建4个区域合计126.13平方米）的行为，违反了《中华人民共和国城乡规划法》第四十一条第一款、第二款的规定，某镇政府依据《中华人民共和国城乡规划法》第六十五条的规定，责令何某某自收到决定书之日起7日内自行拆除上述违法建筑。何某某不服，向浦东新区政府申请行政复议。浦东新区政府依据《中华人民共和国行政复议法》第二十八条第一款第一项之规定，于2020年9月25日作出浦府复决字（2020）第392号行政复议决定，维持某镇政府所作责令限期拆除违法建筑决定（下称限期拆除决定）。

被诉行政行为合法性：

主体适格。《中华人民共和国行政处罚法》第十六条规定："国务院或者经国务院授权的省、自治区、直辖市人民政府可以决定一个行政机关行使有关行政机关的行政处罚权，但限制人身自由的行政处罚权只能由公安机关行使。"根据《上海市人民政府关于扩大浦东新区城市管理领域相对集中行政处罚权范围的决定》，浦东新区城市管理综合执法部门负责浦东新区（浦东国际机场地区除外）城市管理综合执法工作，相对集中行使行政处罚权。第二条第一款第九项，浦东新区城管综合执法部门依据房地产管理方面法律、法规和规章的规定，对在物业管理区域内的下列违法行为行使行政处罚权。上海市将行政处罚权授予了属地城管执法部门，因此，某镇政府具有对违法搭建建筑物行为进行处理的法定职权。

法律依据明确。某镇政府具有对违反城乡规划管理的违法行为实施城市管理行政执法的法定职权。某镇政府经现场检查发现违法行为后，依法履行立案、调查后作出限期拆除决定，并予以送达、公告，行政程序符合法律规定。本案中，根据某镇政府的现场检查、询问笔录等，可以确认系争房屋系在未取得规划部门许可的情况下由何某某自行搭建，何某某在行政程序及本案庭审中亦确认该事实，某镇政府据此认定何某某的搭建行为违反了《中华人民共和国城乡规划法》第四十一条的规定，进而作出被诉限期拆除决定，认定事实清楚，适用法律正确。何某某主张其有权对老宅进行翻建、政府部门不作为致使其无法补办手续、新法不能溯及既往等，对此，系争房屋未办理规划许可手续，亦无相关权利凭证，确系违章建筑，且涉案违法搭建一直处于持续状态，故何某某要求撤销被诉限期拆除决定及行政复议决定的诉讼请求，缺乏事实根据和法律依据，上海市第二中级人民法院不予支持。

按照上海市人大常委会颁布的地方性法规《上海市城乡规划条例》第五十八条规定，未取得建设工程规划许可证或者未按照建设工程规划许可证的规定进行建设的，由规划行政管理部门责令停止建设，无法采取改正措施消除影响的，限期拆除。某镇政府对何某某在未取得建设工程规划许可证的情况下建造的建筑责令限期拆除，符合该条例规定。

符合法定程序。2020 年 4 月 23 日，某镇政府对何某某制作询问笔录，何某某确认上述房屋系其于 1997 年改建，没有相关部门的审批手续。某镇政府在查明本案房屋系由何某某自行搭建，确未取得相关部门的审批手续后，认定其属于违章建筑，并于当日向何某某送达《违法搭建法律后果告知单》。5 月 19 日，某镇政府作出限期拆除决定，即被诉具体行政行为。5 月 21 日，某镇政府向何某某留置送达该决定并于同日制作（沪浦）责拆告字［2020］第 250082 号《责令限期拆除违法建筑公告》，将其张贴于违法建筑处，程序合法。

何某某所提的诉求法院没有采纳，理由在于：第一，违法状态的延续。何某某所主张的其拥有“改建的权利”，并实际居住至今长达 23 年，理由并不成立。建筑物改建需要职能部门审批，何某某所享有的只是申请的权利，在审批通过前，不可擅自改建。第二，实际居住时间长短并不改变法律效力，违法状态持续，当发现时相关部门依然有权力依法处罚。

本案某镇政府最终胜诉，得益于适用法律正确、执法程序规范。

首先，根据某镇政府的现场检查、询问笔录等，有充分证据足以认定系争房屋是在未取得规划部门许可的情况下由何某某自行搭建，按照相关法律法规规定，某镇政府可依职权作出行政行为。

其次，某镇政府依法进行立案、调查后，作出限期拆除决定，并在法定期限内送达、公告，于公告期满后执行拆除行为，整个过程规范合法，且没有遗漏法定的执法程序，充分保障了行政相对人的合法权益，不存在行政程序瑕疵，故无败诉之虞。

二、胡某不服上海市公安局浦东公安分局交警支队交通行政处罚和上海市浦东新区人民政府行政复议决定行政诉讼一审案例

关键词：行政处罚；行政复议维持

2020年6月18日9时许，胡某在上海市东陆路出张杨北路东南约90米实施了非机动车逆向行驶的违法行为，上海市公安局浦东分局交警支队（以下简称浦东交警支队）执勤民警将其拦下后，依法进行告知，胡某对其违法行为的认定并无异议，但提出要求执勤警察出示警官证，并认为对其罚款过高。执勤民警和胡某一起赴民警办公地验看了相关证件后回到违法行为地，民警当场制作并送达了处罚决定书，并由胡某当场缴付了罚款50元。后胡某不服，于6月24日向上海市浦东新区人民政府（以下简称浦东新区政府）申请行政复议。浦东新区政府受理后，浦东交警支队于7月12日向浦东新区政府提交行政复议答复意见书和证据、依据。浦东新区政府经复议审查，认为浦东交警支队所作行政处罚决定合法，于8月20日作出被诉复议决定。胡某仍不服，向上海市静安区人民法院提起行政诉讼。

胡某诉称，2020年6月18日上午8时45分，其从小区出门为赶上巨峰路地铁站8点57分班次的地铁（地铁站入口在马路对面）便用手机扫码借了一辆共享单车，此时民警离其本人仅不到60米远，其本人骑上单车在马路左侧行驶不到10秒，即被民警拦下并让其出示身份证，并让其缴纳罚款50元。其要求查看执法证件，并提出罚款50元属量罚不当，民警强行要求其上车前往民警办公室查看工作证。其认为浦东交警支队“钓鱼执法”，作出的处罚决定处罚过重，违反法定程序，因此其本人不服，向浦东新区政府提起行政复议。同

时认为浦东新区政府未严谨地审查被诉处罚决定，且超过法定期限送达复议决定书，故请求法院撤销浦东交警支队对其本人作出的被诉处罚决定，撤销浦东新区政府作出的被诉复议决定，同时要求浦东交警支队向其赔礼道歉，并要求赔偿误工费及精神损失费 1 元。

浦东交警支队辩称，胡某存在非机动车逆向行驶的违法行为，作出的行政处罚决定认定事实清楚，证据确凿，程序合法，适用法律正确，请求法院判决驳回胡某的诉讼请求。

浦东新区政府辩称，其作出的行政复议决定符合法定程序与权限，请求法院判决驳回胡某的诉讼请求。

以上事实由胡某、浦东交警支队提供的《公安交通管理简易程序处罚决定书》《行政复议决定书》，浦东交警支队提供的民警工作情况记录、执法视频，浦东新区政府提供的行政复议申请书及材料、行政复议答复通知书及送达证明、行政复议答复意见书及材料、行政复议决定书送达证明，以及当事人庭审陈述等证据证明。

上海市静安区人民法院根据本案相关证据材料，认为浦东交警支队适用简易程序，依照《中华人民共和国道路交通安全法》第八十九条规定，在向胡某告知违法事实、听取其陈述与申辩后作出被诉处罚决定认定事实清楚，证据充分，适用法律正确，程序合法。浦东新区政府根据《中华人民共和国行政复议法》第十二条规定，具有行政复议的法定职责，其受理胡某的行政复议申请后，经复议审查浦东交警支队提交的证据和依据，所作维持的行政复议决定适用法律正确，程序合法。据此，依照《中华人民共和国行政诉讼法》第六十九条、第七十九条之规定，上海市静安区人民法院判决驳回胡某的诉讼请求。

案例分析

本案系道路交通行政处罚。胡某不服浦东交警支队所作交通行政处罚决定，以及浦东新区政府所作维持的行政复议决定，向法院提起行政诉讼。因被诉具体行政行为经过行政复议，复议机关作出维持决定，故复议机关与原行为机关作共同被告。

行政主体。根据《中华人民共和国道路交通安全法》第五条第一款、《中华人民共和国道路交通安全法实施条例》第一百零九条第一款的规定，浦东交警支队负责本行政区域内道路交通安全管理工作，具有法定职权。

本案胡某实施了非机动车逆向行驶的违法行为，该行为违反了《中华人民共和国道路交通安全法》第三十五条“机动车、非机动车实行右侧通行”的规定。

本案涉及两个争议焦点：一是执勤民警未当场出示警官证是否构成行政程序违法；二是罚款50元对于胡某的违法行为是否明显不当。

是否构成程序违法。首先，《道路交通安全违法行为处理程序规定》第七条规定，交通警察调查违法行为时，应当表明执法身份。据此，持有人民警察证件是交通警察执行职务的规范要求，但出示警官证并不是表明执法身份的唯一方式。本案中，执勤警察身着警服，佩戴人民警察标志，执勤开始即表明警察身份，自报警号，符合执法规范要求。其次，执勤民警虽当场未出示警官证，但第一时间将胡某带回办公地点出示该证件，而后才开具行政处罚决定书。因此，胡某随民警返回办公地点过程中，应当视为本次执法行为尚处于持续状态，民警在执法行为持续期间出示证件，并不构成程序违法。根据《中华人民共和国道路交通安全法》第八十条规定，“交通警察执行职务时，应当按照规定着装，佩戴人民警察标志，持有人民警察证件，保持警容严整，举止端庄，指挥规范”。因而胡某认为未出示警官证即构成被诉处罚决定程序违法的主张没有被法院采纳。

是否属于处罚明显不当。2014 年修订的《中华人民共和国行政诉讼法》第七十条规定：“行政行为有下列情形之一的，人民法院判决撤销或者部分撤销，并可以判决重新作出行政行为：（六）明显不当的。”这个条款将行政处罚的合理性判断纳入法院审查范围，行政机关应当对案件情况进行依法裁量，并在此基础上作出处罚。中华人民共和国境内的车辆驾驶人、行人、乘车人以及与道路交通活动有关的单位和个人都应当自觉遵守《中华人民共和国道路交通安全法》，本案违法行为地系胡某居住小区附近，胡某应当熟悉周边的地理环境，胡某自述为图便捷逆向骑车，而交通安全容不得任何侥幸心理，浦东交警支队根据胡某的违法行为依法裁量作出罚款 50 元的处罚并无明显不当。综上，胡某要求判决撤销被诉处罚决定和被诉复议决定以及赔礼道歉、赔偿损失的诉讼请求，缺乏事实根据和法律依据。

三、上海某酒店公司诉镇政府行政不作为和上海浦东新区人民政府行政复议决定行政诉讼一审案例

关键词：行政不作为；行政复议维持

2019年10月31日，上海某酒店公司向某镇政府邮寄《申请书》，请求对某村委会因违反《中华人民共和国城乡规划法》建设的上海市浦东新区某某路某某号四层建筑（建筑面积4 000平方米）实施行政处罚。某镇政府于同年11月1日收到某酒店公司的《申请书》。同年11月2日，上海市浦东新区某镇城市管理行政执法中队（以下简称城管中队）对某某路某某号进行现场检查并拍摄了照片。同日，城管中队执法人员对涉案建筑所在地某村委会的工作人员赵某进行询问，赵某陈述该建筑已纳入拆除计划，并已通知租户搬离。同年11月3日，某镇政府对涉案建筑予以立案。因该处建筑已被纳入拆除计划，且周边建筑已经拆除，故城管中队暂缓介入对该处违法建筑的调查。同年12月16日，城管中队接到上海市浦东新区城市管理行政执法局转来的《浦东新区规划监督检查工作联系单》后，随即安排执法人员对该处建筑进行进一步调查，并联系某村委会指派相关人员接受城管中队调查。2020年1月6日，城管中队执法人员再次询问某村委会工作人员赵某，赵某陈述该处建筑一至四层系某村委会搭建，未取得相关规划许可，第五层系某酒店公司搭建，亦未取得相关规划许可。同日，城管中队执法人员向某村委会送达了《行政执法行为告知书》。因某酒店公司亦涉嫌违法搭建，执法人员多次联络该公司法定代表人要求接受调查，某酒店公司未能予以配合。

2020年1月13日，某酒店公司认为某镇政府未就其申请履行法定职责，遂以某镇政府为被申请人向上海市浦东新区人民政府（以下

简称浦东新区政府）申请行政复议，请求“责令被申请人某镇政府对某村委会建设的某某路某某号四层建筑（建筑面积4 000平方米）违反城乡规划法实施行政处罚，履行法定职责”，并提供了相关申请材料。浦东新区政府于次日收到后，于同年1月17日向某镇政府发送《行政复议答复通知书》及相关证据材料。2020年1月22日，某镇政府向浦东新区政府提交《行政复议答复书》。2020年3月12日，浦东新区政府决定延长审理期限不超过30日，并向某酒店公司和某镇政府送达了《延长行政复议审理期限通知书》。2020年4月13日，浦东新区政府作出行政复议决定，驳回了某酒店公司的行政复议申请，并向某酒店公司和某镇政府邮寄送达了《行政复议决定书》。某酒店公司不服浦东新区政府作出的行政复议决定，向上海市静安区人民法院提起行政诉讼。

某酒店公司诉称，2014年9月，其与上海市浦东新区某镇某村村民委员会（以下简称某村委会）签订《房屋使用合同》及《备忘录》，约定某村委会将位于浦东新区某镇某某公路某某号四层共计3 992.8平方米的房屋出租给某酒店公司使用，自2015年1月1日至2024年12月31日止。2018年，其才得知，某村委会于2012年在某某路某某号建造上述房屋，未办理审批手续，系违法建筑，故于2019年10月向某镇政府提出履职申请，要求该政府对涉案违法建筑实施行政处罚。某镇政府未在60日内予以答复，构成行政不作为。其因此向浦东新区政府申请行政复议，该政府驳回了行政复议申请。其认为，某村委会将违法建筑出租给原告使用，严重侵害了其合法权益，浦东新区政府的行政复议决定有包庇违法行为的嫌疑，故请求判决撤销浦东新区政府作出的行政复议决定。

浦东新区政府辩称，某镇政府在收到某酒店公司的履职申请后，依法进行立案、调查和处理，截至某酒店公司申请行政复议时，某镇政府仍处在履职过程中，尚未结案，故不存在行政不作为的情形。因某酒店公司的行政复议申请不符合《中华人民共和国行政复议法》（以下简称《行政复议法》）和《中华人民共和国行政复议法实施条例》规定的受理条件，故浦东新区政府适用《中华人民共和国行政复议法实施条例》第四十八条第一款第二项的规定，从受理程序上驳回了原告的行政复议申请，该决定合法，同时告知了行政诉讼的权利和期限。

以上事实，有行政复议申请书及申请材料，履职申请书及申请材料，《行政复议答复通知书》《行政复议答复书》及相关证据材料，《立案审批表》《证据照片（图片）登记表》，《某某路某某号情况说明》《浦东新区规划监督检查工作联系单》《询问笔录》，联系记录，《延长行政复议审理期限通知书》及送达回证，《行政复议决定书》及送达回证等证据证明。

上海市静安区人民法院根据本案相关证据材料，认为浦东新区政府适用《中华人民共和国行政复议法实施条例》第四十八条第一款第二项的规定作出行政复议决定，属上述司法解释规定的“以复议申请不符合受理条件为由驳回”的情形，故某酒店公司以浦东新区政府为单独被告提起行政诉讼，符合上述法律规定。故上海某酒店公司在某镇政府尚在履职的情况下，即认为该政府构成行政不作为并申请行政复议，确不符合复议受理条件。浦东新区政府受理某酒店公司的行政复议申请后，经调查和延长审理期限，作出行政复议决定，程序合法。行政复议决定职权依据和主要证据充分、适用法律正确、复议程序合法，某酒店公司要求撤销行政复议决定的诉讼请求缺乏事实根据和法律依据。据此，依照《中华人民共和国行政诉讼法》第六十九条之规定，上海市静安区人民法院驳回某酒店公司的诉讼请求。

案例分析

本案系行政不作为之诉，原告对行政复议决定不服，对行政复议行为单独提起诉讼。

《中华人民共和国行政诉讼法》第二十六条第二款规定："经复议的案件，复议机关决定维持原行政行为的，作出原行政行为的行政机关和复议机关是共同被告；复议机关改变原行政行为的，复议机关是被告。"《最高人民法院关于适用〈中华人民共和国行政诉讼法〉的解释》第一百三十三条规定："行政诉讼法第二十六条第二款规定的'复议机关决定维持原行政行为'，包括复议机关驳回复议申请或者复议请求的情形，但以复议申请不符合受理条件为由驳回的除外。"本案中，浦东新区政府适用《中华人民共和国行政复议法实施条例》第四十八条第一款第二项的规定作出行政复议决定，属上述司法解释规定的"以复议申请不符合受理条件为由驳回"的情形，故原告某酒店公司以浦东新区政府为单独被告提起行政诉讼，属复议维持的例外情况，符合上述法律规定。

根据《行政复议法》第十三条第一款规定，"对地方各级人民政府的具体行政行为不服的，向上一级地方人民政府申请行政复议"。浦东新区政府作为某镇政府的上一级地方人民政府，具有受理以某镇政府为被申请人的行政复议申请并作出行政复议决定的法定职权和职责。

《中华人民共和国行政复议法实施条例》第四十八条第一款规定："有下列情形之一的，行政复议机关应当决定驳回行政复议申请：（一）申请人认为行政机关不履行法定职责申请行政复议，行政复议机关受理后发现该行政机关没有相应法定职责或者在受理前已经履行法定职责的；（二）受理行政复议申请后，发现该行政复议申请不符合行政复议法和本条例规定的受理条件的。"本案中，原告某酒店公司申请某镇政府履行法定职责，要求该政府对某村委会因违反城乡规划法建设的某某路某某号四层建筑实施行政处罚。某镇政府收到原告邮寄的《申请书》后，由城管中队对涉案建筑进行了现场检查，拍摄了照片，立案后对某村委会工作人员进行了调查询问，查明涉案建筑确未取得建设工程规划许可，已纳入拆除计划，并欲进一步向原告进行调查询问，同时向某村委会送达了《行政执法行为告知书》。截至原告申请行政复议时，案件仍在进一步调查过程中，尚未结案。故浦东新区政府认定某镇政府不存在原告所称的行政不作为情形，并认为原告申请行政复议不符合《行政复议法》规定的受理条件，遂根据《中华人民共和国行政复议法实施条例》第四十八条第一款第二项的规定驳回原告的行政复议申请，主要证据充分、适用法律正确。对涉嫌违法建筑的查处需经立案、调查、询问、告知、责令限期拆除等一系列法定程序，并非如原告所期，可以直接实施行政处罚。

行政复议主体。根据《行政复议法》第十三条第一款规定，"对地方各级人民政府的具体行政行为不服的，向上一级地方人民政府申请行政复议"。浦东新区政府作为某镇政府的上一级地方人民政府，具有受理以某镇政府为被申请人的行政复议申请并作出行政复议决定的法定职权和职责。

是否构成行政不作为。本案的核心争议在于某镇政府是否构成行政不作为。行政不作为是指行政主体及其工作人员有积极实施行政行为的职责和义务，应当履行而未履行或拖延履行其法定职责的状态。质言之，行政主体有积极履行之义务而未履行，且在程序上没有明确意思表示，就是行政不作为。本案中，某镇政府收到原告邮寄的《申请书》后，由城管中队对涉案建筑进行了现场检查、拍摄了照片，立案后对村委会工作人员进行了调查询问，查明涉案建筑确未取得建设工程规划许可，已纳入拆除计划，并欲进一步向原告进行调查询问，同时向村委会送达了《行政执法行为告知书》。截至原告申请行政复议时，案件仍在进一步调查过程中，尚未结案。因此，某镇政府具有明确的履行义务意思，且正在履行法定义务的过程之中，不符合行政不作为的条件。

《中华人民共和国行政复议法实施条例》第四十八条第一款规定："有下列情形之一的，行政复议机关应当决定驳回行政复议申请：（一）申请人认为行政机关不履行法定职责申请行政复议，行政复议机关受理后发现该行政机关没有相应法定职责或者在受理前已经履行法定职责的；（二）受理行政复议申请后，发现该行政复议申请不符合行政复议法和本条例规定的受理条件的。"由于某镇政府不存在原告所称的行政不作为情形，浦东新区政府根据上述条款第二项的规定驳回原告的行政复议申请，主要证据充分、适用法律正确。

在日常行政工作中，行政机关要主动避免落入行政不作为的争议，应当注意两点：一是作为的方式，二是法定期限。本案中，行政机关对涉案建筑进行现场检查、拍摄照片、对村委会工作人员进行调查询问等行为，都是行政作为的具体方式和程序，并且在此过程中，做好了工作留痕，因而复议机关和法院都认定本案不构成行政不作为。

四、王某某不服上海市浦东新区人民政府政府信息公开和上海市政府行政复议决定行政诉讼一审案例

关键词：政府信息公开；抽象行政行为附带审查

2019年8月23日，上海市浦东新区人民政府（以下简称浦东新区政府）收到王某某提交的政府信息公开申请，申请内容为："1.要求获取贵府履职保存的《三林楔形绿地（含部分配套开发用地）项目征收集体土地房屋补偿口径》（以下简称《补偿口径》）的文本复制件。2.认定人口的标准信息复制件。"浦东新区政府经审查认为王某某的第一项申请属于公开范围，于同年9月17日作出告知，告知申请人系争信息属于政府信息公开范围，并向王某某提供了《补偿口径》。浦东新区政府经审查认为王某某的第二项申请因内容不明确，于同月3日作出编号SQ某X02的补正告知（以下简称002号补正告知），但王某某未在规定期限内提交补正材料。王某某收悉告知后不服，向上海市政府申请行政复议。上海市政府于2019年9月27日向王某某发出补正行政复议申请通知书，主要内容为，"你提交的行政复议申请材料收悉。经审查，上述复议表述不清楚、材料不齐全。根据《中华人民共和国行政复议法实施条例》第二十九条的规定，请在收到本通知之日起十日内，向本机关补正如下事项，请明确行政复议请求事项。提示：'你所不服的浦东新区政府于2019年9月3日作出的002号补正告知系信息公开申请补正告知，属于过程性行为，不属于复议范围。你应当按照补正告知书内容进行补正，待浦东新区政府作出最终的告知书后，如对该最终告知书不服，可以请求撤销该最终告知书'"。上海市政府于2019年11月14日再次向王某某等申请人发出补正行政复议申请通知，主要内容

为，“你们提交的行政复议申请材料收悉。经审查，上述复议申请表述不清楚。根据《中华人民共和国行政复议法实施条例》第二十九条的规定，请在收到本通知之日起十日内，向本机关补正如下事项：1. 请明确行政复议申请人。你们所不服的告知书系由浦东新区政府针对王某某作出，故请将王某某作为复议申请人。2. 请写明行政复议请求。提示，如你不服浦东新区政府作出的信息公开申请告知书，请将复议请求表述为‘请求撤销被申请人于 2019 年 9 月 17 日作出的告知，并责令重新作出答复’。另需说明的是，其中 002 号补正告知系补正告知书，属于过程性行为，不属于复议范围”。2019 年 11 月 18 日，上海市政府收到王某某提交的补正行政复议申请书。11 月 25 日，上海市政府向浦东新区政府发出《行政复议答复通知书》，浦东新区政府在法定期限内提交了《行政复议答复书》及相关材料。上海市政府于 2020 年 1 月 10 日作出《延长审理期限通知书》，决定延长审理期限，延长期限不超过三十日，并邮寄送达双方。2 月 14 日，上海市政府作出被诉复议决定，维持浦东新区政府作出被诉告知的行政行为，并邮寄送达双方。王某某仍不服，在法定期限内向上海市第三中级人民法院提起诉讼。

王某某诉称，浦东新区政府提供给他的《补偿口径》不合法，违反《上海市征收集体土地房屋补偿暂行规定》的规定，浦东新区政府应当向王某某提供阳光政策的补偿口径。上海市政府在行政复议中未履行行政复议职责对《补偿口径》的合法性进行审查。其认为，告知及复议决定严重侵害其本人合法权益，为维护自身的合法权益，请求撤销浦东新区政府作出的告知及上海市政府作出的复议决定，重新作出处理。

浦东新区政府辩称，2019 年 8 月 23 日，收到王某某提交的信息公开申请，申请内容为："1. 贵府履职保存的《补偿口径》的文本复制件信息；2. 认定人口的标准信息复制件。"经查，上述第一项申请内容属于公开范围，故作出告知内容，并向王某某邮寄送达了告知内容及《补偿口径》。王某某提出的第二项申请内容不明确，浦东新区政府告知王某某补正申请，后王某某未就该申请事项予以补正。根据《中华人民共和国政府信息公开条例》第三十六条第二项规定，所申请公开信息可以公开，故向王某某提供该政府信息，或者告知王某某获取该政府信息的方式、途径和时间。浦东新区政府作出告知，并公开了申请信息，认定事实清楚，证据确凿，适用法律、法规正确，符合法定程序。王某某对《补偿口径》的合法性提出的异议，不属于本案审查范围。

上海市政府辩称：在法定期限内上海市政府作出维持的被诉复议决定，程序合法，并无不当。王某某对《补偿口径》的合法性提出的异议不属于对政府信息公开告知提起行政复议申请的复议审查范围。

以上事实，由王某某提供的告知内容、复议决定、《补偿口径》等证据、浦东新区政府提供的政府信息公开申请书、申请表及附件、邮寄凭证、告知内容及邮寄凭证、002 号补正告知等证据，市政府提供的行政复议申请书及附件、两份补正行政复议申请通知书、补正后的行政复议申请及邮寄凭证、行政复议答复通知书及邮寄凭证、行政复议答复书及相关材料、行政复议延长审理期限通知书、更正通知及邮寄凭证、复议决定及邮寄凭证等证据以及当事人的庭审陈述予以确认。

上海市第三中级人民法院根据本案相关证据材料，认为依据《中华人民共和国政府信息公开条例》第四条第一款、第二款第一项的规定，浦东新区政府对向其提出的政府信息公开申请依法负有进行处理的职责。浦东新区政府在收到王某某的申请后，对于王某某的第一项申请在法定期限内作出被诉告知并送达王某某，行政程序合法。《中华人民共和国政府信息公开条例》第三十六条第二项规定，“所申请公开信息可以公开的，向申请人提供该政府信息，或者告知申请人获取该政府信息的方式、途径和时间”。本案中，王某某申请公开的第一项政府信息为《补偿口径》，浦东新区政府经审查认为属于公开范围，作出告知，并向王某某提供《补偿口径》，认定事实及适用法律正确。根据《中华人民共和国行政复议法》第十三条第一款规定，上海市政府具有受理并处理申请人所提出的行政复议申请的职责。本案中，上海市政府收到王某某的行政复议申请，经要求王某某补正并向王某某释明，受理王某某的行政复议申请，向浦东新区政府发出行政复议答复通知书，经延期在法定期限内作出维持被诉告知的被诉复议决定，程序合法。王某某对《补偿口径》的合法性提出的异议，不属于本案审查范围。据此，依据《中华人民共和国行政诉讼法》第六十九条、第七十九条及《最高人民法院关于审理政府信息公开行政案件若干问题的规定》第十二条第八项之规定，上海市第三中级人民法院判决驳回王某某的诉讼请求。

案例分析

本案系政府信息公开之诉。王某某不服浦东新区政府政府信息公开告知及上海市政府行政复议决定，向法院提起诉讼。

本案涉及两个行政行为：一是浦东新区政府信息公开告知，二是上海市政府的行政复议决定。

关于信息公开告知。2019 年 9 月 17 日，经王某某公开政府信息申请，浦东新区政府对王某某作出《告知书》，向王某某告知其所申请的信息。告知的主要内容为："本机关于 2019 年 8 月 23 日收到您（单位）的申请，要求获取《三林楔形绿地（含部分配套开发用地）项目征收集体土地房屋补偿口径》的文本复制件信息。依据《中华人民共和国政府信息公开条例》第三十六条第二项的规定，答复如下，'经审查，您（单位）所申请公开信息属于政府信息公开范围，现将该信息提供给您（单位），请查收'。"浦东新区政府对向其提出的政府信息公开申请依法负有进行处理的职责，在收到王某某的申请后，对于其第一项申请在法定期限内作出被诉告知并送达申请人王某某，行政行为合法。

行政复议决定。上海市政府于 2020 年 2 月 14 日作出被诉复议决定，主要内容为："经审理，申请人要求获取的《补偿口径》，被申请人经审查认为属于政府信息公开范围。被申请人据此在法定期限内依据《中华人民共和国政府信息公开条例》第三十六条第二项的规定作出被诉告知，并向申请人作了提供，符合政府信息公开相关规定。"因此，上海市政府作出的复议维持决定合法。

此外，对于信息公开的内容即《补偿口径》，王某某认为浦东新区政府提供给王某某的这份《补偿口径》本身不合法，提出浦东新区政府应当向其提供新的补偿口径，同时上海市政府在行政复议中未履行行政复议职责对《补偿口径》的合法性进行审查。由于《补偿口径》属抽象行政行为范畴，本案系对信息公开行为提起的诉讼，作为公开信息的《补偿口径》非审查内容，因此也不能在本案中同时提起附带审查，因而这一诉求不属于法院的审查范围。根据我国行政诉讼制度安排，对于《补偿口径》等抽象行政行为的审查，只有当行政主体依据该抽象行政行为作出具体行政行为，并对行政相对人的权利义务造成影响时，相对人才可在起诉具体行政行为时申请法院对作为行为依据的抽象行政行为附带作出合法性审查。

五、张某某不服上海市公安局浦东公安分局交通警察支队行政处罚和上海市浦东新区人民政府行政复议决定一审案例

关键词：道路交通行政管理；简易程序

2020 年 9 月 12 日 8 时 10 分许，张某某在上海市外环高速外侧 4 公里约 600 米处，将驾驶的号牌为沪 ET 某重型半挂牵引车停靠在高速公路进入加油站的减速行车道上。上海市公安局浦东分局交通警察支队（以下简称浦东公安分局交警支队）执勤民警发现后，告知张某某其实施了驾驶机动车在高速公路行车道上停车的交通违法行为，以及拟对张某某作出 200 元罚款的行政处罚决定。张某某当时进行陈述和申辩，执勤民警在听取张某某意见后，表示对张某某的申辩理由不予采纳后，于当日依据《中华人民共和国道路交通安全法实施条例》第八十二条第一项、《中华人民共和国道路交通安全法》第九十条的规定，以及《道路交通安全违法行为处理程序规定》第四十三条第一款、第四十四条第一款的规定，适用简易程序对张某某作出行政处罚决定，并当场开具和送达行政处罚决定书。张某某不服，于同年 10 月 20 日向上海市浦东新区人民政府（以下简称浦东新区政府）申请行政复议，浦东新区政府受理后于同月 27 日向浦东公安分局交警支队作出行政复议答复通知书，浦东公安分局交警支队于同年 11 月 5 日向浦东新区政府提交行政复议答复意见书和证据、依据。浦东新区政府经复议审查认为，浦东公安分局交警支队所作行政处罚决定认定事实清楚，证据确凿，适用法律正确，程序合法，内容适当，并于 2020 年 12 月 17 日作出行政复议决定。张某某不服被告浦东公安分局交警支队所作交通行政处罚决定、浦东新区政府所作行政复议决定

一案，向上海市静安区人民法院提起行政诉讼。

张某某诉称，其于2020年9月12日驾驶沪ET某重型半挂牵引车从外四码头出发欲至昆山装货，在本市外环高速行驶过程中接到弟弟的电话，告知母亲在干农活时腿受伤的情况，询问其能否回家看望。其本人将车行驶至外环高速中国石油浦东新区服务区南加油站入口时，见此处未设置禁止停车的标志，就打开双闪灯靠右慢行驶入加油站入口处停车，之后与公司联系能否派其他驾驶员来替车。在焦急等待时，浦东公安分局交警支队的执勤民警对其作出行政处罚决定。因其停车地点并未设置禁止停车标志，另执勤民警没有告知法律依据和相关权利，剥夺原告陈述和申辩的权利。张某某认为被告浦东公安分局交警支队认定事实不清，证据不足，违反法定程序。浦东新区政府所作维持的行政复议决定亦违法，故请求法院判决撤销浦东公安分局交警支队对张某某所作行政处罚决定及浦东新区政府所作行政复议决定。

浦东公安分局交警支队辩称，根据《中华人民共和国道路交通安全法实施条例》第八十二条第一项的规定，机动车在高速公路上行驶，不得在车道内停车。被告执勤民警于2020年9月12日发现原告在高速公路上行驶，将机动车停在进入加油站的减速车道上。民警虽然没有告知法律规定和相关权利，但事先明确告知原告其违法事实及对其拟处的行政处罚内容，在听取原告陈述和申辩意见，对原告的辩解不予采纳后再对原告作出行政处罚决定。该决定认定事实清楚，证据确实，适用法律正确，程序合法，请求法院判决驳回原告的诉讼请求。

浦东新区政府辩称，其经复议审查后认为，浦东公安分局交警支队所作行政处罚决定认定事实清楚，证据确凿，适用法律正确，程序合法，内容适当，故其依法作出维持的行政复议决定，并请求法院判决驳回原告的诉讼请求。

以上事实由张某某提供的适用简易程序行政处罚决定书、行政复议决定书，浦东公安分局交警支队提供的工作情况记录、执法记录仪视频资料及摘录、适用简易程序行政处罚决定书，浦东新区政府提供的原告提交的行政复议申请书及所附材料、行政复议答复通知书及其邮寄凭证、行政复议答复意见书、行政复议决定书及其送达回证，当事人庭审陈述等证据证明。

上海市静安区人民法院根据本案相关证据材料，认为浦东公安分局交警支队对原告的陈述和申辩意见不予采纳后适用简易程序对原告当场作出被诉行政处罚决定。该决定认定事实清楚，证据确实，适用法律正确，程序并无不当。浦东新区政府具有行政复议职责，受理张某某的行政复议申请后，经复议审查被告浦东公安分局交警支队提交的证据和依据，所作维持的行政复议决定亦认定事实清楚，程序合法，适用法律正确。依照《中华人民共和国行政诉讼法》第六十九条、第七十九条之规定，判决驳回张某某的诉讼请求。

案例分析

本案系道路交通行政处罚纠纷。张某某不服浦东公安分局交警支队所作交通行政处罚决定和浦东新区政府所作行政复议决定，向法院起诉。因被诉具体行政行为经过行政复议，复议机关作出维持决定，故复议机关与原行为机关作共同被告。

根据《中华人民共和国道路交通安全法》第五条第一款规定，县级以上地方各级人民政府公安机关交通管理部门负责本行政区域内的道路交通安全管理工作，以及《中华人民共和国道路交通安全法实施条例》第一百零九条第一款的规定，对道路交通安全违法行为人处以罚款或者暂扣驾驶证处罚的，由违法行为发生地的县级以上人民政府公安机关交通管理部门或者相当于同级的公安机关交通管理部门作出决定。本案中，浦东公安分局交警支队负责本行政区域内道路交通安全管理工作，具有作出被诉行政处罚决定的职责。

被诉行政行为合法性：

主体适格。根据《中华人民共和国道路交通安全法》第五条第一款规定，县级以上地方各级人民政府公安机关交通管理部门负责本行政区域内的道路交通安全管理工作，以及《中华人民共和国道路交通安全法实施条例》第一百零九条第一款的规定，对道路交通安全违法行为人处以罚款或者暂扣驾驶证处罚的，由违法行为发生地的县级以上人民政府公安机关交通管理部门或者相当于同级的公安机关交通管理部门作出决定。本案中，浦东公安分局交警支队负责本行政区域内道路交通安全管理工作，具有作出被诉行政处罚决定的职责。

事实认定与法律依据。原告在本市高速公路，将驾驶的机动车停靠在高速公路减速行车道上，被告浦东公安分局交警支队发现后告知原告其违法事实，拟对其作出行政处罚决定。原告当场向民警提出陈述和申辩意见，被告不予采纳后，适用简易程序对原告当场作出被诉行政处罚决定，不存在被告剥夺原告陈述和申辩的权利的行为。根据《中华人民共和国道路交通安全法》第九十条规定，“机动车驾驶人违反道路交通安全法律、法规关于道路通行规定的，处警告或者二十元以上二百元以下罚款”，适用法律正确。

本案的行政处罚行为最终得到法院认可，除事实认定清楚、适用法律正确外，重要的是执法程序不存在瑕疵。必须注意的是，即使符合简易程序法定条件（《中华人民共和国行政处罚法》第五十一条）而选择采取简易程序处理的，执法人员也不能剥夺行政相对人依法享有的陈述申辩权利，否则即构成行政行为程序违法。

六、顾某某不服上海市公安局浦东公安分局行政处罚和上海市浦东新区人民政府行政复议决定行政诉讼一审案例

关键词：行政处罚；程序违法

2020年6月7日下午3时许，顾某某将陈某某停放在浦东图书馆门口人行道上的一辆未上锁的黑色凤凰牌电动自行车擅自骑走。当日16时56分，上海市公安局浦东公安分局（以下简称浦东公安分局）下属某派出所受理了陈某某的电动自行车被盗报案。6月8日，浦东公安分局锁定原告顾某某为盗窃嫌疑人，于其家中发现被盗车辆，遂依据刑事司法程序决定扣押被盗电动自行车，并于当日予以刑事立案。浦东公安分局于次日对顾某某实施了刑事拘留。经对被盗车辆和现场辨认及同月8日、9日两次讯问，顾某某在笔录中承认盗走了前述车辆。6月16日，浦东公安分局委托上海市浦东新区价格认证中心对被盗电动自行车的价值进行认定，经认定，该车辆价值为1 886元。同日，浦东公安分局以顾某某尚不构成犯罪将其释放，并于同日18时40分对顾某某作出行政处罚事前告知——拟对其作出行政拘留15日的行政处罚，刑事拘留期限折抵行政拘留。顾某某未提出陈述、申辩，浦东公安分局遂于2020年6月16日18时50分对原告作出行政处罚决定，决定对顾某某行政拘留15日，刑事拘留期限折抵行政拘留7日。浦东公安分局在行政处罚决定书中载明了被盗车辆的认定价值为1 886元。该行政处罚已经执行完毕。顾某某对浦东公安分局作出的被诉行政处罚决定不服，于2020年7月9日向上海市浦东新区人民政府（以下简称浦东新区政府）申请行政复议，浦东新区政府收到顾某某的行政复议申请后即予以受理，并于同月14日向浦东公安分局作出行政复议答复通知。浦东公安分局于2020年

7月27日向浦东新区政府提交了行政复议答复意见及相关证据。2020年9月4日，浦东新区政府决定延长行政复议审理期限，延长期限不超过30日，并将延长行政复议审理期限通知书送达顾某某及浦东公安分局。9月30日，浦东新区政府作出行政复议决定。顾某某收悉后仍不服，向上海市静安区人民法院提起诉讼，请求撤销浦东公安分局作出的行政处罚决定及浦东新区政府作出的行政复议决定。

顾某某诉称，其于2020年6月7日下午2点按预约进入浦东新区图书馆，看到图书馆进出口处西侧约10米的人行道树旁停放着一辆无牌无锁的电动自行车。当日下午3点多，其借书出馆，见该车仍在，经询问图书馆工作人员，他们称不管，其本人想暂时保管而推行至家，停放在家中客厅。6月8日下午约4点，民警找到其本人，其当时主动配合去家中取车并一起前往北蔡派出所。其本人于6月9日被送往张江看守所。6月16日下午3点半，某派出所办案民警到看守所，口头告知了行政处罚决定书的主要内容，即对其改为行政拘留15日，并将其送入浦东拘留所。2020年6月24日上午9点半，其本人被解除拘留并自行回家。顾某某认为，涉案电动自行车没有上牌，不具备在道路上通行的功能，该车辆只具备零件价值，估价机构对该车辆价值评估明显过高，并认为其行为不属于盗窃。行政处罚决定书上称其是“下午1点”盗车，与事实不符。浦东公安分局在对其本人进行传唤的过程中，存在程序违法的情形，损害了其合法权益。顾某某对被告浦东公安分局提交的法律依据无异议；对事实证据中的价格认定结论有异议，认为涉案电动自行车未上车牌，不具有骑行功能，其本人是在浦东公安分局作出行政处罚决定后才知道涉案车辆的认定价值。顾某某对被告浦东公安分局的行政程序有异议，认为浦东公安分局存在询问期间未安排其正常饮食，且事后让其签收搜查令等行为。顾某某对被告浦东新区政府提交的法律依据和程序证据均无异议。

浦东公安分局辩称，根据上海市对刑事案件的追诉标准，盗窃金额1 000元是刑事立案的起刑点，至30 000元属于数额较大，同时规定如盗窃数额不满2 000元，且犯罪情节轻微，危害不大的，包含初犯情形，可以不予追究刑事责任。顾某某是初犯，被盗车辆价值经鉴定为1 886元，不足2 000元，不满足刑事立案标准，故转为行政案件处理。根据《上海市公安局关于对部分违反治安管理行为实施处罚的裁量基准》第六条的规定，原告盗窃财物价值500元以上，属情节较重情形。涉案车辆不属于无主物，顾某某也并非善意保管，其诉讼理由无事实根据和法律依据，请求法院判决驳回顾某某诉请。

浦东新区政府辩称，行政复议决定主体适格、事实清楚、证据确凿、适用依据正确，符合法定程序。

以上事实由顾某某提供的《行政处罚决定书》，浦东公安分局提交的《受案登记表》《立案决定书》《拘留证》《释放证明书》《行政处罚告知笔录》，陈某某询问笔录，顾某某询问笔录，扣押决定书及扣押清单，涉案视频及制作说明，价格认定结论书，辨认笔录及相关照片等证据证明。浦东新区政府提交行政复议申请材料、行政复议答复通知书、行政复议答复书、延长行政复议审理期限通知书及送达回证、行政复议决定书及送达凭证。浦东新区政府以上述证据证明其行政复议程序合法。

上海市静安区人民法院根据本案相关证据材料，认为根据《中华人民共和国治安管理处罚法》第七条、第九十一条规定，浦东公安分局具有作出本案被诉处罚决定的行政职权。虽然浦东公安分局在行政处罚决定上将顾某某实施违法行为的时间写成“13 时许”（根据浦东公安分局查明的事实及顾某某自述，能够确认实际时间应为 15 时许），但该时间书写错误并不影响浦东公安分局对顾某某实施违法行为的事实认定。浦东公安分局结合顾某某询问笔录及在其家中发现的被盗车辆等证据，认定顾某某实施了《中华人民共和国治安管理处罚法》第四十九条规定的盗窃行为，认定事实并无不当。浦东公安分局根据刑事责任追诉标准和现有证据，认定顾某某盗窃行为情节较重，依据《中华人民共和国治安管理处罚法》第四十九条的规定作出被诉处罚决定，量罚适当，未逾越限度。本案中，无证据足以证明浦东公安分局在作出处罚前将价格认定结论以适当方式告知顾某某，并给予顾某某提出重新鉴定的机会，未保障顾某某在行政程序中的陈述、申辩权利，该情节显属程序违法。根据《中华人民共和国行政复议法》第十二条第一款规定，浦东新区政府具有作出本案被诉行政复议决定的行政职权。浦东新区政府在行政复议审理过程中未对浦东公安分局存在的程序违法予以纠正，其所作维持被诉行政处罚决定的行政复议决定应一并确认违法。上海市静安区人民法院判决确认浦东公安分局于 2020 年 6 月 16 日对顾某某作出的《行政处罚决定书》的行政行为违法；确认浦东新区政府于 2020 年 9 月 30 日作出的《行政复议决定书》的行政行为违法。

案例分析

本案系行政处罚纠纷。顾某某不服浦东公安分局作出的行政处罚决定和浦东新区政府作出的行政复议决定，向上海市静安区人民法院提起诉讼。因被诉具体行政行为经过行政复议，复议机关作出维持决定，故复议机关与原行为机关作共同被告。

行政行为主体。第一，根据《中华人民共和国治安管理处罚法》第七条规定，县级以上地方各级人民政府公安机关负责本行政区域内的治安管理工作。同时，该法第九十一条规定，“治安管理处罚由县级以上人民政府公安机关决定；其中警告、五百元以下的罚款可以由公安派出所决定”。因此，浦东公安分局是本案被诉处罚决定的适格主体。第二，根据《中华人民共和国行政复议法》第十二条第一款规定，“对县级以上地方各级人民政府工作部门的具体行政行为不服的，由申请人选择，可以向该部门的本级人民政府申请行政复议，也可以向上一级主管部门申请行政复议”。因此，被告浦东新区政府具有作出本案被诉行政复议决定的行政职权。

事实认定与法律依据。第一，由于涉案车辆不属于无主物，原告也并非善意保管，而是以非法占有为目的，将车辆盗窃回家中。浦东公安分局结合原告询问笔录及在原告家中发现的被盗车辆等证据，认定原告实施了《中华人民共和国治安管理处罚法》第四十九条规定的盗窃行为，事实清楚。第二，浦东公安分局根据《上海市公安局关于对部分违反治安管理行为实施处罚的裁量基准》第六条规定的处罚标准，认为原告盗窃财物价值 500 元以上，属情节较重情形。认定原告盗窃行为属于情节较重，进而依据《中华人民共和国治安管理处罚法》第四十九条的规定作出被诉行政处罚决定，法律依据明确，量罚适当。

法定程序。第一，被诉行政处罚将原告实施违法行为的时间写成“13 时许”（根据被告查明的事实及原告自述，能够确认实际时间应为15时许），但该时间书写错误并不影响被告浦东公安分局对原告所实施行为的事实认定，这一点上被诉行政行为不存在明显瑕疵。第二，《公安机关办理行政案件程序规定》第九十三条规定："涉案物品价值不明或者难以确定的，公安机关应当委托价格鉴证机构估价。"第九十七条规定："对经审查作为证据使用的鉴定意见，公安机关应当在收到鉴定意见之日起五日内将鉴定意见复印件送达违法嫌疑人和被侵害人。……违法嫌疑人或者被侵害人对鉴定意见有异议的，可以在收到鉴定意见复印件之日起三日内提出重新鉴定的申请，经县级以上公安机关批准后，进行重新鉴定。"原告在公安机关作出委托价格鉴证机构估价的行为后，有陈述、申辩的权利，可以对鉴定意见提出异议。本案中，无证据证明被告浦东公安分局在作出处罚前将价格认定结论以适当方式告知原告，并给予原告提出重新鉴定的机会，剥夺了原告在行政程序中的陈述、申辩权利，属于程序违法。并且，被告浦东新区政府在行政复议审理过程中未对被申请人浦东公安分局的程序违法进行纠正。就此程序违法情节，上海市静安区人民法院原应撤销被诉行政行为，责令浦东公安分局重作，考虑到顾某某在诉讼中已知晓价格认定结论，并根据认定的价格提出了质证意见，以程序违法为由责令被告重作行政处罚行为已无实际意义，因而上海市静安区人民法院作出确认违法判决，确认两被告所作的行政处罚决定和行政复议行为违法。

本案是行政机关因行政行为程序违法而致败诉的典型案例。行政相对人对行政机关的鉴定意见依法享有陈述、申辩的权利，行政机关不可随意剥夺。然而，在行政工作中，陈述申辩作为程序性权利较容易被忽视，导致行政程序违法。本案就是明显的行政程序违法例子：在顾某某已知晓价格认定结论，并根据认定的价格提出了质证意见，且在行政处罚行为事实认定清楚、法律适用正确的情况下，因为行政机关在执法过程中剥夺了顾某某对鉴定意见的陈述、申辩权，造成行政行为违法。对行政机关而言这样的违法是完全可以避免的，当引以为鉴。

七、秦某某不服上海市浦东新区人民政府政府信息公开行政诉讼一审案例

关键词：政府信息公开

2019 年 11 月 4 日，秦某某向上海市浦东新区人民政府（以下简称浦东新区政府）提出政府信息公开申请，要求获取“贵机关制定的适用于 1 千克以内的民用无人机的所有规范性文件，包括但不限于贵机关制定的关于无人机登记或备案、飞行备案或审批、禁飞时间和范围、飞行高度和距离要求的规定”。浦东新区政府于同月 6 日收到该申请，经检索浦东新区政府规范性文件库和上海市行政规范性文件数据库，均未查找到相关信息，于 2019 年 12 月 11 日作出《告知书》（落款日期为 2019 年 11 月 26 日），并向秦某某邮寄。秦某某于 2019 年 12 月 12 日收到后不服，于 2020 年 6 月 11 日向上海铁路运输法院提起诉讼。

秦某某诉称，其于 2019 年 11 月 4 日通过邮寄方式向被告提出政府信息公开申请，要求获取“贵机关制定的适用于 1 千克以内的民用无人机的所有规范性文件，包括但不限于贵机关制定的关于无人机登记或备案、飞行备案或审批、禁飞时间和范围、飞行高度和距离要求的规定”。浦东新区政府于同月 6 日收到，直至次月 11 日才将作出的告知书向其送达，超过了政府信息公开的法定答复期限，程序违法。其对浦东新区政府认定事实并无异议，故请求法院确认浦东新区政府逾期作出《告知书》违法。

浦东新区政府辩称，其收到秦某某的政府信息公开申请后，经检索未查询到原告申请的信息，故作出告知书答复秦某某。告知书认定事实清楚，适用法律正确，故请求法院驳回原告的诉讼请求。

上述事实有政府信息公开申请书、秦某某身份证复印件及邮寄凭证、检索页面截屏、秦某某与浦东新区政府工作人员的通话录音、《告知书》及送达凭证等证据及当事人的陈述为证。

上海铁路运输法院根据本案相关证据材料，认为根据《中华人民共和国政府信息公开条例》（以下简称《条例》）第四条之规定，浦东新区政府具有受理和处理向其提出的政府信息公开申请的法定职责。浦东新区政府收到秦某某的政府信息公开申请后，针对秦某某的申请内容进行了检索，并未查找到相关信息，遂根据《条例》第三十六条第四项之规定，答复秦某某其申请获取的信息不存在，认定事实清楚，适用法律正确。

本案争议焦点在于被告作出被诉告知书的程序是否合法。根据《条例》第三十三条第二款之规定，行政机关收到政府信息公开申请，不能当场答复的，应当自收到申请之日起20个工作日内予以答复；需要延长答复期限的，应当经政府信息公开工作机构负责人同意并告知申请人，延长的期限最长不得超过20个工作日。本案中，被告于2019年11月6日收到原告的政府信息公开申请，于次月11日作出被诉告知书，超过了《条例》规定的答复期限，且不存在延期答复程序，处理期限轻微违法，但对原告权利不产生实际影响。上海铁路运输法院依照《中华人民共和国行政诉讼法》第七十四条第一款第二项和《最高人民法院关于适用〈中华人民共和国行政诉讼法〉的解释》第九十六条第一项之规定，判决确认浦东新区政府于2019年12月11日对秦某某作出的《告知书》违法。

案例分析

本案系政府信息公开之诉。秦某某不服浦东新区政府作出政府信息公开告知行政行为，向法院提起行政诉讼。

主体适格。《中华人民共和国政府信息公开条例》第四条规定，“各级人民政府及县级以上人民政府部门应当建立健全本行政机关的政府信息公开工作制度，并指定机构负责本行政机关政府信息公开的日常工作”。据此，被告浦东新区政府具有受理和处理向其提出的政府信息公开申请的法定职责。

主要争议。原告秦某某通过邮寄方式向被告提出政府信息公开申请，被告浦东新区政府作出《告知书》答复原告，表明被告未制作原告所申请公开的信息，该政府信息不存在。对于答复内容，原告没有异议。本案争议焦点在于被告作出被诉《告知书》的程序是否合法。

法定程序。秦某某于2019年11月4日通过邮寄方式向被告提出申请，被告于11月6日收到，直至12月11日才作出被诉《告知书》并向原告送达。超过了政府信息公开的法定答复期限，程序违法。《条例》第三十三条第二款规定，行政机关收到政府信息公开申请，不能当场答复的，应当自收到申请之日起20个工作日内予以答复；需要延长答复期限的，应当经政府信息公开工作机构负责人同意并告知申请人，延长的期限最长不得超过20个工作日。因此，被告作出行政行为时间超过了《条例》规定的答复期限，且不存在延期答复程序，属程序违法。

本案法律关系较为清楚，是行政机关在履职过程中超越期限导致的程序违法。行政机关在收到政府信息公开的申请之后，应当在法定期限内履行职责，按照法定程序延期，既是法律的要求，也是依法行政的题中之义。然而，期限问题在政府信息公开的诉讼中时常遇到，值得行政机关特别注意。尤其是对于政府信息公开的申请不能当场答复时，要在法定期限内作出答复或延期，避免不作为违法。

八、倪某某不服上海市浦东新区某某镇人民政府强制拆除行政诉讼一审案例

关键词：强制拆除；代履行

余某某租赁上海市浦东新区某某镇川南奉公路惠强路路口东侧惠东建材市场1–18、0排后1–2部位建筑物。此后，余某某在建材市场内自行建造编号11部位建筑物。2016年8月22日，余某某将上述三处建筑物一并转让给原告倪某某。2018年8月16日，被告上海市浦东新区某某镇人民政府组织拆除上述三处建筑物。倪某某不服，向上海市静安区人民法院起诉。

倪某某诉称，根据《中华人民共和国行政强制法》相关规定，行政机关作出强制执行决定前应当进行催告，并听取当事人的陈述申辩。被告未经催告、公告等法定程序，未清点室内物品即实施拆除行为，剥夺了原告的救济权利，侵害了原告的财产权，故请求法院判决确认被告某某镇政府于2018年8月16日强制拆除惠东建材市场1–18、0排后1–2、11部位建筑物并毁坏原告财产的行为违法。

被告某某镇政府辩称，原告租赁的惠东建材市场1–18、0排后1–2部位建筑物系上海汇南建设发展有限公司（以下简称汇建公司）搭建的违法建筑，由汇建公司自行拆除，并非被告实施拆除，某某镇政府并非适格被告，请求法院驳回原告对该部位建筑物拆除及毁坏财产行为的起诉。11部位建筑物系未经许可建造的违法建筑，由于建造年限、地理位置等因素，惠东建材市场内的建筑物腐蚀破损，存在重大消防隐患，原告未按照消防部门的要求整改，被告作出立即代履行决定，认为11部位建筑物属于在公共场所搭建的障碍物，于2018年8月16日决定立即实施代履行，并及时通知原告。被告执法

程序合法、认定事实清楚，故请求法院依法判决驳回原告要求确认被告强制拆除惠东建材市场11部位建筑物并毁坏原告财产行为违法的诉讼请求。

经审理查明，惠东建材市场位于川南奉公路惠强路路口东侧，汇建公司搭建部分建筑，并实际经营管理该建材市场。案外人余某某承租了建材市场1–18、0排后1–2部位建筑物，此后，余某某未经许可在1–18部位建筑物基础上自行延伸搭建了11部位建筑物。2016年8月22日，余某某将上述建材市场1–18、0排后1–2、11部位一并转让给原告用于经营使用。

2018年4月19日，上海市浦东新区消防安全委员会向被告出具《关于对于上海某某综合市场经营管理有限公司某某建材市场分公司加强消防安全综合治理的建议函》，认为惠东建材市场存在消防安全隐患，建议被告对该市场进行综合整治，消除隐患。同年6月6日，被告对汇建公司作出《责令限期拆除违法建筑决定书》，要求其对川南奉公路惠强路路口东侧搭建的20 437.515平方米违法建筑予以自行拆除。同年9月19日，上海市浦东新区人民政府作出行政复议决定，维持上述《责令限期拆除违法建筑决定书》。此后，汇建公司委托上海飞天拆房有限公司对0排后1–2部位建筑物实施拆除，并委托上海隆茂建筑装潢有限公司对1–18部位建筑物实施拆除。

2018年5月31日，被告经核查确认11部位建筑物系未取得相关许可建造。同年6月11日，被告对11部位建筑物进行了现场调查。同年8月16日，被告对原告作出《立即代履行决定书》，认定原告于2003年在某某镇川南奉公路惠强路路口东侧惠东建材市场擅自搭建建筑物132.08平方米（编号11），违反了《上海市城乡规划条例》第三十四条第一项，属于在公共场所搭建建筑物、构筑物构成障碍物，存在重大消防安全隐患，决定实施立即代履行，由上海隆茂建筑装潢有限公司代为清除。同日，被告对11部位建筑物实施拆除。原告不服，向法院提起行政诉讼，要求判如所请。

以上事实由被告提供的责令限期拆除违法建筑决定书及送达回证、责令限期拆除违法建筑公告、情况说明、拆房服务合同、行政复议决定书、房屋租赁协议、现场检查笔录、现场照片、市场平面图、重大火灾隐患整改通知书、加强消除安全综合治理的建议函、违法建筑调查表、立即代履行决定书、电话通知情况记录、现场光盘、物品提取通知、物品登记单等证据及当事人的庭审陈述予以证实。

根据《上海市城市管理行政执法条例》第四条第四款、第十一条第一款第八项的规定，被告对本行政区域内擅自搭建建筑物、构筑物的违法行为具有行政管理职权。

根据《最高人民法院关于适用〈中华人民共和国行政诉讼法〉的解释》第五十四条的规定，行政相对人起诉时应当提交证明行政行为存在的相关证据。本案中，原告承租使用的1–18、0排后1–2部位建筑物系汇建公司搭建的违法建筑，结合原、被告所提交的证据可知，该建筑物系汇建公司自行拆除，并无证据证明被告直接实施了拆除行为。因此，原告要求确认被告强制拆除上述部位建筑物并毁坏原告财产行为违法的诉讼请求，不符合行政诉讼的受案条件，对该部分诉请不属于本案审查范围。原告如认为其合法财产因拆除行为受到损坏，可另行通过民事途径主张。

本案的争议焦点在于，被告对11部位建筑物作出立即代履行决定后实施的强制拆除行为是否合法。对此，法院认为，本案中，11部位建筑物虽然属于未经许可擅自搭建的违法建筑物，但该建筑物位于建材市场内且长期作为经营场所使用，不属于立即代履行的适用对象。被告也未通过合理方式通知当事人先行整改，径行实施了强制拆除行为，违反了立即代履行的程序要求。综上，被告对11部位建筑物实施的强制拆除行为，行政程序违法、适用法律错误。鉴于系争建筑物已被拆除，故应当确认拆除行为违法。据此，为保护公民、法人和其他组织的合法权益，监督行政机关依法行政，上海市静安区人民法院依据《中华人民共和国行政诉讼法》第七十四条第二款第一项之规定，判决如下：确认被告上海市浦东新区某某镇人民政府于2018年8月16日拆除上海市浦东新区川南奉公路惠强路路口东侧惠东建材市场11部位建筑物的行政行为违法。

案例分析

本案系不动产拆迁纠纷。原告倪某某不服被告某某镇政府强制拆除其不动产的行为，向法院提起行政诉讼。

主体适格。《上海市城市管理行政执法条例》第四条第四款规定："乡、镇人民政府负责本辖区内城市管理行政执法工作，其所属城管执法机构以乡、镇人民政府名义，具体承担本辖区内的城市管理行政执法工作，并接受区城管执法部门的业务指导和监督。"第十一条第一项规定："市和区城管执法部门以及乡、镇人民政府实施城市管理行政执法的范围包括：（一）依据市容环境卫生管理方面法律、法规和规章的规定，对违反市容环境卫生管理的违法行为实施行政处罚。"结合上述两个条款规定，被告某某镇政府对本行政区域内擅自搭建建筑物、构筑物的违法行为具有行政管理职权。

受案范围。本案涉及三处不同属性建筑物的拆除行为，分别是1–18、0排后1–2和11部位。其中，原告承租使用的1–18、0排后1–2部位建筑物系汇建公司搭建的违法建筑。这两处建筑物系汇建公司自行拆除，被告没有实施拆除行为。因此，法院认为原告要求确认被告强制拆除上述部位建筑物并毁坏原告财产行为违法的诉讼请求，不符合行政诉讼的受案条件。原告的这部分诉讼请求，不属于本案的审查范围。对11部位拆除行为系被告对原告作出《立即代履行决定书》后，请第三方机构实施立即代履行的行为。该拆除行为是由被告作出的具体行政行为，且直接影响了原告的权利，根据《中华人民共和国行政诉讼法》第十二条，属于本案的受案范围。

法律依据与法定程序。本案的争议焦点在于，被告对11部位建筑物作出立即代履行决定后实施的强制拆除行为是否合法。被告所提出的法律依据为《中华人民共和国行政强制法》第五十二条。该条款规定：需要立即清除公共场所的障碍物，当事人不能清除的，行政机关可以决定立即实施代履行；当事人不在场的，行政机关应当在事后立即通知当事人，并依法作出处理。据此，行政机关实施了立即代履行的拆除行为，并在事后通知了原告。问题在于，11部位建筑物是否能够纳入本条所说“需要立即清除”障碍物的范围？障碍物只有满足需要立即清除出公共场所的条件，对其采取的行政强制措施才能符合《中华人民共和国行政强制法》第五十二条之规定。本案中，11部位建筑物虽然属于未经许可擅自搭建的违法建筑物，但该建筑物位于建材市场内且长期作为经营场所使用，没有即刻拆除的必要性，因而不属于立即代履行的适用对象。

在不满足立即清除的前提下，根据《中华人民共和国行政强制法》第五十条规定，被告实施行政强制措施应当事先经过催告程序。

被告未通过合理方式通知当事人先行整改，径行实施了强制拆除行为，跳过了法定程序，违反了行政强制措施的程序要求。因此，法院对强制拆除行为作出确认违法判决。

本案又是一起因行政机关忽视法定程序而导致行政行为违法的案件。对行政相对人合法权益的保障，既包括实体性权利，也包括程序性权利。行政机关在作出行政行为的过程中，要格外注重保障相对人的程序性权利，确保行政行为法定程序的公正和完整，保证行政行为的规范性、严谨性。

九、花某某不服上海市浦东新区建设和交通委员会信息公开告知行政诉讼一审案例

关键词：政府信息公开

2020年2月24日，原告花某某向被告上海市浦东新区建设和交通委员会（简称浦东建交委）提出政府信息公开申请，申请内容为："《上海市城市房屋拆迁管理实施细则》规定：'建设单位申请领取房屋拆迁许可证时，应当提交下列文件：（一）建设项目批准文件；（二）建设用地规划许可证；（三）国有土地使用权批准文件；（四）拆迁计划和拆迁方案；（五）本市银行出具的补偿安置资金专用存款账户的存款证明；（六）产权清晰、无权利负担的安置用房证明。'根据该规定，申请公开《房屋拆迁许可证》（浦建委房拆许字2009第0042号）申领时建设单位提交的全部申请文件。"被告浦东建交委于同年4月2日作出政府信息公开告知书，答复原告："根据《上海市城市房屋拆迁管理实施细则》规定：'建设单位申请领取房屋拆迁许可证时，应当提交下列文件：（四）拆迁计划和拆迁方案；（五）本市银行出具的补偿安置资金专用存款账户的存款证明；（六）产权清晰、无权利负担的安置用房证明。'《房屋拆迁许可证》（浦建委房拆许字2009第0042号）信息属于政府信息公开范围，现将该信息提供给您。"被告于当日邮寄告知书并送达原告，原告于2020年4月3日签收被诉告知书。原告花某某不服，向上海市静安区人民法院提起行政诉讼。

原告花某某诉称，2020年2月24日，被告收到上述政府信息公开申请，并于4月2日作出被诉告知书，但是从被告提供的材料中可知安置房中有浦东新区周浦镇川周公路某某弄的安置房，但被告未提

供上述地址产权清晰、无权利负担的安置房证明，仅有简单的房屋买卖协议及情况说明。根据《上海市政府信息公开规定》第九条的规定，对依职权制作的政府信息，行政机关在公开前应当进行核实，保证公开的政府信息内容准确。故其认为被告的告知不齐全、不准确，被告未将真实准确的资料按法定要求提供给他，未履行法定职责。故诉至法院，要求撤销被告浦东建交委作出的政府信息公开告知书。

被告浦东建交委辩称，不同意原告的诉讼请求。被告收到原告的申请后经查找相关材料后，已向原告提供其申请的信息，且在法定期限内作出被诉告知书，被诉告知书认定事实清楚，证据确凿，程序合法，适用法律正确。请求法院判决驳回原告的诉讼请求。

以上事实由原告、被告均提供的政府信息公开申请告知书及附件，被告提供的信息公开申请书、相关文书的邮寄凭证以及当事人庭审陈述等在案佐证。

法院认为，根据《中华人民共和国政府信息公开条例》第四条的规定，被告浦东建交委具有受理和处理向其提出的政府信息公开申请的法定职权。被告收到原告的申请后，经审查认为原告申请的第四项至第六项文件属于政府信息公开范围，故依据《中华人民共和国政府信息公开条例》第三十六条第二项的规定作出被诉告知书，并将第四项至第六项相关信息提供给原告，认定事实清楚，适用法律正确。被告于2020年2月24日收到原告的政府信息公开申请后，于2020年4月2日作出被诉告知书。依据《中华人民共和国政府信息公开条例》第三十三条的规定，“行政机关收到政府信息公开申请，能够当场答复的，应当当场予以答复。行政机关不能当场答复的，应当自收到申请之日起20个工作日内予以答复；需要延长答复期限的，应当经政府信息公开工作机构负责人同意并告知申请人，延长的期限最长不得超过20个工作日”。本案中，被告自2020年2月24日收到原告的申请后，直至2020年4月2日作出被诉告知书，未在上述规定的期限中作出答复，且被告未提供超期的合理原因。法院认为，被告超期作出被诉告知书程序违法，但程序违法对原告权利不产生实际影响。据此，上海市静安区人民法院依照《中华人民共和国行政诉讼法》第七十四条第一款第二项之规定，判决确认被诉政府信息公开告知书违法。

案例分析

本案系政府信息公开之诉。原告花某某不服被告浦东建交委所作政府信息公开告知书，向法院提起行政诉讼。

主体适格。《中华人民共和国政府信息公开条例》第四条规定："各级人民政府及县级以上人民政府部门应当建立健全本行政机关的政府信息公开工作制度，并指定机构（以下统称政府信息公开工作机构）负责本行政机关政府信息公开的日常工作。政府信息公开工作机构的具体职能是：（一）具体承办本行政机关的政府信息公开事宜。"据此，被告浦东建交委具有受理和处理向其提出的政府信息公开申请的法定职权。

法律依据。被告根据原告的信息公开申请，认为原告申请的第四项至第六项文件属于政府信息公开范围，故依据《中华人民共和国政府信息公开条例》第三十六条第二项的规定作出告知书，将所申请的信息告知原告，法律适用正确。

法律程序。根据《中华人民共和国政府信息公开条例》第三十三条的规定，“行政机关收到政府信息公开申请，能够当场答复的，应当当场予以答复。行政机关不能当场答复的，应当自收到申请之日起20个工作日内予以答复；需要延长答复期限的，应当经政府信息公开工作机构负责人同意并告知申请人，延长的期限最长不得超过20个工作日”。本案中，被告未在上述规定的期限中作出答复，且被告未提供超期的合理原因。因此，其超期作出被诉告知书的行为属程序违法。由于超期答复的违法行为对原告权利不产生实际影响，因而法院作出确认行政行为违法的判决。

在行政机关依相对人申请作出政府信息公开答复的行政行为时，不能当场答复的，必须在法定期限20日内予以答复，或经法定程序延长答复期限，否则即构成违法。在行政执法中，这样的程序性违法可能引发行政机关与行政相对人之间的其他矛盾，并且是可以预见和避免的，行政机关应当提高遵守法定程序的意识，避免不必要的违法行为。

十、曹某不服上海市浦东新区某某镇人民政府限期拆除和上海市浦东新区人民政府行政复议维持决定的行政调解案例

关键词：行政调解

一、基本案情

原告曹某系某某镇某小区一楼某室业主，2016年12月原告在房屋东南侧门口外搭建构筑物。某某镇政府以原告未经许可违法搭建为由对其作出责令限期拆除决定。原告不服，向上海市浦东新区人民政府（以下简称浦东新区政府）提起行政复议。浦东新区政府复议维持原行政行为。原告仍不服，认为构筑物在其产权范围无需申请规划许可，故诉至法院，要求撤销上述责令限期拆除决定和行政复议决定。

在审理过程中，原告当庭向上海市静安区人民法院提出撤诉申请。

二、协调化解的主要做法

为准确了解案情，法院工作人员前往现场查看。因原告房屋改造较大，无法辨别原貌，在与物业公司沟通后，前往该小区同房型住宅了解房屋状况。经核查，原告在其房屋东南侧门口外建有一面砖混夹玻璃结构的墙壁，连接房屋南墙外侧，并在该墙与南墙、西墙上加盖一玻璃顶，形成占地面积为1.19平方米的构筑物。从地理位置来看，系争构筑物位于原告的产权范围。

工作人员向曹某询问搭建的理由，原告表明为防止风雨进入，先搭建一面墙，后该处发生高空坠物，出于安全考虑搭建玻璃顶，最终形成系争构筑物。同时曹某向工作人员出示开发商提供的建筑使用说明书，认为基于该说明书，系争构筑物所在地本应由开发商建造阳台，因开发商未按约定建设，导致出现上述隐患。原告据此自行搭建

并不违法，也无需申请规划许可。了解到原告建造的真实原因，工作人员在现场和原告进行初步沟通，向原告释明法律关系。首先，原告的产权证未载明该处为阳台，建筑使用说明书并不具备对外效力；其次，原告的现实需求应当与开发商沟通，由开发商来负责建造，而不能自行搭建；最后，告知原告其未经许可自行搭建构筑物的行为属于违法行为，作为公民应当遵守法律，自行拆除违法搭建。经过合议庭的说服教育，原告承认未办理规划许可就搭建构筑物存在不妥，希望法院协调解决其出入安全问题。

随后，工作人员前往某某镇政府沟通案件，告知其原告搭建的现实原因和真实诉求，从小区整体状况来看，原告出入安全确有隐患，其搭建也存在客观原因。同时原告的搭建亦非个案，同小区底层业主也在观望案件处理情况。合议庭从实质性解决行政争议的角度向被告建议，希望能从根本上解决该小区普遍问题。某某镇政府十分认同工作人员的分析，表示原告是该小区首个违建业主，为防止其他业主模仿，造成更不利影响，某某镇政府及时作出被诉决定。对于原告的现实搭建原因，某某镇政府也能理解，但客观原因不能改变构筑物的性质，对于新建违建，某某镇政府有职责作出处理。同时对于合议庭提出的该小区底层业主出入安全的问题，他们十分重视，会和物业公司、房地产开发公司及居委会积极商讨对策，同时也将对原告进一步做好释明工作。

结合上述情况，合议庭组织开庭审理。某某镇政府的行政负责人出庭应诉并在庭审中针对性回应原告诉请，就建设许可和违法搭建的专业性问题向原告答疑解惑。休庭期间，原告也向法庭表示，某某镇负责人出庭反映了其对出入安全问题的重视，并认可系争构筑物属于违法建筑。某某镇政府也向原告表示会积极指导其作好后续整改工作。经过庭审中的释法析理，原告当庭表示愿意撤回起诉并自行拆除构筑物。合议庭经评议后当庭准许原告撤回起诉。

三、典型意义

近年来，全市开展“五违四必”整治工作，对社会安全环境、物业小区生活环境、市场经营环境等都带来了深远影响。而伴随着这项工作的展开，行政争议也呈现多发趋势，不少行政相对人对这项工作理解不深。同时一些违法搭建或是形成历史时间长，或是出于客观需要，行政相对人对行政机关的行政决定和执行行为存在对立情绪，给这类案件的审判带来了一定的困难。本案即存在这类情况。

本案的协调化解，主要从以下三方面展开：一是立足客观事实，正确研判法律关系。系争构筑物虽处于原告产权范围，但并不能证明其搭建的合法性，且原告在未取得许可的情况改变房屋原有的外立面结构，也与小区整体风貌不相一致，被诉行政行为并无不当。二是现场勘查现状，正确判断原告诉求的合理性。因原告房屋门口发生高空坠物，出于安全搭建系争构筑物确为客观需求。三是立足诉讼机制，正确运用协调和解手段。通过诉讼构建沟通平台，一方面，向原告释明法律关系，对原告违法搭建行为进行教育；另一方面，多次与被告沟通，被告基于原告客观情况，承诺放宽拆除期限，让原告充分准备并自行拆除，同时建议开发商、居委会及物业公司对小区相关设施进行完善，解决小区底层业主出入安全问题。后续居委会和物业公司牵头对小区居民进行了统一告知和引导，对原告后续整改和部分设施完善进行了指导和推进，最终不仅使案件得以圆满解决，也对该小区环境综合治理树立了法治样本。

PART3

第三部分

相关法律法规汇编

PART3

第一章　行政处罚类

第一节　法　　律

《中华人民共和国行政处罚法》(节选)

第二条　行政处罚是指行政机关依法对违反行政管理秩序的公民、法人或者其他组织，以减损权益或者增加义务的方式予以惩戒的行为。

第四条　公民、法人或者其他组织违反行政管理秩序的行为，应当给予行政处罚的，依照本法由法律、法规、规章规定，并由行政机关依照本法规定的程序实施。

第七条　公民、法人或者其他组织对行政机关所给予的行政处罚，享有陈述权、申辩权；对行政处罚不服的，有权依法申请行政复议或者提起行政诉讼。

公民、法人或者其他组织因行政机关违法给予行政处罚受到损害的，有权依法提出赔偿要求。

第九条　行政处罚的种类：

(一)警告、通报批评；

(二)罚款、没收违法所得、没收非法财物；

(三)暂扣许可证件、降低资质等级、吊销许可证件；

（四）限制开展生产经营活动、责令停产停业、责令关闭、限制从业；

（五）行政拘留；

（六）法律、行政法规规定的其他行政处罚。

第十条 法律可以设定各种行政处罚。

限制人身自由的行政处罚，只能由法律设定。

第十一条 行政法规可以设定除限制人身自由以外的行政处罚。

法律对违法行为已经作出行政处罚规定，行政法规需要作出具体规定的，必须在法律规定的给予行政处罚的行为、种类和幅度的范围内规定。

法律对违法行为未作出行政处罚规定，行政法规为实施法律，可以补充设定行政处罚。拟补充设定行政处罚的，应当通过听证会、论证会等形式广泛听取意见，并向制定机关作出书面说明。行政法规报送备案时，应当说明补充设定行政处罚的情况。

第十二条 地方性法规可以设定除限制人身自由、吊销营业执照以外的行政处罚。

法律、行政法规对违法行为已经作出行政处罚规定，地方性法规需要作出具体规定的，必须在法律、行政法规规定的给予行政处罚的行为、种类和幅度的范围内规定。

法律、行政法规对违法行为未作出行政处罚规定，地方性法规为实施法律、行政法规，可以补充设定行政处罚。拟补充设定行政处罚的，应当通过听证会、论证会等形式广泛听取意见，并向制定机关作出书面说明。地方性法规报送备案时，应当说明补充设定行政处罚的情况。

第十四条 地方政府规章可以在法律、法规规定的给予行政处罚的行为、种类和幅度的范围内作出具体规定。

尚未制定法律、法规的，地方政府规章对违反行政管理秩序的行为，可以设定警告、通报批评或者一定数额罚款的行政处罚。罚款的限额由省、自治区、直辖市人民代表大会常务委员会规定。

第十六条 除法律、法规、规章外，其他规范性文件不得设定行政处罚。

第十八条 国家在城市管理、市场监管、生态环境、文化市场、交通运输、应急管理、农业等领域推行建立综合行政执法制度，相对集中行政处罚权。

国务院或者省、自治区、直辖市人民政府可以决定一个行政机关行使有关行政机关的行政处罚权。

限制人身自由的行政处罚权只能由公安机关和法律规定的其他机关行使。

第十九条 法律、法规授权的具有管理公共事务职能的组织可以在法定授权范围内实施行政处罚。

第二十条 行政机关依照法律、法规、规章的规定，可以在其法定权限内书面委托符合本法第二十一条规定条件的组织实施行政处罚。行政机关不得委托其他组织或者个人实施行政处罚。

委托书应当载明委托的具体事项、权限、期限等内容。委托行政机关和受委托组织应当将委托书向社会公布。

委托行政机关对受委托组织实施行政处罚的行为应当负责监督，并对该行为的后果承担法律责任。

受委托组织在委托范围内，以委托行政机关名义实施行政处罚；不得再委托其他组织或者个人实施行政处罚。

第二十一条 受委托组织必须符合以下条件：

（一）依法成立并具有管理公共事务职能；

（二）有熟悉有关法律、法规、规章和业务并取得行政执法资格的工作人员；

（三）需要进行技术检查或者技术鉴定的，应当有条件组织进行相应的技术检查或者技术鉴定。

第二十二条 行政处罚由违法行为发生地的行政机关管辖。法律、行政法规、部门规章另有规定的，从其规定。

第二十三条 行政处罚由县级以上地方人民政府具有行政处罚权的行政机关管辖。法律、行政法规另有规定的，从其规定。

第三十八条 行政处罚没有依据或者实施主体不具有行政主体资格的，行政处罚无效。

违反法定程序构成重大且明显违法的，行政处罚无效。

第三十九条 行政处罚的实施机关、立案依据、实施程序和救济渠道等信息应当公示。

第四十条 公民、法人或者其他组织违反行政管理秩序的行为，依法应当给予行政处罚的，行政机关必须查明事实；违法事实不清、证据不足的，不得给予行政处罚。

第四十二条 行政处罚应当由具有行政执法资格的执法人员实施。执法人员不得少于两人，法律另有规定的除外。

执法人员应当文明执法，尊重和保护当事人合法权益。

第四十四条 行政机关在作出行政处罚决定之前，应当告知当事人拟作出的行政处罚内容及事实、理由、依据，并告知当事人依法享有的陈述、申辩、要求听证等权利。

第四十五条 当事人有权进行陈述和申辩。行政机关必须充分听取当事人的意见，对当事人提出的事实、理由和证据，应当进行复核；当事人提出的事实、理由或者证据成立的，行政机关应当采纳。

行政机关不得因当事人陈述、申辩而给予更重的处罚。

第四十六条　证据包括：

（一）书证；

（二）物证；

（三）视听资料；

（四）电子数据；

（五）证人证言；

（六）当事人的陈述；

（七）鉴定意见；

（八）勘验笔录、现场笔录。

证据必须经查证属实，方可作为认定案件事实的根据。

以非法手段取得的证据，不得作为认定案件事实的根据。

第四十七条　行政机关应当依法以文字、音像等形式，对行政处罚的启动、调查取证、审核、决定、送达、执行等进行全过程记录，归档保存。

第四十九条　发生重大传染病疫情等突发事件，为了控制、减轻和消除突发事件引起的社会危害，行政机关对违反突发事件应对措施的行为，依法快速、从重处罚。

第五十条　行政机关及其工作人员对实施行政处罚过程中知悉的国家秘密、商业秘密或者个人隐私，应当依法予以保密。

第五十一条　违法事实确凿并有法定依据，对公民处以二百元以下、对法人或者其他组织处以三千元以下罚款或者警告的行政处罚的，可以当场作出行政处罚决定。法律另有规定的，从其规定。

第五十二条 执法人员当场作出行政处罚决定的，应当向当事人出示执法证件，填写预定格式、编有号码的行政处罚决定书，并当场交付当事人。当事人拒绝签收的，应当在行政处罚决定书上注明。

前款规定的行政处罚决定书应当载明当事人的违法行为，行政处罚的种类和依据、罚款数额、时间、地点，申请行政复议、提起行政诉讼的途径和期限以及行政机关名称，并由执法人员签名或者盖章。

执法人员当场作出的行政处罚决定，应当报所属行政机关备案。

第五十四条 除本法第五十一条规定的可以当场作出的行政处罚外，行政机关发现公民、法人或者其他组织有依法应当给予行政处罚的行为的，必须全面、客观、公正地调查，收集有关证据；必要时，依照法律、法规的规定，可以进行检查。

符合立案标准的，行政机关应当及时立案。

第五十五条 执法人员在调查或者进行检查时，应当主动向当事人或者有关人员出示执法证件。当事人或者有关人员有权要求执法人员出示执法证件。执法人员不出示执法证件的，当事人或者有关人员有权拒绝接受调查或者检查。

当事人或者有关人员应当如实回答询问，并协助调查或者检查，不得拒绝或者阻挠。询问或者检查应当制作笔录。

第五十六条 行政机关在收集证据时，可以采取抽样取证的方法；在证据可能灭失或者以后难以取得的情况下，经行政机关负责人批准，可以先行登记保存，并应当在七日内及时作出处理决定，在此期间，当事人或者有关人员不得销毁或者转移证据。

第五十七条 调查终结，行政机关负责人应当对调查结果进行审查，根据不同情况，分别作出如下决定：

（一）确有应受行政处罚的违法行为的，根据情节轻重及具体情况，作出行政处罚决定；

（二）违法行为轻微，依法可以不予行政处罚的，不予行政处罚；

（三）违法事实不能成立的，不予行政处罚；

（四）违法行为涉嫌犯罪的，移送司法机关。

对情节复杂或者重大违法行为给予行政处罚，行政机关负责人应当集体讨论决定。

第六十条 行政机关应当自行政处罚案件立案之日起九十日内作出行政处罚决定。法律、法规、规章另有规定的，从其规定。

第六十一条 行政处罚决定书应当在宣告后当场交付当事人；当事人不在场的，行政机关应当在七日内依照《中华人民共和国民事诉讼法》的有关规定，将行政处罚决定书送达当事人。

当事人同意并签订确认书的，行政机关可以采用传真、电子邮件等方式，将行政处罚决定书等送达当事人。

第六十二条 行政机关及其执法人员在作出行政处罚决定之前，未依照本法第四十四条、第四十五条的规定向当事人告知拟作出的行政处罚内容及事实、理由、依据，或者拒绝听取当事人的陈述、申辩，不得作出行政处罚决定；当事人明确放弃陈述或者申辩权利的除外。

第六十三条 行政机关拟作出下列行政处罚决定，应当告知当事人有要求听证的权利，当事人要求听证的，行政机关应当组织听证：

（一）较大数额罚款；

（二）没收较大数额违法所得、没收较大价值非法财物；

（三）降低资质等级、吊销许可证件；

（四）责令停产停业、责令关闭、限制从业；

（五）其他较重的行政处罚；

（六）法律、法规、规章规定的其他情形。

当事人不承担行政机关组织听证的费用。

第六十四条　听证应当依照以下程序组织：

（一）当事人要求听证的，应当在行政机关告知后五日内提出；

（二）行政机关应当在举行听证的七日前，通知当事人及有关人员听证的时间、地点；

（三）除涉及国家秘密、商业秘密或者个人隐私依法予以保密外，听证公开举行；

（四）听证由行政机关指定的非本案调查人员主持；当事人认为主持人与本案有直接利害关系的，有权申请回避；

（五）当事人可以亲自参加听证，也可以委托一至二人代理；

（六）当事人及其代理人无正当理由拒不出席听证或者未经许可中途退出听证的，视为放弃听证权利，行政机关终止听证；

（七）举行听证时，调查人员提出当事人违法的事实、证据和行政处罚建议，当事人进行申辩和质证；

（八）听证应当制作笔录。笔录应当交当事人或者其代理人核对无误后签字或者盖章。当事人或者其代理人拒绝签字或者盖章的，由听证主持人在笔录中注明。

第六十六条　行政处罚决定依法作出后，当事人应当在行政处罚决定书载明的期限内，予以履行。

当事人确有经济困难，需要延期或者分期缴纳罚款的，经当事人申请和行政机关批准，可以暂缓或者分期缴纳。

第六十七条 作出罚款决定的行政机关应当与收缴罚款的机构分离。

除依照本法第六十八条、第六十九条的规定当场收缴的罚款外，作出行政处罚决定的行政机关及其执法人员不得自行收缴罚款。

当事人应当自收到行政处罚决定书之日起十五日内，到指定的银行或者通过电子支付系统缴纳罚款。银行应当收受罚款，并将罚款直接上缴国库。

第六十八条 依照本法第五十一条的规定当场作出行政处罚决定，有下列情形之一，执法人员可以当场收缴罚款：

（一）依法给予一百元以下罚款的；

（二）不当场收缴事后难以执行的。

第六十九条 在边远、水上、交通不便地区，行政机关及其执法人员依照本法第五十一条、第五十七条的规定作出罚款决定后，当事人到指定的银行或者通过电子支付系统缴纳罚款确有困难，经当事人提出，行政机关及其执法人员可以当场收缴罚款。

第七十条 行政机关及其执法人员当场收缴罚款的，必须向当事人出具国务院财政部门或者省、自治区、直辖市人民政府财政部门统一制发的专用票据；不出具财政部门统一制发的专用票据的，当事人有权拒绝缴纳罚款。

第七十一条 执法人员当场收缴的罚款，应当自收缴罚款之日起二日内，交至行政机关；在水上当场收缴的罚款，应当自抵岸之日起二日内交至行政机关；行政机关应当在二日内将罚款缴付指定的银行。

第七十二条 当事人逾期不履行行政处罚决定的，作出行政处罚决定的行政机关可以采取下列措施：

（一）到期不缴纳罚款的，每日按罚款数额的百分之三加处罚款，加处罚款的数额不得超出罚款的数额；

（二）根据法律规定，将查封、扣押的财物拍卖、依法处理或者将冻结的存款、汇款划拨抵缴罚款；

（三）根据法律规定，采取其他行政强制执行方式；

（四）依照《中华人民共和国行政强制法》的规定申请人民法院强制执行。

行政机关批准延期、分期缴纳罚款的，申请人民法院强制执行的期限，自暂缓或者分期缴纳罚款期限结束之日起计算。

第七十六条 行政机关实施行政处罚，有下列情形之一，由上级行政机关或者有关机关责令改正，对直接负责的主管人员和其他直接责任人员依法给予处分：

（一）没有法定的行政处罚依据的；

（二）擅自改变行政处罚种类、幅度的；

（三）违反法定的行政处罚程序的；

（四）违反本法第二十条关于委托处罚的规定的；

（五）执法人员未取得执法证件的。

行政机关对符合立案标准的案件不及时立案的，依照前款规定予以处理。

第七十七条 行政机关对当事人进行处罚不使用罚款、没收财物单据或者使用非法定部门制发的罚款、没收财物单据的，当事人有权拒绝，并有权予以检举，由上级行政机关或者有关机关对使用的非法单据予以收缴销毁，对直接负责的主管人员和其他直接责任人员依法给予处分。

《中华人民共和国价格法》（节选）

第十四条　经营者不得有下列不正当价格行为：

（一）相互串通，操纵市场价格，损害其他经营者或者消费者的合法权益；

（二）在依法降价处理鲜活商品、季节性商品、积压商品等商品外，为了排挤竞争对手或者独占市场，以低于成本的价格倾销，扰乱正常的生产经营秩序，损害国家利益或者其他经营者的合法权益；

（三）捏造、散布涨价信息，哄抬价格，推动商品价格过高上涨的；

（四）利用虚假的或者使人误解的价格手段，诱骗消费者或者其他经营者与其进行交易；

（五）提供相同商品或者服务，对具有同等交易条件的其他经营者实行价格歧视；

（六）采取抬高等级或者压低等级等手段收购、销售商品或者提供服务，变相提高或者压低价格；

（七）违反法律、法规的规定牟取暴利；

（八）法律、行政法规禁止的其他不正当价格行为。

《中华人民共和国治安管理处罚法》（节选）

第三条　治安管理处罚的程序，适用本法的规定；本法没有规定的，适用《中华人民共和国行政处罚法》的有关规定。

第十条　治安管理处罚的种类分为：

（一）警告；

（二）罚款；

（三）行政拘留；

（四）吊销公安机关发放的许可证。

对违反治安管理的外国人，可以附加适用限期出境或者驱逐出境。

第二十三条 有下列行为之一的，处警告或者二百元以下罚款；情节较重的，处五日以上十日以下拘留，可以并处五百元以下罚款：

（一）扰乱机关、团体、企业、事业单位秩序，致使工作、生产、营业、医疗、教学、科研不能正常进行，尚未造成严重损失的；

（二）扰乱车站、港口、码头、机场、商场、公园、展览馆或者其他公共场所秩序的；

（三）扰乱公共汽车、电车、火车、船舶、航空器或者其他公共交通工具上的秩序的；

（四）非法拦截或者强登、扒乘机动车、船舶、航空器以及其他交通工具，影响交通工具正常行驶的；

（五）破坏依法进行的选举秩序的。

聚众实施前款行为的，对首要分子处十日以上十五日以下拘留，可以并处一千元以下罚款。

第二十四条 有下列行为之一，扰乱文化、体育等大型群众性活动秩序的，处警告或者二百元以下罚款；情节严重的，处五日以上十日以下拘留，可以并处五百元以下罚款：

（一）强行进入场内的；

（二）违反规定，在场内燃放烟花爆竹或者其他物品的；

（三）展示侮辱性标语、条幅等物品的；

（四）围攻裁判员、运动员或者其他工作人员的；

（五）向场内投掷杂物，不听制止的；

（六）扰乱大型群众性活动秩序的其他行为。

因扰乱体育比赛秩序被处以拘留处罚的，可以同时责令其十二个月内不得进入体育场馆观看同类比赛；违反规定进入体育场馆的，强行带离现场。

第二十五条　有下列行为之一的，处五日以上十日以下拘留，可以并处五百元以下罚款；情节较轻的，处五日以下拘留或者五百元以下罚款：

（一）散布谣言，谎报险情、疫情、警情或者以其他方法故意扰乱公共秩序的；

（二）投放虚假的爆炸性、毒害性、放射性、腐蚀性物质或者传染病病原体等危险物质扰乱公共秩序的；

（三）扬言实施放火、爆炸、投放危险物质扰乱公共秩序的。

第二十六条　有下列行为之一的，处五日以上十日以下拘留，可以并处五百元以下罚款；情节较重的，处十日以上十五日以下拘留，可以并处一千元以下罚款：

（一）结伙斗殴的；

（二）追逐、拦截他人的；

（三）强拿硬要或者任意损毁、占用公私财物的；

（四）其他寻衅滋事行为。

第二十七条　有下列行为之一的，处十日以上十五日以下拘留，可以并处一千元以下罚款；情节较轻的，处五日以上十日以下拘留，可以并处五百元以下罚款：

（一）组织、教唆、胁迫、诱骗、煽动他人从事邪教、会道门活动或者利用邪教、会道门、迷信活动，扰乱社会秩序、损害他人身体健康的；

（二）冒用宗教、气功名义进行扰乱社会秩序、损害他人身体健康活动的。

第二十八条 违反国家规定，故意干扰无线电业务正常进行的，或者对正常运行的无线电台（站）产生有害干扰，经有关主管部门指出后，拒不采取有效措施消除的，处五日以上十日以下拘留；情节严重的，处十日以上十五日以下拘留。

第二十九条 有下列行为之一的，处五日以下拘留；情节较重的，处五日以上十日以下拘留：

（一）违反国家规定，侵入计算机信息系统，造成危害的；

（二）违反国家规定，对计算机信息系统功能进行删除、修改、增加、干扰，造成计算机信息系统不能正常运行的；

（三）违反国家规定，对计算机信息系统中存储、处理、传输的数据和应用程序进行删除、修改、增加的；

（四）故意制作、传播计算机病毒等破坏性程序，影响计算机信息系统正常运行的。

第三十条 违反国家规定，制造、买卖、储存、运输、邮寄、携带、使用、提供、处置爆炸性、毒害性、放射性、腐蚀性物质或者传染病病原体等危险物质的，处十日以上十五日以下拘留；情节较轻的，处五日以上十日以下拘留。

第三十一条 爆炸性、毒害性、放射性、腐蚀性物质或者传染病病原体等危险物质被盗、被抢或者丢失，未按规定报告的，处五日以下拘留；故意隐瞒不报的，处五日以上十日以下拘留。

第三十二条 非法携带枪支、弹药或者弩、匕首等国家规定的管制器具的，处五日以下拘留，可以并处五百元以下罚款；情节较轻的，处警告或者二百元以下罚款。

非法携带枪支、弹药或者弩、匕首等国家规定的管制器具进入公共场所或者公共交通工具的，处五日以上十日以下拘留，可以并处五百元以下罚款。

第三十三条　有下列行为之一的，处十日以上十五日以下拘留：

（一）盗窃、损毁油气管道设施、电力电信设施、广播电视设施、水利防汛工程设施或者水文监测、测量、气象测报、环境监测、地质监测、地震监测等公共设施的；

（二）移动、损毁国家边境的界碑、界桩以及其他边境标志、边境设施或者领土、领海标志设施的；

（三）非法进行影响国（边）界线走向的活动或者修建有碍国（边）境管理的设施的。

第三十四条　盗窃、损坏、擅自移动使用中的航空设施，或者强行进入航空器驾驶舱的，处十日以上十五日以下拘留。

在使用中的航空器上使用可能影响导航系统正常功能的器具、工具，不听劝阻的，处五日以下拘留或者五百元以下罚款。

第三十五条　有下列行为之一的，处五日以上十日以下拘留，可以并处五百元以下罚款；情节较轻的，处五日以下拘留或者五百元以下罚款：

（一）盗窃、损毁或者擅自移动铁路设施、设备、机车车辆配件或者安全标志的；

（二）在铁路线路上放置障碍物，或者故意向列车投掷物品的；

（三）在铁路线路、桥梁、涵洞处挖掘坑穴、采石取沙的；

（四）在铁路线路上私设道口或者平交过道的。

第三十六条　擅自进入铁路防护网或者火车来临时在铁路线路上行走坐卧、抢越铁路，影响行车安全的，处警告或者二百元以下罚款。

第三十七条 有下列行为之一的，处五日以下拘留或者五百元以下罚款；情节严重的，处五日以上十日以下拘留，可以并处五百元以下罚款：

（一）未经批准，安装、使用电网的，或者安装、使用电网不符合安全规定的；

（二）在车辆、行人通行的地方施工，对沟井坎穴不设覆盖物、防围和警示标志的，或者故意损毁、移动覆盖物、防围和警示标志的；

（三）盗窃、损毁路面井盖、照明等公共设施的。

第三十八条 举办文化、体育等大型群众性活动，违反有关规定，有发生安全事故危险的，责令停止活动，立即疏散；对组织者处五日以上十日以下拘留，并处二百元以上五百元以下罚款；情节较轻的，处五日以下拘留或者五百元以下罚款。

第三十九条 旅馆、饭店、影剧院、娱乐场、运动场、展览馆或者其他供社会公众活动的场所的经营管理人员，违反安全规定，致使该场所有发生安全事故危险，经公安机关责令改正，拒不改正的，处五日以下拘留。

第四十条 有下列行为之一的，处十日以上十五日以下拘留，并处五百元以上一千元以下罚款；情节较轻的，处五日以上十日以下拘留，并处二百元以上五百元以下罚款：

（一）组织、胁迫、诱骗不满十六周岁的人或者残疾人进行恐怖、残忍表演的；

（二）以暴力、威胁或者其他手段强迫他人劳动的；

（三）非法限制他人人身自由、非法侵入他人住宅或者非法搜查他人身体的。

第四十一条　胁迫、诱骗或者利用他人乞讨的，处十日以上十五日以下拘留，可以并处一千元以下罚款。

反复纠缠、强行讨要或者以其他滋扰他人的方式乞讨的，处五日以下拘留或者警告。

第四十二条　有下列行为之一的，处五日以下拘留或者五百元以下罚款；情节较重的，处五日以上十日以下拘留，可以并处五百元以下罚款：

（一）写恐吓信或者以其他方法威胁他人人身安全的；

（二）公然侮辱他人或者捏造事实诽谤他人的；

（三）捏造事实诬告陷害他人，企图使他人受到刑事追究或者受到治安管理处罚的；

（四）对证人及其近亲属进行威胁、侮辱、殴打或者打击报复的；

（五）多次发送淫秽、侮辱、恐吓或者其他信息，干扰他人正常生活的；

（六）偷窥、偷拍、窃听、散布他人隐私的。

第四十三条　殴打他人的，或者故意伤害他人身体的，处五日以上十日以下拘留，并处二百元以上五百元以下罚款；情节较轻的，处五日以下拘留或者五百元以下罚款。

有下列情形之一的，处十日以上十五日以下拘留，并处五百元以上一千元以下罚款：

（一）结伙殴打、伤害他人的；

（二）殴打、伤害残疾人、孕妇、不满十四周岁的人或者六十周岁以上的人的；

（三）多次殴打、伤害他人或者一次殴打、伤害多人的。

第四十四条 猥亵他人的，或者在公共场所故意裸露身体，情节恶劣的，处五日以上十日以下拘留；猥亵智力残疾人、精神病人、不满十四周岁的人或者有其他严重情节的，处十日以上十五日以下拘留。

第四十五条 有下列行为之一的，处五日以下拘留或者警告：

（一）虐待家庭成员，被虐待人要求处理的；

（二）遗弃没有独立生活能力的被扶养人的。

第四十六条 强买强卖商品，强迫他人提供服务或者强迫他人接受服务的，处五日以上十日以下拘留，并处二百元以上五百元以下罚款；情节较轻的，处五日以下拘留或者五百元以下罚款。

第四十七条 煽动民族仇恨、民族歧视，或者在出版物、计算机信息网络中刊载民族歧视、侮辱内容的，处十日以上十五日以下拘留，可以并处一千元以下罚款。

第四十八条 冒领、隐匿、毁弃、私自开拆或者非法检查他人邮件的，处五日以下拘留或者五百元以下罚款。

第四十九条 盗窃、诈骗、哄抢、抢夺、敲诈勒索或者故意损毁公私财物的，处五日以上十日以下拘留，可以并处五百元以下罚款；情节较重的，处十日以上十五日以下拘留，可以并处一千元以下罚款。

第五十条 有下列行为之一的，处警告或者二百元以下罚款；情节严重的，处五日以上十日以下拘留，可以并处五百元以下罚款：

（一）拒不执行人民政府在紧急状态情况下依法发布的决定、命令的；

（二）阻碍国家机关工作人员依法执行职务的；

（三）阻碍执行紧急任务的消防车、救护车、工程抢险车、警车等车辆通行的；

（四）强行冲闯公安机关设置的警戒带、警戒区的。

阻碍人民警察依法执行职务的，从重处罚。

第五十一条　冒充国家机关工作人员或者以其他虚假身份招摇撞骗的，处五日以上十日以下拘留，可以并处五百元以下罚款；情节较轻的，处五日以下拘留或者五百元以下罚款。

冒充军警人员招摇撞骗的，从重处罚。

第五十二条　有下列行为之一的，处十日以上十五日以下拘留，可以并处一千元以下罚款；情节较轻的，处五日以上十日以下拘留，可以并处五百元以下罚款：

（一）伪造、变造或者买卖国家机关、人民团体、企业、事业单位或者其他组织的公文、证件、证明文件、印章的；

（二）买卖或者使用伪造、变造的国家机关、人民团体、企业、事业单位或者其他组织的公文、证件、证明文件的；

（三）伪造、变造、倒卖车票、船票、航空客票、文艺演出票、体育比赛入场券或者其他有价票证、凭证的；

（四）伪造、变造船舶户牌，买卖或者使用伪造、变造的船舶户牌，或者涂改船舶发动机号码的。

第五十三条　船舶擅自进入、停靠国家禁止、限制进入的水域或者岛屿的，对船舶负责人及有关责任人员处五百元以上一千元以下罚款；情节严重的，处五日以下拘留，并处五百元以上一千元以下罚款。

第五十四条　有下列行为之一的，处十日以上十五日以下拘留，并处五百元以上一千元以下罚款；情节较轻的，处五日以下拘留或者五百元以下罚款：

（一）违反国家规定，未经注册登记，以社会团体名义进行活动，被取缔后，仍进行活动的；

（二）被依法撤销登记的社会团体，仍以社会团体名义进行活动的；

（三）未经许可，擅自经营按照国家规定需要由公安机关许可的行业的。

有前款第三项行为的，予以取缔。

取得公安机关许可的经营者，违反国家有关管理规定，情节严重的，公安机关可以吊销许可证。

第五十五条 煽动、策划非法集会、游行、示威，不听劝阻的，处十日以上十五日以下拘留。

第五十六条 旅馆业的工作人员对住宿的旅客不按规定登记姓名、身份证件种类和号码的，或者明知住宿的旅客将危险物质带入旅馆，不予制止的，处二百元以上五百元以下罚款。

旅馆业的工作人员明知住宿的旅客是犯罪嫌疑人员或者被公安机关通缉的人员，不向公安机关报告的，处二百元以上五百元以下罚款；情节严重的，处五日以下拘留，可以并处五百元以下罚款。

第五十七条 房屋出租人将房屋出租给无身份证件的人居住的，或者不按规定登记承租人姓名、身份证件种类和号码的，处二百元以上五百元以下罚款。

房屋出租人明知承租人利用出租房屋进行犯罪活动，不向公安机关报告的，处二百元以上五百元以下罚款；情节严重的，处五日以下拘留，可以并处五百元以下罚款。

第五十八条 违反关于社会生活噪声污染防治的法律规定，制造噪声干扰他人正常生活的，处警告；警告后不改正的，处二百元以上五百元以下罚款。

第五十九条　有下列行为之一的，处五百元以上一千元以下罚款；情节严重的，处五日以上十日以下拘留，并处五百元以上一千元以下罚款：

（一）典当业工作人员承接典当的物品，不查验有关证明、不履行登记手续，或者明知是违法犯罪嫌疑人、赃物，不向公安机关报告的；

（二）违反国家规定，收购铁路、油田、供电、电信、矿山、水利、测量和城市公用设施等废旧专用器材的；

（三）收购公安机关通报寻查的赃物或者有赃物嫌疑的物品的；

（四）收购国家禁止收购的其他物品的。

第六十条　有下列行为之一的，处五日以上十日以下拘留，并处二百元以上五百元以下罚款：

（一）隐藏、转移、变卖或者损毁行政执法机关依法扣押、查封、冻结的财物的；

（二）伪造、隐匿、毁灭证据或者提供虚假证言、谎报案情，影响行政执法机关依法办案的；

（三）明知是赃物而窝藏、转移或者代为销售的；

（四）被依法执行管制、剥夺政治权利或者在缓刑、暂予监外执行中的罪犯或者被依法采取刑事强制措施的人，有违反法律、行政法规或者国务院有关部门的监督管理规定的行为。

第六十一条　协助组织或者运送他人偷越国（边）境的，处十日以上十五日以下拘留，并处一千元以上五千元以下罚款。

第六十二条　为偷越国（边）境人员提供条件的，处五日以上十日以下拘留，并处五百元以上二千元以下罚款。

偷越国（边）境的，处五日以下拘留或者五百元以下罚款。

第六十三条 有下列行为之一的，处警告或者二百元以下罚款；情节较重的，处五日以上十日以下拘留，并处二百元以上五百元以下罚款：

（一）刻划、涂污或者以其他方式故意损坏国家保护的文物、名胜古迹的；

（二）违反国家规定，在文物保护单位附近进行爆破、挖掘等活动，危及文物安全的。

第六十四条 有下列行为之一的，处五百元以上一千元以下罚款；情节严重的，处十日以上十五日以下拘留，并处五百元以上一千元以下罚款：

（一）偷开他人机动车的；

（二）未取得驾驶证驾驶或者偷开他人航空器、机动船舶的。

第六十五条 有下列行为之一的，处五日以上十日以下拘留；情节严重的，处十日以上十五日以下拘留，可以并处一千元以下罚款：

（一）故意破坏、污损他人坟墓或者毁坏、丢弃他人尸骨、骨灰的；

（二）在公共场所停放尸体或者因停放尸体影响他人正常生活、工作秩序，不听劝阻的。

第六十六条 卖淫、嫖娼的，处十日以上十五日以下拘留，可以并处五千元以下罚款；情节较轻的，处五日以下拘留或者五百元以下罚款。

在公共场所拉客招嫖的，处五日以下拘留或者五百元以下罚款。

第六十七条 引诱、容留、介绍他人卖淫的，处十日以上十五日以下拘留，可以并处五千元以下罚款；情节较轻的，处五日以下拘留或者五百元以下罚款。

第六十八条　制作、运输、复制、出售、出租淫秽的书刊、图片、影片、音像制品等淫秽物品或者利用计算机信息网络、电话以及其他通讯工具传播淫秽信息的，处十日以上十五日以下拘留，可以并处三千元以下罚款；情节较轻的，处五日以下拘留或者五百元以下罚款。

第六十九条　有下列行为之一的，处十日以上十五日以下拘留，并处五百元以上一千元以下罚款：

（一）组织播放淫秽音像的；

（二）组织或者进行淫秽表演的；

（三）参与聚众淫乱活动的。

明知他人从事前款活动，为其提供条件的，依照前款的规定处罚。

第七十条　以营利为目的，为赌博提供条件的，或者参与赌博赌资较大的，处五日以下拘留或者五百元以下罚款；情节严重的，处十日以上十五日以下拘留，并处五百元以上三千元以下罚款。

第七十一条　有下列行为之一的，处十日以上十五日以下拘留，可以并处三千元以下罚款；情节较轻的，处五日以下拘留或者五百元以下罚款：

（一）非法种植罂粟不满五百株或者其他少量毒品原植物的；

（二）非法买卖、运输、携带、持有少量未经灭活的罂粟等毒品原植物种子或者幼苗的；

（三）非法运输、买卖、储存、使用少量罂粟壳的。

有前款第一项行为，在成熟前自行铲除的，不予处罚。

第七十二条　有下列行为之一的，处十日以上十五日以下拘留，可以并处二千元以下罚款；情节较轻的，处五日以下拘留或者五百元以下罚款：

（一）非法持有鸦片不满二百克、海洛因或者甲基苯丙胺不满十克或者其他少量毒品的；

（二）向他人提供毒品的；

（三）吸食、注射毒品的；

（四）胁迫、欺骗医务人员开具麻醉药品、精神药品的。

第七十三条 教唆、引诱、欺骗他人吸食、注射毒品的，处十日以上十五日以下拘留，并处五百元以上二千元以下罚款。

第七十四条 旅馆业、饮食服务业、文化娱乐业、出租汽车业等单位的人员，在公安机关查处吸毒、赌博、卖淫、嫖娼活动时，为违法犯罪行为人通风报信的，处十日以上十五日以下拘留。

第七十五条 饲养动物，干扰他人正常生活的，处警告；警告后不改正的，或者放任动物恐吓他人的，处二百元以上五百元以下罚款。

驱使动物伤害他人的，依照本法第四十三条第一款的规定处罚。

第七十六条 有本法第六十七条、第六十八条、第七十条的行为，屡教不改的，可以按照国家规定采取强制性教育措施。

第九十一条 治安管理处罚由县级以上人民政府公安机关决定；其中警告、五百元以下的罚款可以由公安派出所决定。

第九十五条 治安案件调查结束后，公安机关应当根据不同情况，分别作出以下处理：

（一）确有依法应当给予治安管理处罚的违法行为的，根据情节轻重及具体情况，作出处罚决定；

（二）依法不予处罚的，或者违法事实不能成立的，作出不予处罚决定；

（三）违法行为已涉嫌犯罪的，移送主管机关依法追究刑事责任；

（四）发现违反治安管理行为人有其他违法行为的，在对违反治安管理行为作出处罚决定的同时，通知有关行政主管部门处理。

第九十六条　公安机关作出治安管理处罚决定的，应当制作治安管理处罚决定书。决定书应当载明下列内容：

（一）被处罚人的姓名、性别、年龄、身份证件的名称和号码、住址；

（二）违法事实和证据；

（三）处罚的种类和依据；

（四）处罚的执行方式和期限；

（五）对处罚决定不服，申请行政复议、提起行政诉讼的途径和期限；

（六）作出处罚决定的公安机关的名称和作出决定的日期。

决定书应当由作出处罚决定的公安机关加盖印章。

第一百零三条　对被决定给予行政拘留处罚的人，由作出决定的公安机关送达拘留所执行。

第一百零四条　受到罚款处罚的人应当自收到处罚决定书之日起十五日内，到指定的银行缴纳罚款。但是，有下列情形之一的，人民警察可以当场收缴罚款：

（一）被处五十元以下罚款，被处罚人对罚款无异议的；

（二）在边远、水上、交通不便地区，公安机关及其人民警察依照本法的规定作出罚款决定后，被处罚人向指定的银行缴纳罚款确有困难，经被处罚人提出的；

（三）被处罚人在当地没有固定住所，不当场收缴事后难以执行的。

《中华人民共和国道路交通安全法》（节选）

第八十二条 公安机关交通管理部门依法实施罚款的行政处罚，应当依照有关法律、行政法规的规定，实施罚款决定与罚款收缴分离；收缴的罚款以及依法没收的违法所得，应当全部上缴国库。

第八十七条 公安机关交通管理部门及其交通警察对道路交通安全违法行为，应当及时纠正。

公安机关交通管理部门及其交通警察应当依据事实和本法的有关规定对道路交通安全违法行为予以处罚。对于情节轻微，未影响道路通行的，指出违法行为，给予口头警告后放行。

第八十八条 对道路交通安全违法行为的处罚种类包括：警告、罚款、暂扣或者吊销机动车驾驶证、拘留。

第八十九条 行人、乘车人、非机动车驾驶人违反道路交通安全法律、法规关于道路通行规定的，处警告或者五元以上五十元以下罚款；非机动车驾驶人拒绝接受罚款处罚的，可以扣留其非机动车。

第九十条 机动车驾驶人违反道路交通安全法律、法规关于道路通行规定的，处警告或者二十元以上二百元以下罚款。本法另有规定的，依照规定处罚。

第九十一条 饮酒后驾驶机动车的，处暂扣六个月机动车驾驶证，并处一千元以上二千元以下罚款。因饮酒后驾驶机动车被处罚，再次饮酒后驾驶机动车的，处十日以下拘留，并处一千元以上二千元以下罚款，吊销机动车驾驶证。

醉酒驾驶机动车的，由公安机关交通管理部门约束至酒醒，吊销机动车驾驶证，依法追究刑事责任；五年内不得重新取得机动车驾驶证。

饮酒后驾驶营运机动车的，处十五日拘留，并处五千元罚款，吊销机动车驾驶证，五年内不得重新取得机动车驾驶证。

醉酒驾驶营运机动车的，由公安机关交通管理部门约束至酒醒，吊销机动车驾驶证，依法追究刑事责任；十年内不得重新取得机动车驾驶证，重新取得机动车驾驶证后，不得驾驶营运机动车。

饮酒后或者醉酒驾驶机动车发生重大交通事故，构成犯罪的，依法追究刑事责任，并由公安机关交通管理部门吊销机动车驾驶证，终生不得重新取得机动车驾驶证。

第九十二条　公路客运车辆载客超过额定乘员的，处二百元以上五百元以下罚款；超过额定乘员百分之二十或者违反规定载货的，处五百元以上二千元以下罚款。

货运机动车超过核定载质量的，处二百元以上五百元以下罚款；超过核定载质量百分之三十或者违反规定载客的，处五百元以上二千元以下罚款。

有前两款行为的，由公安机关交通管理部门扣留机动车至违法状态消除。

运输单位的车辆有本条第一款、第二款规定的情形，经处罚不改的，对直接负责的主管人员处二千元以上五千元以下罚款。

第九十四条　机动车安全技术检验机构实施机动车安全技术检验超过国务院价格主管部门核定的收费标准收取费用的，退还多收取的费用，并由价格主管部门依照《中华人民共和国价格法》的有关规定给予处罚。

机动车安全技术检验机构不按照机动车国家安全技术标准进行

检验，出具虚假检验结果的，由公安机关交通管理部门处所收检验费用五倍以上十倍以下罚款，并依法撤销其检验资格；构成犯罪的，依法追究刑事责任。

第九十五条 上道路行驶的机动车未悬挂机动车号牌，未放置检验合格标志、保险标志，或者未随车携带行驶证、驾驶证的，公安机关交通管理部门应当扣留机动车，通知当事人提供相应的牌证、标志或者补办相应手续，并可以依照本法第九十条的规定予以处罚。当事人提供相应的牌证、标志或者补办相应手续的，应当及时退还机动车。

故意遮挡、污损或者不按规定安装机动车号牌的，依照本法第九十条的规定予以处罚。

第一百零七条 对道路交通违法行为人予以警告、二百元以下罚款，交通警察可以当场作出行政处罚决定，并出具行政处罚决定书。

行政处罚决定书应当载明当事人的违法事实、行政处罚的依据、处罚内容、时间、地点以及处罚机关名称，并由执法人员签名或者盖章。

第一百零八条 当事人应当自收到罚款的行政处罚决定书之日起十五日内，到指定的银行缴纳罚款。

对行人、乘车人和非机动车驾驶人的罚款，当事人无异议的，可以当场予以收缴罚款。

罚款应当开具省、自治区、直辖市财政部门统一制发的罚款收据；不出具财政部门统一制发的罚款收据的，当事人有权拒绝缴纳罚款。

第一百零九条 当事人逾期不履行行政处罚决定的，作出行政处罚决定的行政机关可以采取下列措施：

（一）到期不缴纳罚款的，每日按罚款数额的百分之三加处罚款；

（二）申请人民法院强制执行。

第一百一十条　执行职务的交通警察认为应当对道路交通违法行为人给予暂扣或者吊销机动车驾驶证处罚的，可以先予扣留机动车驾驶证，并在二十四小时内将案件移交公安机关交通管理部门处理。

道路交通违法行为人应当在十五日内到公安机关交通管理部门接受处理。无正当理由逾期未接受处理的，吊销机动车驾驶证。

公安机关交通管理部门暂扣或者吊销机动车驾驶证的，应当出具行政处罚决定书。

第一百一十一条　对违反本法规定予以拘留的行政处罚，由县、市公安局、公安分局或者相当于县一级的公安机关裁决。

第一百一十三条　暂扣机动车驾驶证的期限从处罚决定生效之日起计算；处罚决定生效前先予扣留机动车驾驶证的，扣留一日折抵暂扣期限一日。

吊销机动车驾驶证后重新申请领取机动车驾驶证的期限，按照机动车驾驶证管理规定办理。

第一百一十四条　公安机关交通管理部门根据交通技术监控记录资料，可以对违法的机动车所有人或者管理人依法予以处罚。对能够确定驾驶人的，可以依照本法的规定依法予以处罚。

《中华人民共和国产品质量法》（节选）

第十七条　依照本法规定进行监督抽查的产品质量不合格的，由实施监督抽查的市场监督管理部门责令其生产者、销售者限期改正。逾期不改正的，由省级以上人民政府市场监督管理部门予以公告；公告后经复查仍不合格的，责令停业，限期整顿；整顿期满后经复查产品质量仍不合格的，吊销营业执照。

监督抽查的产品有严重质量问题的，依照本法第五章的有关规定处罚。

第四十九条 生产、销售不符合保障人体健康和人身、财产安全的国家标准、行业标准的产品的，责令停止生产、销售，没收违法生产、销售的产品，并处违法生产、销售产品（包括已售出和未售出的产品，下同）货值金额等值以上三倍以下的罚款；有违法所得的，并处没收违法所得；情节严重的，吊销营业执照；构成犯罪的，依法追究刑事责任。

第五十条 在产品中掺杂、掺假，以假充真，以次充好，或者以不合格产品冒充合格产品的，责令停止生产、销售，没收违法生产、销售的产品，并处违法生产、销售产品货值金额百分之五十以上三倍以下的罚款；有违法所得的，并处没收违法所得；情节严重的，吊销营业执照；构成犯罪的，依法追究刑事责任。

第五十一条 生产国家明令淘汰的产品的，销售国家明令淘汰并停止销售的产品的，责令停止生产、销售，没收违法生产、销售的产品，并处违法生产、销售产品货值金额等值以下的罚款；有违法所得的，并处没收违法所得；情节严重的，吊销营业执照。

第五十二条 销售失效、变质的产品的，责令停止销售，没收违法销售的产品，并处违法销售产品货值金额二倍以下的罚款；有违法所得的，并处没收违法所得；情节严重的，吊销营业执照；构成犯罪的，依法追究刑事责任。

第五十三条 伪造产品产地的，伪造或者冒用他人厂名、厂址的，伪造或者冒用认证标志等质量标志的，责令改正，没收违法生产、销售的产品，并处违法生产、销售产品货值金额等值以下的罚款；有违法所得的，并处没收违法所得；情节严重的，吊销营业执照。

第五十四条　产品标识不符合本法第二十七条规定的，责令改正；有包装的产品标识不符合本法第二十七条第（四）项、第（五）项规定，情节严重的，责令停止生产、销售，并处违法生产、销售产品货值金额百分之三十以下的罚款；有违法所得的，并处没收违法所得。

第五十五条　销售者销售本法第四十九条至第五十三条规定禁止销售的产品，有充分证据证明其不知道该产品为禁止销售的产品并如实说明其进货来源的，可以从轻或者减轻处罚。

第六十二条　服务业的经营者将本法第四十九条至第五十二条规定禁止销售的产品用于经营性服务的，责令停止使用；对知道或者应当知道所使用的产品属于本法规定禁止销售的产品的，按照违法使用的产品（包括已使用和尚未使用的产品）的货值金额，依照本法对销售者的处罚规定处罚。

第六十九条　以暴力、威胁方法阻碍市场监督管理部门的工作人员依法执行职务的，依法追究刑事责任；拒绝、阻碍未使用暴力、威胁方法的，由公安机关依照治安管理处罚法的规定处罚。

第二节　行 政 法 规

《中华人民共和国海关行政处罚实施条例》（节选）

第二条　依法不追究刑事责任的走私行为和违反海关监管规定

的行为，以及法律、行政法规规定由海关实施行政处罚的行为的处理，适用本实施条例。

第七条 违反海关法及其他有关法律、行政法规，逃避海关监管，偷逃应纳税款、逃避国家有关进出境的禁止性或者限制性管理，有下列情形之一的，是走私行为：

（一）未经国务院或者国务院授权的机关批准，从未设立海关的地点运输、携带国家禁止或者限制进出境的货物、物品或者依法应当缴纳税款的货物、物品进出境的；

（二）经过设立海关的地点，以藏匿、伪装、瞒报、伪报或者其他方式逃避海关监管，运输、携带、邮寄国家禁止或者限制进出境的货物、物品或者依法应当缴纳税款的货物、物品进出境的；

（三）使用伪造、变造的手册、单证、印章、账册、电子数据或者以其他方式逃避海关监管，擅自将海关监管货物、物品、进境的境外运输工具，在境内销售的；

（四）使用伪造、变造的手册、单证、印章、账册、电子数据或者以伪报加工贸易制成品单位耗料量等方式，致使海关监管货物、物品脱离监管的；

（五）以藏匿、伪装、瞒报、伪报或者其他方式逃避海关监管，擅自将保税区、出口加工区等海关特殊监管区域内的海关监管货物、物品，运出区外的；

（六）有逃避海关监管，构成走私的其他行为的。

第八条 有下列行为之一的，按走私行为论处：

（一）明知是走私进口的货物、物品，直接向走私人非法收购的；

（二）在内海、领海、界河、界湖，船舶及所载人员运输、收购、贩卖国家禁止或者限制进出境的货物、物品，或者运输、收购、贩卖依法应当缴纳税款的货物，没有合法证明的。

第九条　有本实施条例第七条、第八条所列行为之一的，依照下列规定处罚：

（一）走私国家禁止进出口的货物的，没收走私货物及违法所得，可以并处100万元以下罚款；走私国家禁止进出境的物品的，没收走私物品及违法所得，可以并处10万元以下罚款；

（二）应当提交许可证件而未提交但未偷逃税款，走私国家限制进出境的货物、物品的，没收走私货物、物品及违法所得，可以并处走私货物、物品等值以下罚款；

（三）偷逃应纳税款但未逃避许可证件管理，走私依法应当缴纳税款的货物、物品的，没收走私货物、物品及违法所得，可以并处偷逃应纳税款3倍以下罚款。

专门用于走私的运输工具或者用于掩护走私的货物、物品，2年内3次以上用于走私的运输工具或者用于掩护走私的货物、物品，应当予以没收。藏匿走私货物、物品的特制设备、夹层、暗格，应当予以没收或者责令拆毁。使用特制设备、夹层、暗格实施走私的，应当从重处罚。

第十条　与走私人通谋为走私人提供贷款、资金、账号、发票、证明、海关单证的，与走私人通谋为走私人提供走私货物、物品的提取、发运、运输、保管、邮寄或者其他方便的，以走私的共同当事人论处，没收违法所得，并依照本实施条例第九条的规定予以处罚。

第十一条　海关准予从事海关监管货物的运输、储存、加工、装配、寄售、展示等业务的企业，构成走私犯罪或者1年内有2次以上走私行为的，海关可以撤销其注册登记；报关企业、报关人员有上述情形的，禁止其从事报关活动。

第十二条 违反海关法及其他有关法律、行政法规和规章但不构成走私行为的，是违反海关监管规定的行为。

第十三条 违反国家进出口管理规定，进出口国家禁止进出口的货物的，责令退运，处 100 万元以下罚款。

第十四条 违反国家进出口管理规定，进出口国家限制进出口的货物，进出口货物的收发货人向海关申报时不能提交许可证件的，进出口货物不予放行，处货物价值 30% 以下罚款。

违反国家进出口管理规定，进出口属于自动进出口许可管理的货物，进出口货物的收发货人向海关申报时不能提交自动许可证明的，进出口货物不予放行。

第十五条 进出口货物的品名、税则号列、数量、规格、价格、贸易方式、原产地、启运地、运抵地、最终目的地或者其他应当申报的项目未申报或者申报不实的，分别依照下列规定予以处罚，有违法所得的，没收违法所得：

（一）影响海关统计准确性的，予以警告或者处 1 000 元以上 1 万元以下罚款；

（二）影响海关监管秩序的，予以警告或者处 1 000 元以上 3 万元以下罚款；

（三）影响国家许可证件管理的，处货物价值 5% 以上 30% 以下罚款；

（四）影响国家税款征收的，处漏缴税款 30% 以上 2 倍以下罚款；

（五）影响国家外汇、出口退税管理的，处申报价格 10% 以上 50% 以下罚款。

第十八条　有下列行为之一的，处货物价值5%以上30%以下罚款，有违法所得的，没收违法所得：

（一）未经海关许可，擅自将海关监管货物开拆、提取、交付、发运、调换、改装、抵押、质押、留置、转让、更换标记、移作他用或者进行其他处置的；

（二）未经海关许可，在海关监管区以外存放海关监管货物的；

（三）经营海关监管货物的运输、储存、加工、装配、寄售、展示等业务，有关货物灭失、数量短少或者记录不真实，不能提供正当理由的；

（四）经营保税货物的运输、储存、加工、装配、寄售、展示等业务，不依照规定办理收存、交付、结转、核销等手续，或者中止、延长、变更、转让有关合同不依照规定向海关办理手续的；

（五）未如实向海关申报加工贸易制成品单位耗料量的；

（六）未按照规定期限将过境、转运、通运货物运输出境，擅自留在境内的；

（七）未按照规定期限将暂时进出口货物复运出境或者复运进境，擅自留在境内或者境外的；

（八）有违反海关监管规定的其他行为，致使海关不能或者中断对进出口货物实施监管的。

前款规定所涉货物属于国家限制进出口需要提交许可证件，当事人在规定期限内不能提交许可证件的，另处货物价值30%以下罚款；漏缴税款的，可以另处漏缴税款1倍以下罚款。

第十九条　有下列行为之一的，予以警告，可以处物品价值20%以下罚款，有违法所得的，没收违法所得：

（一）未经海关许可，擅自将海关尚未放行的进出境物品开拆、交付、投递、转移或者进行其他处置的；

（二）个人运输、携带、邮寄超过合理数量的自用物品进出境未向海关申报的；

（三）个人运输、携带、邮寄超过规定数量但仍属自用的国家限制进出境物品进出境，未向海关申报但没有以藏匿、伪装等方式逃避海关监管的；

（四）个人运输、携带、邮寄物品进出境，申报不实的；

（五）经海关登记准予暂时免税进境或者暂时免税出境的物品，未按照规定复带出境或者复带进境的；

（六）未经海关批准，过境人员将其所带物品留在境内的。

第二十条 运输、携带、邮寄国家禁止进出境的物品进出境，未向海关申报但没有以藏匿、伪装等方式逃避海关监管的，予以没收，或者责令退回，或者在海关监管下予以销毁或者进行技术处理。

第二十一条 有下列行为之一的，予以警告，可以处10万元以下罚款，有违法所得的，没收违法所得：

（一）运输工具不经设立海关的地点进出境的；

（二）在海关监管区停留的进出境运输工具，未经海关同意擅自驶离的；

（三）进出境运输工具从一个设立海关的地点驶往另一个设立海关的地点，尚未办结海关手续又未经海关批准，中途改驶境外或者境内未设立海关的地点的；

（四）进出境运输工具到达或者驶离设立海关的地点，未按照规定向海关申报、交验有关单证或者交验的单证不真实的。

第二十二条 有下列行为之一的，予以警告，可以处5万元以下罚款，有违法所得的，没收违法所得：

（一）未经海关同意，进出境运输工具擅自装卸进出境货物、物品或者上下进出境旅客的；

（二）未经海关同意，进出境运输工具擅自兼营境内客货运输或者用于进出境运输以外的其他用途的；

（三）未按照规定办理海关手续，进出境运输工具擅自改营境内运输的；

（四）未按照规定期限向海关传输舱单等电子数据、传输的电子数据不准确或者未按照规定期限保存相关电子数据，影响海关监管的；

（五）进境运输工具在进境以后向海关申报以前，出境运输工具在办结海关手续以后出境以前，不按照交通主管部门或者海关指定的路线行进的；

（六）载运海关监管货物的船舶、汽车不按照海关指定的路线行进的；

（七）进出境船舶和航空器，由于不可抗力被迫在未设立海关的地点停泊、降落或者在境内抛掷、起卸货物、物品，无正当理由不向附近海关报告的；

（八）无特殊原因，未将进出境船舶、火车、航空器到达的时间、停留的地点或者更换的时间、地点事先通知海关的；

（九）不按照规定接受海关对进出境运输工具、货物、物品进行检查、查验的。

第二十三条　有下列行为之一的，予以警告，可以处3万元以下罚款：

（一）擅自开启或者损毁海关封志的；

（二）遗失海关制发的监管单证、手册等凭证，妨碍海关监管的；

（三）有违反海关监管规定的其他行为，致使海关不能或者中断对进出境运输工具、物品实施监管的。

第二十四条 伪造、变造、买卖海关单证的，处5万元以上50万元以下罚款，有违法所得的，没收违法所得；构成犯罪的，依法追究刑事责任。

第二十五条 进出口侵犯中华人民共和国法律、行政法规保护的知识产权的货物的，没收侵权货物，并处货物价值30%以下罚款；构成犯罪的，依法追究刑事责任。

需要向海关申报知识产权状况，进出口货物收发货人及其代理人未按照规定向海关如实申报有关知识产权状况，或者未提交合法使用有关知识产权的证明文件的，可以处5万元以下罚款。

第二十六条 海关准予从事海关监管货物的运输、储存、加工、装配、寄售、展示等业务的企业，有下列情形之一的，责令改正，给予警告，可以暂停其6个月以内从事有关业务：

（一）拖欠税款或者不履行纳税义务的；

（二）损坏或者丢失海关监管货物，不能提供正当理由的；

（三）有需要暂停其从事有关业务的其他违法行为的。

第二十七条 海关准予从事海关监管货物的运输、储存、加工、装配、寄售、展示等业务的企业，有下列情形之一的，海关可以撤销其注册登记：

（一）被海关暂停从事有关业务，恢复从事有关业务后1年内再次发生本实施条例第二十六条规定情形的；

（二）有需要撤销其注册登记的其他违法行为的。

第二十八条 报关企业、报关人员非法代理他人报关的，责令改正，处5万元以下罚款；情节严重的，禁止其从事报关活动。

第二十九条　进出口货物收发货人、报关企业、报关人员向海关工作人员行贿的，由海关禁止其从事报关活动，并处10万元以下罚款；构成犯罪的，依法追究刑事责任。

第三十条　未经海关备案从事报关活动的，责令改正，没收违法所得，可以并处10万元以下罚款。

第三十一条　提供虚假资料骗取海关注册登记，撤销其注册登记，并处30万元以下罚款。

第三十二条　法人或者其他组织有违反海关法的行为，除处罚该法人或者组织外，对其主管人员和直接责任人员予以警告，可以处5万元以下罚款，有违法所得的，没收违法所得。

第四十九条　海关作出暂停从事有关业务、撤销海关注册登记、禁止从事报关活动、对公民处1万元以上罚款、对法人或者其他组织处10万元以上罚款、没收有关货物、物品、走私运输工具等行政处罚决定之前，应当告知当事人有要求举行听证的权利；当事人要求听证的，海关应当组织听证。

海关行政处罚听证办法由海关总署制定。

第五十八条　罚款、违法所得和依法追缴的货物、物品、走私运输工具的等值价款，应当在海关行政处罚决定规定的期限内缴清。

当事人按期履行行政处罚决定、办结海关手续的，海关应当及时解除其担保。

第五十九条　受海关处罚的当事人或者其法定代表人、主要负责人应当在出境前缴清罚款、违法所得和依法追缴的货物、物品、走私运输工具的等值价款。在出境前未缴清上述款项的，应当向海关提供相当于上述款项的担保。未提供担保，当事人是自然人的，海关可以通知出境管理机关阻止其出境；当事人是法人或者其他组织的，海关可以通知出境管理机关阻止其法定代表人或者主要负责人出境。

第六十条 当事人逾期不履行行政处罚决定的，海关可以采取下列措施：

（一）到期不缴纳罚款的，每日按罚款数额的3%加处罚款；

（二）根据海关法规定，将扣留的货物、物品、运输工具变价抵缴，或者以当事人提供的担保抵缴；

（三）申请人民法院强制执行。

第六十二条 有下列情形之一的，有关货物、物品、违法所得、运输工具、特制设备由海关予以收缴：

（一）依照《中华人民共和国行政处罚法》第三十条、第三十一条规定不予行政处罚的当事人携带、邮寄国家禁止进出境的货物、物品进出境的；

（二）散发性邮寄国家禁止、限制进出境的物品进出境或者携带数量零星的国家禁止进出境的物品进出境，依法可以不予行政处罚的；

（三）依法应当没收的货物、物品、违法所得、走私运输工具、特制设备，在海关作出行政处罚决定前，作为当事人的自然人死亡或者作为当事人的法人、其他组织终止，且无权利义务承受人的；

（四）走私违法事实基本清楚，但当事人无法查清，自海关公告之日起满3个月的；

（五）有违反法律、行政法规，应当予以收缴的其他情形的。

海关收缴前款规定的货物、物品、违法所得、运输工具、特制设备，应当制发清单，由被收缴人或者其代理人、见证人签字或者盖章。被收缴人无法查清且无见证人的，应当予以公告。

第六十三条 人民法院判决没收的走私货物、物品、违法所得、走私运输工具、特制设备，或者海关决定没收、收缴的货物、物品、违法所得、走私运输工具、特制设备，由海关依法统一处理，所得价款和海关收缴的罚款，全部上缴中央国库。

《价格违法行为行政处罚规定》（节选）

第一条 为了依法惩处价格违法行为，维护正常的价格秩序，保护消费者和经营者的合法权益，根据《中华人民共和国价格法》（以下简称价格法）的有关规定，制定本规定。

第二条 县级以上各级人民政府价格主管部门依法对价格活动进行监督检查，并决定对价格违法行为的行政处罚。

第四条 经营者违反价格法第十四条的规定，有下列行为之一的，责令改正，没收违法所得，并处违法所得5倍以下的罚款；没有违法所得的，处10万元以上100万元以下的罚款；情节严重的，责令停业整顿，或者由工商行政管理机关吊销营业执照：

（一）除依法降价处理鲜活商品、季节性商品、积压商品等商品外，为了排挤竞争对手或者独占市场，以低于成本的价格倾销，扰乱正常的生产经营秩序，损害国家利益或者其他经营者的合法权益的；

（二）提供相同商品或者服务，对具有同等交易条件的其他经营者实行价格歧视的。

第五条 经营者违反价格法第十四条的规定，相互串通，操纵市场价格，造成商品价格较大幅度上涨的，责令改正，没收违法所得，并处违法所得5倍以下的罚款；没有违法所得的，处10万元以上100万元以下的罚款，情节较重的处100万元以上500万元以下的罚款；情节严重的，责令停业整顿，或者由工商行政管理机关吊销营业执照。

除前款规定情形外，经营者相互串通，操纵市场价格，损害其他经营者或者消费者合法权益的，依照本规定第四条的规定处罚。

行业协会或者其他单位组织经营者相互串通，操纵市场价格的，对经营者依照前两款的规定处罚；对行业协会或者其他单位，可以处50万元以下的罚款，情节严重的，由登记管理机关依法撤销登记、吊销执照。

第六条 经营者违反价格法第十四条的规定，有下列推动商品价格过快、过高上涨行为之一的，责令改正，没收违法所得，并处违法所得5倍以下的罚款；没有违法所得的，处5万元以上50万元以下的罚款，情节较重的处50万元以上300万元以下的罚款；情节严重的，责令停业整顿，或者由工商行政管理机关吊销营业执照：

（一）捏造、散布涨价信息，扰乱市场价格秩序的；

（二）除生产自用外，超出正常的存储数量或者存储周期，大量囤积市场供应紧张、价格发生异常波动的商品，经价格主管部门告诫仍继续囤积的；

（三）利用其他手段哄抬价格，推动商品价格过快、过高上涨的。

行业协会或者为商品交易提供服务的单位有前款规定的违法行为的，可以处50万元以下的罚款；情节严重的，由登记管理机关依法撤销登记、吊销执照。

前两款规定以外的其他单位散布虚假涨价信息，扰乱市场价格秩序，依法应当由其他主管机关查处的，价格主管部门可以提出依法处罚的建议，有关主管机关应当依法处罚。

第七条 经营者违反价格法第十四条的规定，利用虚假的或者使人误解的价格手段，诱骗消费者或者其他经营者与其进行交易的，责令改正，没收违法所得，并处违法所得5倍以下的罚款；没有违法所得的，处5万元以上50万元以下的罚款；情节严重的，责令停业整顿，或者由工商行政管理机关吊销营业执照。

第八条　经营者违反价格法第十四条的规定，采取抬高等级或者压低等级等手段销售、收购商品或者提供服务，变相提高或者压低价格的，责令改正，没收违法所得，并处违法所得5倍以下的罚款；没有违法所得的，处2万元以上20万元以下的罚款；情节严重的，责令停业整顿，或者由工商行政管理机关吊销营业执照。

第九条　经营者不执行政府指导价、政府定价，有下列行为之一的，责令改正，没收违法所得，并处违法所得5倍以下的罚款；没有违法所得的，处5万元以上50万元以下的罚款，情节较重的处50万元以上200万元以下的罚款；情节严重的，责令停业整顿：

（一）超出政府指导价浮动幅度制定价格的；

（二）高于或者低于政府定价制定价格的；

（三）擅自制定属于政府指导价、政府定价范围内的商品或者服务价格的；

（四）提前或者推迟执行政府指导价、政府定价的；

（五）自立收费项目或者自定标准收费的；

（六）采取分解收费项目、重复收费、扩大收费范围等方式变相提高收费标准的；

（七）对政府明令取消的收费项目继续收费的；

（八）违反规定以保证金、抵押金等形式变相收费的；

（九）强制或者变相强制服务并收费的；

（十）不按照规定提供服务而收取费用的；

（十一）不执行政府指导价、政府定价的其他行为。

第十条 经营者不执行法定的价格干预措施、紧急措施，有下列行为之一的，责令改正，没收违法所得，并处违法所得5倍以下的罚款；没有违法所得的，处10万元以上100万元以下的罚款，情节较重的处100万元以上500万元以下的罚款；情节严重的，责令停业整顿：

（一）不执行提价申报或者调价备案制度的；

（二）超过规定的差价率、利润率幅度的；

（三）不执行规定的限价、最低保护价的；

（四）不执行集中定价权限措施的；

（五）不执行冻结价格措施的；

（六）不执行法定的价格干预措施、紧急措施的其他行为。

第十三条 经营者违反明码标价规定，有下列行为之一的，责令改正，没收违法所得，可以并处5 000元以下的罚款：

（一）不标明价格的；

（二）不按照规定的内容和方式明码标价的；

（三）在标价之外加价出售商品或者收取未标明的费用的；

（四）违反明码标价规定的其他行为。

第十四条 拒绝提供价格监督检查所需资料或者提供虚假资料的，责令改正，给予警告；逾期不改正的，可以处10万元以下的罚款，对直接负责的主管人员和其他直接责任人员给予纪律处分。

第十五条 政府价格主管部门进行价格监督检查时，发现经营者的违法行为同时具有下列三种情形的，可以依照价格法第三十四条第（三）项的规定责令其暂停相关营业：

（一）违法行为情节复杂或者情节严重，经查明后可能给予较重处罚的；

（二）不暂停相关营业，违法行为将继续的；

（三）不暂停相关营业，可能影响违法事实的认定，采取其他措施又不足以保证查明的。

政府价格主管部门进行价格监督检查时，执法人员不得少于2人，并应当向经营者或者有关人员出示证件。

第三节　上海市地方性法规

《上海市人民代表大会常务委员会关于市人民政府制定规章设定行政处罚罚款限额的规定》（2014年修正）

一、对违反行政管理秩序的行为设定罚款的限额为三十万元。

二、个别规章对某些违反行政管理秩序的行为设定罚款，确需超过上述限额的，由市人民政府提请市人民代表大会常务委员会审议决定。

三、市人民政府制定规章时，可以在罚款限额的规定范围内，根据过罚相当的原则，对公民、法人或者其他组织设定不同的罚款幅度；根据经营活动中违反行政管理秩序行为的不同情况，规定适当的罚款计算方法。

《上海市行政处罚听证程序试行规定》（节选）

第二条　（适用范围）

本规定适用于本市行政区域内拟作出责令停产停业、吊销许可证或者执照、较大数额罚款等行政处罚（以下称适用听证程序的行政处罚）的行政机关和法律、法规授权的具有公共事务管理职能的组织

（以下统称行政机关）以及与听证相关的单位和个人。

本条前款的较大数额罚款，是指对非经营活动中的违法行为处以 1 000 元以上、对经营活动中的违法行为处以 3 万元以上的罚款。行政机关拟订的较大数额罚款标准低于或者高于上述标准的，应当报上海市人民政府法制办公室批准并予以公布。

公安机关、国务院有关部门在沪机构的罚款限额标准，由其上级主管部门确定。

第三条 （听证范围）

听证程序遵循公正、公开的原则。

除涉及国家秘密、商业秘密或者个人隐私外，听证应当以公开的方式举行。

听证实行告知、回避制度，依法保障当事人的陈述权和申辩权。

第四条 （听证组织机关）

行政机关拟作出适用听证程序的行政处罚的，由该行政机关组织听证。

行政委托组织拟作出适用听证程序的行政处罚的，由委托的行政机关组织听证。

行政机关不得委托其他机关或者组织组织听证。

第五条 （听证人员的范围）

行政机关的听证人员包括听证主持人、听证员和书记员。

第六条 （听证主持人的指定）

听证主持人由行政机关负责人指定本机关内部的非本案调查人员担任。听证主持人一般由本机关法制机构人员或者专职法制人员担任。

第七条 （听证主持人的职权）

听证主持人行使下列职权：

（一）决定举行听证的时间、地点和方式；

（二）决定中止、终止或者延期听证；

（三）决定听证员、书记员是否回避；

（四）决定证人当场作证。

第八条 （听证主持人的职责）

听证主持人应当履行下列职责：

（一）将有关通知按时送达当事人、案件调查人员、鉴定人、翻译人员等听证参加人；

（二）就案件的事实、拟作出适用听证程序的行政处罚的理由和依据进行询问；

（三）要求听证参加人提供或者补充证据；

（四）维持听证秩序，对违反听证纪律的行为予以制止；

（五）对听证笔录进行审阅，并提出审核意见。

第九条 （听证员和书记员）

行政机关根据需要，可以指定 1 至 2 名本机关内部的非本案调查人员担任听证员，协助听证主持人组织听证。

听证设书记员 1 名，由行政机关内部的非本案调查人员担任，负责听证笔录的制作和其他事务。

第十四条 （当事人的权利）

当事人享有下列权利：

（一）要求或者放弃听证；

（二）认为听证主持人、听证员、书记员系本规定第十条所列人员之一的，可以申请其回避；

（三）可以委托 1 至 2 人作为代理人参加听证，并出具委托代理书，明确代理人权限；

（四）进行陈述、申辩和质证；

（五）对听证笔录进行审核。

第十七条 （听证的告知）

行政机关对于适用听征程序的行政处罚案件，应当在作出行政处罚决定前，向当事人送达听证告知书。

听证告知书应当载明下列主要事项：

（一）当事人的姓名或者名称；

（二）当事人的违法行为、行政处罚的理由、依据和拟作出的行政处罚决定；

（三）告知当事人有要求听证的权利；

（四）告知提出听证要求的期限和听证组织机关。

听证告知书必须盖有行政机关的印章。

听证告知书可以直接送达、委托送达或者以邮寄挂号信方式送达。

第十八条 （听证的要求）

当事人要求听证的，应当在收到听证告知书之日起 3 日内，向行政机关书面提出听证要求。当事人以邮寄挂号信方式提出听证要求的，以寄出的邮戳日期为准。

当事人明确提出放弃听证或者超过期限未提出听证要求的，不得对本案再次提出听证要求。

第十九条 （听证的受理）

当事人提出听证要求的，行政机关应当受理。

当事人提出听证要求超过期限或者不符合听证条件的，行政机关应当在 3 日内书面告知当事人不予听证。

第二十条 （听证的通知）

行政机关决定予以听证的，听证主持人应当在当事人提出听证要求之日起 2 日内确定举行听证的时间、地点和方式，并在听证举行的 7 日前，将听证通知书送达当事人。

听证通知书应当载明下列事项：

（一）当事人的姓名或者名称；

（二）举行听证的时间、地点和方式；

（三）听证人员的姓名；

（四）告知当事人有权申请回避；

（五）告知当事人准备证据、通知证人等事项。

听证通知书必须盖有行政机关的印章。

第二章　行政许可类

第一节　法　　律

《中华人民共和国行政许可法》（节选）

第二条　本法所称行政许可，是指行政机关根据公民、法人或者其他组织的申请，经依法审查，准予其从事特定活动的行为。

第三条　行政许可的设定和实施，适用本法。

有关行政机关对其他机关或者对其直接管理的事业单位的人事、财务、外事等事项的审批，不适用本法。

第七条　公民、法人或者其他组织对行政机关实施行政许可，享有陈述权、申辩权；有权依法申请行政复议或者提起行政诉讼；其合法权益因行政机关违法实施行政许可受到损害的，有权依法要求赔偿。

第八条　公民、法人或者其他组织依法取得的行政许可受法律保护，行政机关不得擅自改变已经生效的行政许可。

行政许可所依据的法律、法规、规章修改或者废止，或者准予行政许可所依据的客观情况发生重大变化的，为了公共利益的需要，行政机关可以依法变更或者撤回已经生效的行政许可。由此给公民、法人或者其他组织造成财产损失的，行政机关应当依法给予补偿。

第九条　依法取得的行政许可，除法律、法规规定依照法定条件和程序可以转让的外，不得转让。

第十二条　下列事项可以设定行政许可：

（一）直接涉及国家安全、公共安全、经济宏观调控、生态环境保护以及直接关系人身健康、生命财产安全等特定活动，需要按照法定条件予以批准的事项；

（二）有限自然资源开发利用、公共资源配置以及直接关系公共利益的特定行业的市场准入等，需要赋予特定权利的事项；

（三）提供公众服务并且直接关系公共利益的职业、行业，需要确定具备特殊信誉、特殊条件或者特殊技能等资格、资质的事项；

（四）直接关系公共安全、人身健康、生命财产安全的重要设备、设施、产品、物品，需要按照技术标准、技术规范，通过检验、检测、检疫等方式进行审定的事项；

（五）企业或者其他组织的设立等，需要确定主体资格的事项；

（六）法律、行政法规规定可以设定行政许可的其他事项。

第十三条　本法第十二条所列事项，通过下列方式能够予以规范的，可以不设行政许可：

（一）公民、法人或者其他组织能够自主决定的；

（二）市场竞争机制能够有效调节的；

（三）行业组织或者中介机构能够自律管理的；

（四）行政机关采用事后监督等其他行政管理方式能够解决的。

第十四条　本法第十二条所列事项，法律可以设定行政许可。尚未制定法律的，行政法规可以设定行政许可。

必要时，国务院可以采用发布决定的方式设定行政许可。实施后，除临时性行政许可事项外，国务院应当及时提请全国人民代表大会及其常务委员会制定法律，或者自行制定行政法规。

第十五条 本法第十二条所列事项，尚未制定法律、行政法规的，地方性法规可以设定行政许可；尚未制定法律、行政法规和地方性法规的，因行政管理的需要，确需立即实施行政许可的，省、自治区、直辖市人民政府规章可以设定临时性的行政许可。临时性的行政许可实施满一年需要继续实施的，应当提请本级人民代表大会及其常务委员会制定地方性法规。

地方性法规和省、自治区、直辖市人民政府规章，不得设定应当由国家统一确定的公民、法人或者其他组织的资格、资质的行政许可；不得设定企业或者其他组织的设立登记及其前置性行政许可。其设定的行政许可，不得限制其他地区的个人或者企业到本地区从事生产经营和提供服务，不得限制其他地区的商品进入本地区市场。

第十六条 行政法规可以在法律设定的行政许可事项范围内，对实施该行政许可作出具体规定。

地方性法规可以在法律、行政法规设定的行政许可事项范围内，对实施该行政许可作出具体规定。

规章可以在上位法设定的行政许可事项范围内，对实施该行政许可作出具体规定。

法规、规章对实施上位法设定的行政许可作出的具体规定，不得增设行政许可；对行政许可条件作出的具体规定，不得增设违反上位法的其他条件。

第十七条 除本法第十四条、第十五条规定的外，其他规范性文件一律不得设定行政许可。

第二十二条 行政许可由具有行政许可权的行政机关在其法定职权范围内实施。

第二十三条　法律、法规授权的具有管理公共事务职能的组织，在法定授权范围内，以自己的名义实施行政许可。被授权的组织适用本法有关行政机关的规定。

第二十四条　行政机关在其法定职权范围内，依照法律、法规、规章的规定，可以委托其他行政机关实施行政许可。委托机关应当将受委托行政机关和受委托实施行政许可的内容予以公告。

委托行政机关对受委托行政机关实施行政许可的行为应当负责监督，并对该行为的后果承担法律责任。

受委托行政机关在委托范围内，以委托行政机关名义实施行政许可；不得再委托其他组织或者个人实施行政许可。

第二十七条　行政机关实施行政许可，不得向申请人提出购买指定商品、接受有偿服务等不正当要求。

行政机关工作人员办理行政许可，不得索取或者收受申请人的财物，不得谋取其他利益。

第二十八条　对直接关系公共安全、人身健康、生命财产安全的设备、设施、产品、物品的检验、检测、检疫，除法律、行政法规规定由行政机关实施的外，应当逐步由符合法定条件的专业技术组织实施。专业技术组织及其有关人员对所实施的检验、检测、检疫结论承担法律责任。

第二十九条　公民、法人或者其他组织从事特定活动，依法需要取得行政许可的，应当向行政机关提出申请。申请书需要采用格式文本的，行政机关应当向申请人提供行政许可申请书格式文本。申请书格式文本中不得包含与申请行政许可事项没有直接关系的内容。

申请人可以委托代理人提出行政许可申请。但是，依法应当由申请人到行政机关办公场所提出行政许可申请的除外。

行政许可申请可以通过信函、电报、电传、传真、电子数据交换和电子邮件等方式提出。

第三十条 行政机关应当将法律、法规、规章规定的有关行政许可的事项、依据、条件、数量、程序、期限以及需要提交的全部材料的目录和申请书示范文本等在办公场所公示。

申请人要求行政机关对公示内容予以说明、解释的，行政机关应当说明、解释，提供准确、可靠的信息。

第三十一条 申请人申请行政许可，应当如实向行政机关提交有关材料和反映真实情况，并对其申请材料实质内容的真实性负责。行政机关不得要求申请人提交与其申请的行政许可事项无关的技术资料和其他材料。

行政机关及其工作人员不得以转让技术作为取得行政许可的条件；不得在实施行政许可的过程中，直接或者间接地要求转让技术。

第三十二条 行政机关对申请人提出的行政许可申请，应当根据下列情况分别作出处理：

（一）申请事项依法不需要取得行政许可的，应当即时告知申请人不受理；

（二）申请事项依法不属于本行政机关职权范围的，应当即时作出不予受理的决定，并告知申请人向有关行政机关申请；

（三）申请材料存在可以当场更正的错误的，应当允许申请人当场更正；

（四）申请材料不齐全或者不符合法定形式的，应当当场或者在五日内一次告知申请人需要补正的全部内容，逾期不告知的，自收到申请材料之日起即为受理；

（五）申请事项属于本行政机关职权范围，申请材料齐全、符合法定形式，或者申请人按照本行政机关的要求提交全部补正申请材料的，应当受理行政许可申请。

行政机关受理或者不予受理行政许可申请，应当出具加盖本行政机关专用印章和注明日期的书面凭证。

第三十四条　行政机关应当对申请人提交的申请材料进行审查。

申请人提交的申请材料齐全、符合法定形式，行政机关能够当场作出决定的，应当当场作出书面的行政许可决定。

根据法定条件和程序，需要对申请材料的实质内容进行核实的，行政机关应当指派两名以上工作人员进行核查。

第三十五条　依法应当先经下级行政机关审查后报上级行政机关决定的行政许可，下级行政机关应当在法定期限内将初步审查意见和全部申请材料直接报送上级行政机关。上级行政机关不得要求申请人重复提供申请材料。

第三十六条　行政机关对行政许可申请进行审查时，发现行政许可事项直接关系他人重大利益的，应当告知该利害关系人。申请人、利害关系人有权进行陈述和申辩。行政机关应当听取申请人、利害关系人的意见。

第三十七条　行政机关对行政许可申请进行审查后，除当场作出行政许可决定的外，应当在法定期限内按照规定程序作出行政许可决定。

第三十八条　申请人的申请符合法定条件、标准的，行政机关应当依法作出准予行政许可的书面决定。

行政机关依法作出不予行政许可的书面决定的，应当说明理由，并告知申请人享有依法申请行政复议或者提起行政诉讼的权利。

第三十九条　行政机关作出准予行政许可的决定，需要颁发行政许可证件的，应当向申请人颁发加盖本行政机关印章的下列行政许可证件：

（一）许可证、执照或者其他许可证书；

（二）资格证、资质证或者其他合格证书；

（三）行政机关的批准文件或者证明文件；

（四）法律、法规规定的其他行政许可证件。

行政机关实施检验、检测、检疫的，可以在检验、检测、检疫合格的设备、设施、产品、物品上加贴标签或者加盖检验、检测、检疫印章。

第四十八条　听证按照下列程序进行：

（一）行政机关应当于举行听证的七日前将举行听证的时间、地点通知申请人、利害关系人，必要时予以公告；

（二）听证应当公开举行；

（三）行政机关应当指定审查该行政许可申请的工作人员以外的人员为听证主持人，申请人、利害关系人认为主持人与该行政许可事项有直接利害关系的，有权申请回避；

（四）举行听证时，审查该行政许可申请的工作人员应当提供审查意见的证据、理由，申请人、利害关系人可以提出证据，并进行申辩和质证；

（五）听证应当制作笔录，听证笔录应当交听证参加人确认无误后签字或者盖章。

行政机关应当根据听证笔录，作出行政许可决定。

第四十九条　被许可人要求变更行政许可事项的，应当向作出行政许可决定的行政机关提出申请；符合法定条件、标准的，行政机关应当依法办理变更手续。

第五十条 被许可人需要延续依法取得的行政许可的有效期的，应当在该行政许可有效期届满三十日前向作出行政许可决定的行政机关提出申请。但是，法律、法规、规章另有规定的，依照其规定。

行政机关应当根据被许可人的申请，在该行政许可有效期届满前作出是否准予延续的决定；逾期未作决定的，视为准予延续。

第五十八条 行政机关实施行政许可和对行政许可事项进行监督检查，不得收取任何费用。但是，法律、行政法规另有规定的，依照其规定。

行政机关提供行政许可申请书格式文本，不得收费。

行政机关实施行政许可所需经费应当列入本行政机关的预算，由本级财政予以保障，按照批准的预算予以核拨。

第五十九条 行政机关实施行政许可，依照法律、行政法规收取费用的，应当按照公布的法定项目和标准收费；所收取的费用必须全部上缴国库，任何机关或者个人不得以任何形式截留、挪用、私分或者变相私分。财政部门不得以任何形式向行政机关返还或者变相返还实施行政许可所收取的费用。

第六十二条 行政机关可以对被许可人生产经营的产品依法进行抽样检查、检验、检测，对其生产经营场所依法进行实地检查。检查时，行政机关可以依法查阅或者要求被许可人报送有关材料；被许可人应当如实提供有关情况和材料。

行政机关根据法律、行政法规的规定，对直接关系公共安全、人身健康、生命财产安全的重要设备、设施进行定期检验。对检验合格的，行政机关应当发给相应的证明文件。

第六十三条 行政机关实施监督检查，不得妨碍被许可人正常的生产经营活动，不得索取或者收受被许可人的财物，不得谋取其他利益。

第六十四条 被许可人在作出行政许可决定的行政机关管辖区域外违法从事行政许可事项活动的，违法行为发生地的行政机关应当依法将被许可人的违法事实、处理结果抄告作出行政许可决定的行政机关。

第六十五条 个人和组织发现违法从事行政许可事项的活动，有权向行政机关举报，行政机关应当及时核实、处理。

第六十九条 有下列情形之一的，作出行政许可决定的行政机关或者其上级行政机关，根据利害关系人的请求或者依据职权，可以撤销行政许可：

（一）行政机关工作人员滥用职权、玩忽职守作出准予行政许可决定的；

（二）超越法定职权作出准予行政许可决定的；

（三）违反法定程序作出准予行政许可决定的；

（四）对不具备申请资格或者不符合法定条件的申请人准予行政许可的；

（五）依法可以撤销行政许可的其他情形。

被许可人以欺骗、贿赂等不正当手段取得行政许可的，应当予以撤销。

依照前两款的规定撤销行政许可，可能对公共利益造成重大损害的，不予撤销。

依照本条第一款的规定撤销行政许可，被许可人的合法权益受到损害的，行政机关应当依法给予赔偿。依照本条第二款的规定撤销行政许可的，被许可人基于行政许可取得的利益不受保护。

第七十条 有下列情形之一的，行政机关应当依法办理有关行政许可的注销手续：

（一）行政许可有效期届满未延续的；

（二）赋予公民特定资格的行政许可，该公民死亡或者丧失行为能力的；

（三）法人或者其他组织依法终止的；

（四）行政许可依法被撤销、撤回，或者行政许可证件依法被吊销的；

（五）因不可抗力导致行政许可事项无法实施的；

（六）法律、法规规定的应当注销行政许可的其他情形。

第七十一条 违反本法第十七条规定设定的行政许可，有关机关应当责令设定该行政许可的机关改正，或者依法予以撤销。

第七十二条 行政机关及其工作人员违反本法的规定，有下列情形之一的，由其上级行政机关或者监察机关责令改正；情节严重的，对直接负责的主管人员和其他直接责任人员依法给予行政处分：

（一）对符合法定条件的行政许可申请不予受理的；

（二）不在办公场所公示依法应当公示的材料的；

（三）在受理、审查、决定行政许可过程中，未向申请人、利害关系人履行法定告知义务的；

（四）申请人提交的申请材料不齐全、不符合法定形式，不一次告知申请人必须补正的全部内容的；

（五）违法披露申请人提交的商业秘密、未披露信息或者保密商务信息的；

（六）以转让技术作为取得行政许可的条件，或者在实施行政许可的过程中直接或者间接地要求转让技术的；

（七）未依法说明不受理行政许可申请或者不予行政许可的理由的；

（八）依法应当举行听证而不举行听证的。

第八十条 被许可人有下列行为之一的，行政机关应当依法给予行政处罚；构成犯罪的，依法追究刑事责任：

（一）涂改、倒卖、出租、出借行政许可证件，或者以其他形式非法转让行政许可的；

（二）超越行政许可范围进行活动的；

（三）向负责监督检查的行政机关隐瞒有关情况、提供虚假材料或者拒绝提供反映其活动情况的真实材料的；

（四）法律、法规、规章规定的其他违法行为。

第八十一条 公民、法人或者其他组织未经行政许可，擅自从事依法应当取得行政许可的活动的，行政机关应当依法采取措施予以制止，并依法给予行政处罚；构成犯罪的，依法追究刑事责任。

《全国人民代表大会常务委员会关于延长授权国务院在部分地方开展药品上市许可持有人制度试点期限的决定》

为了更好总结药品上市许可持有人制度试点经验，为改革完善药品管理制度打好基础，并做好药品上市许可持有人制度试点工作和《中华人民共和国药品管理法》修改工作的衔接，第十三届全国人民代表大会常务委员会第六次会议决定：将 2015 年 11 月 4 日第十二届全国人民代表大会常务委员会第十七次会议授权国务院在部分地方开展药品上市许可持有人制度试点工作的三年期限延长一年。

第二节 行政法规

《国务院对确需保留的行政审批项目设定行政许可的决定》

依照《中华人民共和国行政许可法》和行政审批制度改革的有关规定，国务院对所属各部门的行政审批项目进行了全面清理。由法律、行政法规设定的行政许可项目，依法继续实施；对法律、行政法规以外的规范性文件设定，但确需保留且符合《中华人民共和国行政许可法》第十二条规定事项的行政审批项目，根据《中华人民共和国行政许可法》第十四条第二款的规定，现决定予以保留并设定行政许可，共500项。

为保证本决定设定的行政许可依法、公开、公平、公正实施，国务院有关部门应当对实施本决定所列各项行政许可的条件等作出具体规定，并予以公布。有关实施行政许可的程序和期限依照《中华人民共和国行政许可法》的有关规定执行。

《危险废物经营许可证管理办法》（节选）

第二条 在中华人民共和国境内从事危险废物收集、贮存、处置经营活动的单位，应当依照本办法的规定，领取危险废物经营许可证。

第三条 危险废物经营许可证按照经营方式，分为危险废物收集、贮存、处置综合经营许可证和危险废物收集经营许可证。

领取危险废物综合经营许可证的单位，可以从事各类别危险废物的收集、贮存、处置经营活动；领取危险废物收集经营许可证的单位，只能从事机动车维修活动中产生的废矿物油和居民日常生活中产生的废镉镍电池的危险废物收集经营活动。

第五条 申请领取危险废物收集、贮存、处置综合经营许可证，应当具备下列条件：

（一）有3名以上环境工程专业或者相关专业中级以上职称，并有3年以上固体废物污染治理经历的技术人员；

（二）有符合国务院交通主管部门有关危险货物运输安全要求的运输工具；

（三）有符合国家或者地方环境保护标准和安全要求的包装工具，中转和临时存放设施、设备以及经验收合格的贮存设施、设备；

（四）有符合国家或者省、自治区、直辖市危险废物处置设施建设规划，符合国家或者地方环境保护标准和安全要求的处置设施、设备和配套的污染防治设施；其中，医疗废物集中处置设施，还应当符合国家有关医疗废物处置的卫生标准和要求；

（五）有与所经营的危险废物类别相适应的处置技术和工艺；

（六）有保证危险废物经营安全的规章制度、污染防治措施和事故应急救援措施；

（七）以填埋方式处置危险废物的，应当依法取得填埋场所的土地使用权。

第六条 申请领取危险废物收集经营许可证，应当具备下列条件：

（一）有防雨、防渗的运输工具；

（二）有符合国家或者地方环境保护标准和安全要求的包装工具，中转和临时存放设施、设备；

（三）有保证危险废物经营安全的规章制度、污染防治措施和事故应急救援措施。

第十一条 危险废物经营单位变更法人名称、法定代表人和住所的，应当自工商变更登记之日起15个工作日内，向原发证机关申请办理危险废物经营许可证变更手续。

第十二条 有下列情形之一的，危险废物经营单位应当按照原申请程序，重新申请领取危险废物经营许可证：

（一）改变危险废物经营方式的；

（二）增加危险废物类别的；

（三）新建或者改建、扩建原有危险废物经营设施的；

（四）经营危险废物超过原批准年经营规模20%以上的。

第十三条 危险废物综合经营许可证有效期为5年；危险废物收集经营许可证有效期为3年。

危险废物经营许可证有效期届满，危险废物经营单位继续从事危险废物经营活动的，应当于危险废物经营许可证有效期届满30个工作日前向原发证机关提出换证申请。原发证机关应当自受理换证申请之日起20个工作日内进行审查，符合条件的，予以换证；不符合条件的，书面通知申请单位并说明理由。

第十四条 危险废物经营单位终止从事收集、贮存、处置危险废物经营活动的，应当对经营设施、场所采取污染防治措施，并对未处置的危险废物作出妥善处理。

危险废物经营单位应当在采取前款规定措施之日起20个工作日内向原发证机关提出注销申请，由原发证机关进行现场核查合格后注销危险废物经营许可证。

第十五条 禁止无经营许可证或者不按照经营许可证规定从事危险废物收集、贮存、处置经营活动。

禁止从中华人民共和国境外进口或者经中华人民共和国过境转

移电子类危险废物。

禁止将危险废物提供或者委托给无经营许可证的单位从事收集、贮存、处置经营活动。

禁止伪造、变造、转让危险废物经营许可证。

《中华人民共和国工业产品生产许可证管理条例》（节选）

第二条 国家对生产下列重要工业产品的企业实行生产许可证制度：

（一）乳制品、肉制品、饮料、米、面、食用油、酒类等直接关系人体健康的加工食品；

（二）电热毯、压力锅、燃气热水器等可能危及人身、财产安全的产品；

（三）税控收款机、防伪验钞仪、卫星电视广播地面接收设备、无线广播电视发射设备等关系金融安全和通信质量安全的产品；

（四）安全网、安全帽、建筑扣件等保障劳动安全的产品；

（五）电力铁塔、桥梁支座、铁路工业产品、水工金属结构、危险化学品及其包装物、容器等影响生产安全、公共安全的产品；

（六）法律、行政法规要求依照本条例的规定实行生产许可证管理的其他产品。

第三条 国家实行生产许可证制度的工业产品目录（以下简称目录）由国务院工业产品生产许可证主管部门会同国务院有关部门制定，并征求消费者协会和相关产品行业协会的意见，报国务院批准后向社会公布。

工业产品的质量安全通过消费者自我判断、企业自律和市场竞争能够有效保证的，不实行生产许可证制度。

工业产品的质量安全通过认证认可制度能够有效保证的，不实行生产许可证制度。

国务院工业产品生产许可证主管部门会同国务院有关部门适时对目录进行评价、调整和逐步缩减，报国务院批准后向社会公布。

第四条　在中华人民共和国境内生产、销售或者在经营活动中使用列入目录产品的，应当遵守本条例。

列入目录产品的进出口管理依照法律、行政法规和国家有关规定执行。

第九条　企业取得生产许可证，应当符合下列条件：

（一）有营业执照；

（二）有与所生产产品相适应的专业技术人员；

（三）有与所生产产品相适应的生产条件和检验检疫手段；

（四）有与所生产产品相适应的技术文件和工艺文件；

（五）有健全有效的质量管理制度和责任制度；

（六）产品符合有关国家标准、行业标准以及保障人体健康和人身、财产安全的要求；

（七）符合国家产业政策的规定，不存在国家明令淘汰和禁止投资建设的落后工艺、高耗能、污染环境、浪费资源的情况。

法律、行政法规有其他规定的，还应当符合其规定。

第十条　国务院工业产品生产许可证主管部门依照本条例第九条规定的条件，根据工业产品的不同特性，制定并发布取得列入目录产品生产许可证的具体要求；需要对列入目录产品生产许可证的具体要求作特殊规定的，应当会同国务院有关部门制定并发布。

制定列入目录产品生产许可证的具体要求，应当征求消费者协会和相关产品行业协会的意见。

第三十七条　县级以上工业产品生产许可证主管部门根据已经取得的违法嫌疑证据或者举报，对涉嫌违反本条例的行为进行查处并可以行使下列职权：

（一）向有关生产、销售或者在经营活动中使用列入目录产品的单位和检验机构的法定代表人、主要负责人和其他有关人员调查、了解有关涉嫌从事违反本条例活动的情况；

（二）查阅、复制有关生产、销售或者在经营活动中使用列入目录产品的单位和检验机构的有关合同、发票、账簿以及其他有关资料；

（三）对有证据表明属于违反本条例生产、销售或者在经营活动中使用的列入目录产品予以查封或者扣押。

县级以上工商行政管理部门依法对涉嫌违反本条例规定的行为进行查处时，也可以行使前款规定的职权。

《安全生产许可证条例》（节选）

第二条　国家对矿山企业、建筑施工企业和危险化学品、烟花爆竹、民用爆炸物品生产企业（以下统称企业）实行安全生产许可制度。

企业未取得安全生产许可证的，不得从事生产活动。

第三条　国务院安全生产监督管理部门负责中央管理的非煤矿矿山企业和危险化学品、烟花爆竹生产企业安全生产许可证的颁发和管理。

省、自治区、直辖市人民政府安全生产监督管理部门负责前款规定以外的非煤矿矿山企业和危险化学品、烟花爆竹生产企业安全生产许可证的颁发和管理，并接受国务院安全生产监督管理部门的指导和监督。

国家煤矿安全监察机构负责中央管理的煤矿企业安全生产许可证的颁发和管理。

在省、自治区、直辖市设立的煤矿安全监察机构负责前款规定以外的其他煤矿企业安全生产许可证的颁发和管理，并接受国家煤矿安全监察机构的指导和监督。

第六条　企业取得安全生产许可证，应当具备下列安全生产条件：

（一）建立、健全安全生产责任制，制定完备的安全生产规章制度和操作规程；

（二）安全投入符合安全生产要求；

（三）设置安全生产管理机构，配备专职安全生产管理人员；

（四）主要负责人和安全生产管理人员经考核合格；

（五）特种作业人员经有关业务主管部门考核合格，取得特种作业操作资格证书；

（六）从业人员经安全生产教育和培训合格；

（七）依法参加工伤保险，为从业人员缴纳保险费；

（八）厂房、作业场所和安全设施、设备、工艺符合有关安全生产法律、法规、标准和规程的要求；

（九）有职业危害防治措施，并为从业人员配备符合国家标准或者行业标准的劳动防护用品；

（十）依法进行安全评价；

（十一）有重大危险源检测、评估、监控措施和应急预案；

（十二）有生产安全事故应急救援预案、应急救援组织或者应急救援人员，配备必要的应急救援器材、设备；

（十三）法律、法规规定的其他条件。

第七条 企业进行生产前，应当依照本条例的规定向安全生产许可证颁发管理机关申请领取安全生产许可证，并提供本条例第六条规定的相关文件、资料。安全生产许可证颁发管理机关应当自收到申请之日起45日内审查完毕，经审查符合本条例规定的安全生产条件的，颁发安全生产许可证；不符合本条例规定的安全生产条件的，不予颁发安全生产许可证，书面通知企业并说明理由。

煤矿企业应当以矿（井）为单位，依照本条例的规定取得安全生产许可证。

第八条 安全生产许可证由国务院安全生产监督管理部门规定统一的式样。

第九条 安全生产许可证的有效期为3年。安全生产许可证有效期满需要延期的，企业应当于期满前3个月向原安全生产许可证颁发管理机关办理延期手续。

企业在安全生产许可证有效期内，严格遵守有关安全生产的法律法规，未发生死亡事故的，安全生产许可证有效期届满时，经原安全生产许可证颁发管理机关同意，不再审查，安全生产许可证有效期延期3年。

第十八条 安全生产许可证颁发管理机关工作人员有下列行为之一的，给予降级或者撤职的行政处分；构成犯罪的，依法追究刑事责任：

（一）向不符合本条例规定的安全生产条件的企业颁发安全生产许可证的；

（二）发现企业未依法取得安全生产许可证擅自从事生产活动，不依法处理的；

（三）发现取得安全生产许可证的企业不再具备本条例规定的安全生产条件，不依法处理的；

（四）接到对违反本条例规定行为的举报后，不及时处理的；

（五）在安全生产许可证颁发、管理和监督检查工作中，索取或者接受企业的财物，或者谋取其他利益的。

第三节　上海市地方性法规

《上海市人民代表大会常务委员会关于停止执行本市地方性法规设定的若干行政许可事项的决定》

上海市第十二届人民代表大会常务委员会第十三次会议审议了主任会议提请市人大常委会作出《关于停止执行本市地方性法规设定的若干行政许可事项的决定》的议案。根据《中华人民共和国行政许可法》的有关规定，市人大常委会决定停止执行由《上海市产品质量监督条例》等22件现行地方性法规设定的36项行政许可事项，并将依照法定程序适时修改相关地方性法规。

第三章　行政复议类

第一节　法　　律

《中华人民共和国行政复议法》（节选）

第三条　依照本法履行行政复议职责的行政机关是行政复议机关。行政复议机关负责法制工作的机构具体办理行政复议事项，履行下列职责：

（一）受理行政复议申请；

（二）向有关组织和人员调查取证，查阅文件和资料；

（三）审查申请行政复议的具体行政行为是否合法与适当，拟订行政复议决定；

（四）处理或者转送对本法第七条所列有关规定的审查申请；

（五）对行政机关违反本法规定的行为依照规定的权限和程序提出处理建议；

（六）办理因不服行政复议决定提起行政诉讼的应诉事项；

（七）法律、法规规定的其他职责。

行政机关中初次从事行政复议的人员，应当通过国家统一法律职业资格考试取得法律职业资格。

第五条　公民、法人或者其他组织对行政复议决定不服的，可以依照行政诉讼法的规定向人民法院提起行政诉讼，但是法律规定行政复议决定为最终裁决的除外。

第六条　有下列情形之一的，公民、法人或者其他组织可以依照本法申请行政复议：

（一）对行政机关作出的警告、罚款、没收违法所得、没收非法财物、责令停产停业、暂扣或者吊销许可证、暂扣或者吊销执照、行政拘留等行政处罚决定不服的；

（二）对行政机关作出的限制人身自由或者查封、扣押、冻结财产等行政强制措施决定不服的；

（三）对行政机关作出的有关许可证、执照、资质证、资格证等证书变更、中止、撤销的决定不服的；

（四）对行政机关作出的关于确认土地、矿藏、水流、森林、山岭、草原、荒地、滩涂、海域等自然资源的所有权或者使用权的决定不服的；

（五）认为行政机关侵犯合法的经营自主权的；

（六）认为行政机关变更或者废止农业承包合同，侵犯其合法权益的；

（七）认为行政机关违法集资、征收财物、摊派费用或者违法要求履行其他义务的；

（八）认为符合法定条件，申请行政机关颁发许可证、执照、资质证、资格证等证书，或者申请行政机关审批、登记有关事项，行政机关没有依法办理的；

（九）申请行政机关履行保护人身权利、财产权利、受教育权利的法定职责，行政机关没有依法履行的；

（十）申请行政机关依法发放抚恤金、社会保险金或者最低生活保障费，行政机关没有依法发放的；

（十一）认为行政机关的其他具体行政行为侵犯其合法权益的。

第七条 公民、法人或者其他组织认为行政机关的具体行政行为所依据的下列规定不合法，在对具体行政行为申请行政复议时，可以一并向行政复议机关提出对该规定的审查申请：

（一）国务院部门的规定；

（二）县级以上地方各级人民政府及其工作部门的规定；

（三）乡、镇人民政府的规定。

前款所列规定不含国务院部、委员会规章和地方人民政府规章。规章的审查依照法律、行政法规办理。

第八条 不服行政机关作出的行政处分或者其他人事处理决定的，依照有关法律、行政法规的规定提出申诉。

不服行政机关对民事纠纷作出的调解或者其他处理，依法申请仲裁或者向人民法院提起诉讼。

第九条 公民、法人或者其他组织认为具体行政行为侵犯其合法权益的，可以自知道该具体行政行为之日起六十日内提出行政复议申请；但是法律规定的申请期限超过六十日的除外。

因不可抗力或者其他正当理由耽误法定申请期限的，申请期限自障碍消除之日起继续计算。

第十条 依照本法申请行政复议的公民、法人或者其他组织是申请人。

有权申请行政复议的公民死亡的，其近亲属可以申请行政复议。有权申请行政复议的公民为无民事行为能力人或者限制民事行为能力人的，其法定代理人可以代为申请行政复议。有权申请行政复议的法人或者其他组织终止的，承受其权利的法人或者其他组织可以申请行政复议。

同申请行政复议的具体行政行为有利害关系的其他公民、法人或者其他组织，可以作为第三人参加行政复议。

公民、法人或者其他组织对行政机关的具体行政行为不服申请行政复议的，作出具体行政行为的行政机关是被申请人。

申请人、第三人可以委托代理人代为参加行政复议。

第十二条　对县级以上地方各级人民政府工作部门的具体行政行为不服的，由申请人选择，可以向该部门的本级人民政府申请行政复议，也可以向上一级主管部门申请行政复议。

对海关、金融、国税、外汇管理等实行垂直领导的行政机关和国家安全机关的具体行政行为不服的，向上一级主管部门申请行政复议。

第十三条　对地方各级人民政府的具体行政行为不服的，向上一级地方人民政府申请行政复议。

对省、自治区人民政府依法设立的派出机关所属的县级地方人民政府的具体行政行为不服的，向该派出机关申请行政复议。

第十四条　对国务院部门或者省、自治区、直辖市人民政府的具体行政行为不服的，向作出该具体行政行为的国务院部门或者省、自治区、直辖市人民政府申请行政复议。对行政复议决定不服的，可以向人民法院提起行政诉讼；也可以向国务院申请裁决，国务院依照本法的规定作出最终裁决。

第十五条　对本法第十二条、第十三条、第十四条规定以外的其他行政机关、组织的具体行政行为不服的，按照下列规定申请行政复议：

（一）对县级以上地方人民政府依法设立的派出机关的具体行政

行为不服的，向设立该派出机关的人民政府申请行政复议；

（二）对政府工作部门依法设立的派出机构依照法律、法规或者规章规定，以自己的名义作出的具体行政行为不服的，向设立该派出机构的部门或者该部门的本级地方人民政府申请行政复议；

（三）对法律、法规授权的组织的具体行政行为不服的，分别向直接管理该组织的地方人民政府、地方人民政府工作部门或者国务院部门申请行政复议；

（四）对两个或者两个以上行政机关以共同的名义作出的具体行政行为不服的，向其共同上一级行政机关申请行政复议；

（五）对被撤销的行政机关在撤销前所作出的具体行政行为不服的，向继续行使其职权的行政机关的上一级行政机关申请行政复议。

有前款所列情形之一的，申请人也可以向具体行政行为发生地的县级地方人民政府提出行政复议申请，由接受申请的县级地方人民政府依照本法第十八条的规定办理。

第二十条 公民、法人或者其他组织依法提出行政复议申请，行政复议机关无正当理由不予受理的，上级行政机关应当责令其受理；必要时，上级行政机关也可以直接受理。

第二十一条 行政复议期间具体行政行为不停止执行；但是，有下列情形之一的，可以停止执行：

（一）被申请人认为需要停止执行的；

（二）行政复议机关认为需要停止执行的；

（三）申请人申请停止执行，行政复议机关认为其要求合理，决定停止执行的；

（四）法律规定停止执行的。

第二十六条 申请人在申请行政复议时，一并提出对本法第七条所列有关规定的审查申请的，行政复议机关对该规定有权处理的，应当在三十日内依法处理；无权处理的，应当在七日内按照法定程序转送有权处理的行政机关依法处理，有权处理的行政机关应当在六十日内依法处理。处理期间，中止对具体行政行为的审查。

第二十七条　行政复议机关在对被申请人作出的具体行政行为进行审查时，认为其依据不合法，本机关有权处理的，应当在三十日内依法处理；无权处理的，应当在七日内按照法定程序转送有权处理的国家机关依法处理。处理期间，中止对具体行政行为的审查。

第二十八条　行政复议机关负责法制工作的机构应当对被申请人作出的具体行政行为进行审查，提出意见，经行政复议机关的负责人同意或者集体讨论通过后，按照下列规定作出行政复议决定：

（一）具体行政行为认定事实清楚，证据确凿，适用依据正确，程序合法，内容适当的，决定维持；

（二）被申请人不履行法定职责的，决定其在一定期限内履行；

（三）具体行政行为有下列情形之一的，决定撤销、变更或者确认该具体行政行为违法；决定撤销或者确认该具体行政行为违法的，可以责令被申请人在一定期限内重新作出具体行政行为：

1. 主要事实不清、证据不足的；

2. 适用依据错误的；

3. 违反法定程序的；

4. 超越或者滥用职权的；

5. 具体行政行为明显不当的。

（四）被申请人不按照本法第二十三条的规定提出书面答复、提交当初作出具体行政行为的证据、依据和其他有关材料的，视为该具体行政行为没有证据、依据，决定撤销该具体行政行为。

行政复议机关责令被申请人重新作出具体行政行为的，被申请人不得以同一的事实和理由作出与原具体行政行为相同或者基本相同的具体行政行为。

第三十条 公民、法人或者其他组织认为行政机关的具体行政行为侵犯其已经依法取得的土地、矿藏、水流、森林、山岭、草原、荒地、滩涂、海域等自然资源的所有权或者使用权的，应当先申请行政复议；对行政复议决定不服的，可以依法向人民法院提起行政诉讼。

根据国务院或者省、自治区、直辖市人民政府对行政区划的勘定、调整或者征收土地的决定，省、自治区、直辖市人民政府确认土地、矿藏、水流、森林、山岭、草原、荒地、滩涂、海域等自然资源的所有权或者使用权的行政复议决定为最终裁决。

第三十一条 行政复议机关应当自受理申请之日起六十日内作出行政复议决定；但是法律规定的行政复议期限少于六十日的除外。情况复杂，不能在规定期限内作出行政复议决定的，经行政复议机关的负责人批准，可以适当延长，并告知申请人和被申请人；但是延长期限最多不超过三十日。

第二节 行政法规

《中华人民共和国行政复议法实施条例》（节选）

第三条 行政复议机构除应当依照行政复议法第三条的规定履行职责外，还应当履行下列职责：

（一）依照行政复议法第十八条的规定转送有关行政复议申请；

（二）办理行政复议法第二十九条规定的行政赔偿等事项；

（三）按照职责权限，督促行政复议申请的受理和行政复议决定的履行；

（四）办理行政复议、行政应诉案件统计和重大行政复议决定备案事项；

（五）办理或者组织办理未经行政复议直接提起行政诉讼的行政应诉事项；

（六）研究行政复议工作中发现的问题，及时向有关机关提出改进建议，重大问题及时向行政复议机关报告。

第四条　专职行政复议人员应当具备与履行行政复议职责相适应的品行、专业知识和业务能力，并取得相应资格。具体办法由国务院法制机构会同国务院有关部门规定。

第五条　依照行政复议法和本条例的规定申请行政复议的公民、法人或者其他组织为申请人。

第八条　同一行政复议案件申请人超过 5 人的，推选 1 至 5 名代表参加行政复议。

第九条　行政复议期间，行政复议机构认为申请人以外的公民、法人或者其他组织与被审查的具体行政行为有利害关系的，可以通知其作为第三人参加行政复议。

行政复议期间，申请人以外的公民、法人或者其他组织与被审查的具体行政行为有利害关系的，可以向行政复议机构申请作为第三人参加行政复议。

第三人不参加行政复议，不影响行政复议案件的审理。

第十一条　公民、法人或者其他组织对行政机关的具体行政行为不服，依照行政复议法和本条例的规定申请行政复议的，作出该具体行政行为的行政机关为被申请人。

第十二条 行政机关与法律、法规授权的组织以共同的名义作出具体行政行为的，行政机关和法律、法规授权的组织为共同被申请人。

行政机关与其他组织以共同名义作出具体行政行为的，行政机关为被申请人。

第十六条 公民、法人或者其他组织依照行政复议法第六条第（八）项、第（九）项、第（十）项的规定申请行政机关履行法定职责，行政机关未履行的，行政复议申请期限依照下列规定计算：

（一）有履行期限规定的，自履行期限届满之日起计算；

（二）没有履行期限规定的，自行政机关收到申请满60日起计算。

公民、法人或者其他组织在紧急情况下请求行政机关履行保护人身权、财产权的法定职责，行政机关不履行的，行政复议申请期限不受前款规定的限制。

第十七条 行政机关作出的具体行政行为对公民、法人或者其他组织的权利、义务可能产生不利影响的，应当告知其申请行政复议的权利、行政复议机关和行政复议申请期限。

第十九条 申请人书面申请行政复议的，应当在行政复议申请书中载明下列事项：

（一）申请人的基本情况，包括：公民的姓名、性别、年龄、身份证号码、工作单位、住所、邮政编码；法人或者其他组织的名称、住所、邮政编码和法定代表人或者主要负责人的姓名、职务；

（二）被申请人的名称；

（三）行政复议请求、申请行政复议的主要事实和理由；

（四）申请人的签名或者盖章；

（五）申请行政复议的日期。

第二十条　申请人口头申请行政复议的，行政复议机构应当依照本条例第十九条规定的事项，当场制作行政复议申请笔录交申请人核对或者向申请人宣读，并由申请人签字确认。

第二十一条　有下列情形之一的，申请人应当提供证明材料：

（一）认为被申请人不履行法定职责的，提供曾经要求被申请人履行法定职责而被申请人未履行的证明材料；

（二）申请行政复议时一并提出行政赔偿请求的，提供受具体行政行为侵害而造成损害的证明材料；

（三）法律、法规规定需要申请人提供证据材料的其他情形。

第二十七条　公民、法人或者其他组织认为行政机关的具体行政行为侵犯其合法权益提出行政复议申请，除不符合行政复议法和本条例规定的申请条件的，行政复议机关必须受理。

第二十八条　行政复议申请符合下列规定的，应当予以受理：

（一）有明确的申请人和符合规定的被申请人；

（二）申请人与具体行政行为有利害关系；

（三）有具体的行政复议请求和理由；

（四）在法定申请期限内提出；

（五）属于行政复议法规定的行政复议范围；

（六）属于收到行政复议申请的行政复议机构的职责范围；

（七）其他行政复议机关尚未受理同一行政复议申请，人民法院尚未受理同一主体就同一事实提起的行政诉讼。

第四十一条　行政复议期间有下列情形之一，影响行政复议案件审理的，行政复议中止：

（一）作为申请人的自然人死亡，其近亲属尚未确定是否参加行政复议的；

（二）作为申请人的自然人丧失参加行政复议的能力，尚未确定法定代理人参加行政复议的；

（三）作为申请人的法人或者其他组织终止，尚未确定权利义务承受人的；

（四）作为申请人的自然人下落不明或者被宣告失踪的；

（五）申请人、被申请人因不可抗力，不能参加行政复议的；

（六）案件涉及法律适用问题，需要有权机关作出解释或者确认的；

（七）案件审理需要以其他案件的审理结果为依据，而其他案件尚未审结的；

（八）其他需要中止行政复议的情形。

行政复议中止的原因消除后，应当及时恢复行政复议案件的审理。

行政复议机构中止、恢复行政复议案件的审理，应当告知有关当事人。

第四十二条 行政复议期间有下列情形之一的，行政复议终止：

（一）申请人要求撤回行政复议申请，行政复议机构准予撤回的；

（二）作为申请人的自然人死亡，没有近亲属或者其近亲属放弃行政复议权利的；

（三）作为申请人的法人或者其他组织终止，其权利义务的承受人放弃行政复议权利的；

（四）申请人与被申请人依照本条例第四十条的规定，经行政复议机构准许达成和解的；

（五）申请人对行政拘留或者限制人身自由的行政强制措施不服

申请行政复议后，因申请人同一违法行为涉嫌犯罪，该行政拘留或者限制人身自由的行政强制措施变更为刑事拘留的。

依照本条例第四十一条第一款第（一）项、第（二）项、第（三）项规定中止行政复议，满60日行政复议中止的原因仍未消除的，行政复议终止。

第四十三条 依照行政复议法第二十八条第一款第（一）项规定，具体行政行为认定事实清楚，证据确凿，适用依据正确，程序合法，内容适当的，行政复议机关应当决定维持。

第四十四条 依照行政复议法第二十八条第一款第（二）项规定，被申请人不履行法定职责的，行政复议机关应当决定其在一定期限内履行法定职责。

第四十五条 具体行政行为有行政复议法第二十八条第一款第（三）项规定情形之一的，行政复议机关应当决定撤销、变更该具体行政行为或者确认该具体行政行为违法；决定撤销该具体行政行为或者确认该具体行政行为违法的，可以责令被申请人在一定期限内重新作出具体行政行为。

第四十六条 被申请人未依照行政复议法第二十三条的规定提出书面答复、提交当初作出具体行政行为的证据、依据和其他有关材料的，视为该具体行政行为没有证据、依据，行政复议机关应当决定撤销该具体行政行为。

第四十七条 具体行政行为有下列情形之一，行政复议机关可以决定变更：

（一）认定事实清楚，证据确凿，程序合法，但是明显不当或者适用依据错误的；

（二）认定事实不清，证据不足，但是经行政复议机关审理查明事实清楚，证据确凿的。

第四十八条 有下列情形之一的，行政复议机关应当决定驳回行政复议申请：

（一）申请人认为行政机关不履行法定职责申请行政复议，行政复议机关受理后发现该行政机关没有相应法定职责或者在受理前已经履行法定职责的；

（二）受理行政复议申请后，发现该行政复议申请不符合行政复议法和本条例规定的受理条件的。

上级行政机关认为行政复议机关驳回行政复议申请的理由不成立的，应当责令其恢复审理。

第四十九条 行政复议机关依照行政复议法第二十八条的规定责令被申请人重新作出具体行政行为的，被申请人应当在法律、法规、规章规定的期限内重新作出具体行政行为；法律、法规、规章未规定期限的，重新作出具体行政行为的期限为60日。

公民、法人或者其他组织对被申请人重新作出的具体行政行为不服，可以依法申请行政复议或者提起行政诉讼。

第五十条 有下列情形之一的，行政复议机关可以按照自愿、合法的原则进行调解：

（一）公民、法人或者其他组织对行政机关行使法律、法规规定的自由裁量权作出的具体行政行为不服申请行政复议的；

（二）当事人之间的行政赔偿或者行政补偿纠纷。

当事人经调解达成协议的，行政复议机关应当制作行政复议调解书。调解书应当载明行政复议请求、事实、理由和调解结果，并加盖行政复议机关印章。行政复议调解书经双方当事人签字，即具有法律效力。

调解未达成协议或者调解书生效前一方反悔的，行政复议机关应当及时作出行政复议决定。

第五十一条　行政复议机关在申请人的行政复议请求范围内，不得作出对申请人更为不利的行政复议决定。

第三节　上海市地方性规范文件

《上海市人民政府关于建立上海市人民政府行政复议委员会的决定》

行政复议是解决行政争议、化解社会矛盾和维护社会稳定的重要渠道，也是推进依法行政和促进政府职能转变的重要抓手。为进一步提高本市行政复议工作质量，切实维护当事人合法权益，努力实现将行政争议化解在初发阶段和行政程序中的目标，依据《中华人民共和国行政复议法》《中华人民共和国行政复议法实施条例》和《国务院关于加强法治政府建设的意见》（国发〔2010〕33 号）等精神，市政府决定成立上海市人民政府行政复议委员会（以下简称“市政府行政复议委员会”）。

一、市政府行政复议委员会的职责

市政府行政复议委员会负责审议市政府重大、复杂、疑难的行政复议案件，研究本市行政复议工作中的重大问题。

市政府法制办承担市政府行政复议委员会的日常工作，负责行政复议案件的立案受理、调查取证、案件审查、文书送达、档案管理等事务。

二、市政府行政复议委员会的组成

市政府行政复议委员会由主任委员、常务副主任委员、副主任委员和委员组成。主任委员由常务副市长担任。常务副主任委员由市政府秘书长、市政府法制办主任担任。副主任委员由市政府法制办分管行政复议工作的负责人担任。委员分为常任委员和非常任委员，常任委员由市政府法制办有关负责人和相关处室负责人担任；非常任委员从法学专家、律师、人大代表、政协委员以及行政机关、人民团体、社会团体内熟悉法律工作的人员中遴选。

《上海市人民政府关于贯彻实施〈中华人民共和国行政复议法实施条例〉的意见》

一、充分认识加强行政复议工作的重要意义

（一）行政复议是行政机关依法解决行政争议、化解社会矛盾、加强层级监督的一项重要法律制度。加强行政复议工作，是化解社会矛盾、促进社会和谐的现实要求，是维护人民群众合法权益的重要途径。加强行政复议工作，通过将相当一部分行政争议化解在基层、化解在初发阶段、化解在行政系统内部，有利于保障本市的社会安定，对建设服务政府、责任政府、法治政府，具有重要意义。

（二）加强行政复议工作，是新形势下各级行政机关的重要职责。当前，我国正处于改革发展的关键时期，行政争议增多，社会矛盾凸显，行政复议在解决行政争议中的作用越来越重要。各级行政机关要以《中华人民共和国行政复议法实施条例》（以下简称《条例》）的实施为契机，切实加强行政复议工作，推动本市行政复议工作迈上新台阶。

二、抓好《条例》的宣传和学习培训

（三）全市行政机关要高举中国特色社会主义伟大旗帜，以邓小平理论和“三个代表”重要思想为指导，深入贯彻落实科学发展观，认真贯彻党的十七大精神，以建设法治政府、构建社会主义和谐社会为目标，坚持“以人为本、复议为民”，紧紧围绕人民群众最关心、最直接、最现实的利益问题，扎实推进行政复议工作，健全公正合理、高效便民、监督到位、保障有力的行政复议体制和运行机制，全面提高行政复议能力，力争把大部分行政争议化解在基层、化解在初发阶段、化解在行政系统内部。

（四）要加强《条例》的宣传，运用报刊、广播、电视、互联网等媒体，广泛宣传行政复议制度，使广大市民知晓、熟悉行政复议这一解决行政争议的法定渠道，合法、理性地表达利益诉求。通过介绍行政复议制度的基本知识，宣传行政复议在解决行政争议、化解社会矛盾、促进依法行政、维护社会稳定等方面的成效和作用。

（五）要抓紧组织《条例》的学习培训，各级行政机关要抓紧制定工作方案，组织好《条例》的学习和培训。行政机关工作人员特别是领导干部和行政复议人员，要认真学习、全面掌握《条例》的规定，充分认识行政复议工作的重要作用，提高做好行政复议工作、依法解决行政争议的自觉性和责任感。

三、畅通行政复议渠道，提高行政复议效率

（六）畅通行政复议渠道，依法受理行政复议申请。要把畅通行政复议渠道作为加强行政复议工作的着力点和突破口。各级行政复议机关要按照“方便申请、积极受理”的原则，依法履行行政复议职责，认真搞好受理接待，积极受理行政复议申请，不得拒绝受理符合法定条件的行政复议申请。对不符合法定受理条件或者应当通过其他方式解决的事项，要向当事人说明情况。

（七）提高解决行政争议的效率。《条例》对于行政复议审理方式作了改进和创新，在制度上体现了行政复议便捷高效解决行政争议的优势。各级行政复议机关要在实践中积极探索适应行政复议办案特点的工作方法，最大限度地减少行政争议的负面效应。要重点研究涉及政府信息公开、行政许可等领域的行政复议问题，提高解决行政争议的效率，努力做到在行政复议程序中"定纷止争、案结事了"。

（八）充分运用和解、调解方式化解行政争议。对已经发生的行政争议，要查明事实、分清是非，在不损害社会公共利益和他人合法权益的前提下，在自愿、合法的基础上，争取运用和解、调解等手段，化解矛盾，平衡利益，促进公民、法人或者其他组织与行政机关的相互理解和信任。

四、加强能力建设和完善配套制度，为顺利开展行政复议工作提供保障

（九）加强行政复议机构建设，保证办案力量。《条例》和《中共中央办公厅、国务院办公厅关于预防和化解行政争议健全行政争议解决机制的意见》（中办发〔2006〕27号）对加强行政复议工作机构和队伍建设，切实解决基层行政复议能力不均衡、人员短缺，根据办案实际需要配备、充实和调剂专职行政复议人员等提出了明确要求。全市各级行政复议机关要采取有效措施，切实加强行政复议工作和队伍建设。根据办案实际需要抓紧配备、充实和调剂专职行政复议人员，保证一般案件至少有2人承办，重大复杂案件至少有3人承办。

（十）提高行政复议人员素质。各级行政复议机关要把政治思想好、业务能力强、有较高法律素质的干部吸收到行政复议机构中来。要定期组织对行政复议人员进行业务培训，不断提高行政复议人员的政治素质、业务素质、工作能力和办案水平。专职行政复议人员必须具备与履行行政复议职责相适应的品行、专业知识和业务能力，并按照国家有关规定，取得相应资格。要进一步加强行政复议人员的作风

建设，在办理行政复议案件的过程中，要做到热情接待、周到服务、严谨细致、务实高效、廉洁自律。

（十一）为开展行政复议工作提供必要的条件。要将行政复议活动所需经费列入本机关的行政经费，由本级财政予以保障。各级行政复议机关要设置可以用于接待当事人和举行行政复议听证的场所，提供必要的办案条件，保障行政复议工作顺利进行。

（十二）建立健全各项配套制度。要建立健全重大行政复议决定备案制度、行政复议表彰奖励制度、行政复议和解调解制度、行政复议听证制度、行政复议意见书和建议书制度、行政复议案件统计制度等配套制度。各级行政复议机构要结合本机关的办案实际，制定行政复议工作规范。

（十三）加强行政复议信息化建设。各级行政复议机关要为当事人以传真、电子邮件等形式提出行政复议申请提供条件。要建立和完善行政复议系统，进一步加强全市各级行政复议机关行政复议工作规范化、信息化、网络化建设。

（十四）建立健全行政复议与行政诉讼的良性互动机制。要根据中办发〔2006〕27 号文件的要求，建立健全行政复议、行政诉讼有效结合的法律机制。行政复议机关要加强与司法机关的沟通，形成良好的互动和反馈机制。要加强行政复议与行政诉讼、行政监察及信访等工作的衔接，密切沟通情况，共同解决行政争议，最大限度地减少不和谐因素。

五、以贯彻实施《条例》为契机，全面推进依法行政

（十五）规范行政决策和行政执法行为。要按照中办发〔2006〕27 号文件提出的“坚持依法行政，从源头上预防和减少行政争议”的要求，加强制度建设，严格依照法定权限和程序行使职权，切实维

护好群众的合法权益。

（十六）依法公正审理行政复议案件。审理行政复议案件，应当以事实为依据，以法律为准绳，切实做到公平公正。

对有争议具体行政行为的审查，既要重视合法性审查，又要重视适当性审查；既要重视实体性问题的审查，又要重视程序性问题的审查；既要保障行政机关依法行使职权，又要坚决纠正违法或不当的行政行为；既要保护当事人的合法权益，又要依法维护好社会公共利益。对侵害公民、法人或者其他组织合法权益的具体行政行为，要坚决依法纠正，该赔偿的要依法赔偿。

（十七）强化过错责任追究制度。行政机关及其工作人员违反《中华人民共和国行政复议法》和《条例》规定的，行政复议机构可以向人事、监察部门提出对有关责任人员的处分建议，也可以将有关人员违法的事实材料直接转送人事、监察部门处理；接受行政复议机构转送材料的人事、监察部门要依法处理，并将处理结果通报转送的行政复议机构。行政复议机关作出纠正具体行政行为的行政复议决定，要同时抄送具有管辖权的监察机关。经已生效的行政复议决定撤销、变更、重新作出具体行政行为，责令限期履行，或者确认具体行政行为违法的，由作出原具体行政行为的行政机关、监察机关依据《上海市行政执法过错责任追究办法》的规定，对有关人员作出处理。

六、加强领导，确保行政复议工作整体推进

（十八）加强对行政复议工作的领导。行政复议机关的行政首长是本机关行政复议工作的第一责任人，要加强对行政复议工作的领导，把行政复议工作摆到重要位置，统筹规划，突出重点，稳步推进。要积极支持行政复议机构依法受理和办理行政复议案件，认真研究解决行政复议中遇到的困难和问题，经常听取有关工作汇报，认真负责地签署有关法律文书。

（十九）加大行政复议工作指导监督力度。要进一步加大对行政复议工作的指导和监督力度，指导和监督的重点是履行行政复议职责、提高行政复议能力和行政复议工作绩效等。市政府法制办要加强对全市行政复议工作的指导和监督，完善相关工作制度和措施，加强对全市行政复议工作的督促检查，推广典型，总结经验。区县政府和市政府各部门要按照职责权限，对下级行政机关行政复议工作进行检查，并及时反馈检查结果。各级行政复议机构要定期向本级政府提交行政复议工作状况分析报告。下级行政复议机关要及时将重大行政复议决定报上级行政复议机关备案。

（二十）完善落实行政复议工作责任制。各级行政复议机关要抓紧建立和完善行政复议工作责任制。要将行政复议工作纳入本级政府目标责任制，把对行政复议工作的检查结果与各项考评、责任追究制度、表彰制度结合起来。

《上海市人民政府关于由区级以上人民政府统一行使行政复议职责的通告》

为贯彻落实中央全面依法治国委员会印发的《行政复议体制改革方案》要求，本市区级以上人民政府将统一行使本级行政复议职责。现将有关事项通告如下：

一、自 2021 年 8 月 1 日起，除实行垂直领导的行政机关、税务和国家安全机关外，市、区两级人民政府均只保留一个行政复议机关，由本级人民政府统一行使行政复议职责，统一管辖以本级人民政府派出机关、本级人民政府部门及其派出机构、下一级人民政府以及有关法律、法规授权的组织为被申请人的行政复议案件，并以本级人民政府名义作出行政复议决定。市、区人民政府各部门原则上不再办理新的行政复议申请。此前，市、区人民政府各部门已经收到的行政复议申请，由该部门继续办理。

二、市人民政府司法行政部门和各区行政复议局作为本级人民政府行政复议机构，负责依法办理本级人民政府行政复议事项。

三、市、区两级人民政府各部门应将收到的符合条件的行政复议申请，转送有管辖权的人民政府行政复议机构办理，并告知行政复议申请人。

四、各级有关部门要加强行政复议体制改革宣传，确保广大群众知悉行政复议体制改革变化，方便群众找准行政复议机关，通过行政复议途径依法合理解决利益诉求。

五、《中华人民共和国行政复议法》修订后另有规定的，从其规定。

六、社会公众欲了解行政复议体制改革后的行政复议管辖，可拨打 12348 公共法律服务热线咨询。

第四章　行政强制类

第一节　法　　律

《中华人民共和国行政强制法》（节选）

第二条　本法所称行政强制，包括行政强制措施和行政强制执行。

行政强制措施，是指行政机关在行政管理过程中，为制止违法行为、防止证据损毁、避免危害发生、控制危险扩大等情形，依法对公民的人身自由实施暂时性限制，或者对公民、法人或者其他组织的财物实施暂时性控制的行为。

行政强制执行，是指行政机关或者行政机关申请人民法院，对不履行行政决定的公民、法人或者其他组织，依法强制履行义务的行为。

第三条　行政强制的设定和实施，适用本法。

发生或者即将发生自然灾害、事故灾难、公共卫生事件或者社会安全事件等突发事件，行政机关采取应急措施或者临时措施，依照有关法律、行政法规的规定执行。

行政机关采取金融业审慎监管措施、进出境货物强制性技术监控措施，依照有关法律、行政法规的规定执行。

第四条 行政强制的设定和实施，应当依照法定的权限、范围、条件和程序。

第五条 行政强制的设定和实施，应当适当。采用非强制手段可以达到行政管理目的的，不得设定和实施行政强制。

第八条 公民、法人或者其他组织对行政机关实施行政强制，享有陈述权、申辩权；有权依法申请行政复议或者提起行政诉讼；因行政机关违法实施行政强制受到损害的，有权依法要求赔偿。

公民、法人或者其他组织因人民法院在强制执行中有违法行为或者扩大强制执行范围受到损害的，有权依法要求赔偿。

第九条 行政强制措施的种类：

（一）限制公民人身自由；

（二）查封场所、设施或者财物；

（三）扣押财物；

（四）冻结存款、汇款；

（五）其他行政强制措施。

第十条 行政强制措施由法律设定。

尚未制定法律，且属于国务院行政管理职权事项的，行政法规可以设定除本法第九条第一项、第四项和应当由法律规定的行政强制措施以外的其他行政强制措施。

尚未制定法律、行政法规，且属于地方性事务的，地方性法规可以设定本法第九条第二项、第三项的行政强制措施。

法律、法规以外的其他规范性文件不得设定行政强制措施。

第十一条 法律对行政强制措施的对象、条件、种类作了规定的，行政法规、地方性法规不得作出扩大规定。

法律中未设定行政强制措施的，行政法规、地方性法规不得设定行政强制措施。但是，法律规定特定事项由行政法规规定具体管理措施的，行政法规可以设定除本法第九条第一项、第四项和应当由法律规定的行政强制措施以外的其他行政强制措施。

第十二条　行政强制执行的方式：

（一）加处罚款或者滞纳金；

（二）划拨存款、汇款；

（三）拍卖或者依法处理查封、扣押的场所、设施或者财物；

（四）排除妨碍、恢复原状；

（五）代履行；

（六）其他强制执行方式。

第十三条　行政强制执行由法律设定。

法律没有规定行政机关强制执行的，作出行政决定的行政机关应当申请人民法院强制执行。

第十四条　起草法律草案、法规草案，拟设定行政强制的，起草单位应当采取听证会、论证会等形式听取意见，并向制定机关说明设定该行政强制的必要性、可能产生的影响以及听取和采纳意见的情况。

第十五条　行政强制的设定机关应当定期对其设定的行政强制进行评价，并对不适当的行政强制及时予以修改或者废止。

行政强制的实施机关可以对已设定的行政强制的实施情况及存在的必要性适时进行评价，并将意见报告该行政强制的设定机关。

公民、法人或者其他组织可以向行政强制的设定机关和实施机关就行政强制的设定和实施提出意见和建议。有关机关应当认真研究论证，并以适当方式予以反馈。

第十六条　行政机关履行行政管理职责，依照法律、法规的规定，实施行政强制措施。

违法行为情节显著轻微或者没有明显社会危害的，可以不采取行政强制措施。

第十七条 行政强制措施由法律、法规规定的行政机关在法定职权范围内实施。行政强制措施权不得委托。

依据《中华人民共和国行政处罚法》的规定行使相对集中行政处罚权的行政机关，可以实施法律、法规规定的与行政处罚权有关的行政强制措施。

行政强制措施应当由行政机关具备资格的行政执法人员实施，其他人员不得实施。

第十八条 行政机关实施行政强制措施应当遵守下列规定：

（一）实施前须向行政机关负责人报告并经批准；

（二）由两名以上行政执法人员实施；

（三）出示执法身份证件；

（四）通知当事人到场；

（五）当场告知当事人采取行政强制措施的理由、依据以及当事人依法享有的权利、救济途径；

（六）听取当事人的陈述和申辩；

（七）制作现场笔录；

（八）现场笔录由当事人和行政执法人员签名或者盖章，当事人拒绝的，在笔录中予以注明；

（九）当事人不到场的，邀请见证人到场，由见证人和行政执法人员在现场笔录上签名或者盖章；

（十）法律、法规规定的其他程序。

第十九条 情况紧急，需要当场实施行政强制措施的，行政执法人员应当在二十四小时内向行政机关负责人报告，并补办批准手续。行政机关负责人认为不应当采取行政强制措施的，应当立即解除。

第二十条　依照法律规定实施限制公民人身自由的行政强制措施，除应当履行本法第十八条规定的程序外，还应当遵守下列规定：

（一）当场告知或者实施行政强制措施后立即通知当事人家属实施行政强制措施的行政机关、地点和期限；

（二）在紧急情况下当场实施行政强制措施的，在返回行政机关后，立即向行政机关负责人报告并补办批准手续；

（三）法律规定的其他程序。

实施限制人身自由的行政强制措施不得超过法定期限。实施行政强制措施的目的已经达到或者条件已经消失，应当立即解除。

第二十一条　违法行为涉嫌犯罪应当移送司法机关的，行政机关应当将查封、扣押、冻结的财物一并移送，并书面告知当事人。

第二十二条　查封、扣押应当由法律、法规规定的行政机关实施，其他任何行政机关或者组织不得实施。

第二十三条　查封、扣押限于涉案的场所、设施或者财物，不得查封、扣押与违法行为无关的场所、设施或者财物；不得查封、扣押公民个人及其所扶养家属的生活必需品。

当事人的场所、设施或者财物已被其他国家机关依法查封的，不得重复查封。

第二十四条　行政机关决定实施查封、扣押的，应当履行本法第十八条规定的程序，制作并当场交付查封、扣押决定书和清单。

查封、扣押决定书应当载明下列事项：

（一）当事人的姓名或者名称、地址；

（二）查封、扣押的理由、依据和期限；

（三）查封、扣押场所、设施或者财物的名称、数量等；

（四）申请行政复议或者提起行政诉讼的途径和期限；

（五）行政机关的名称、印章和日期。

查封、扣押清单一式二份，由当事人和行政机关分别保存。

第二十五条 查封、扣押的期限不得超过三十日；情况复杂的，经行政机关负责人批准，可以延长，但是延长期限不得超过三十日。法律、行政法规另有规定的除外。

延长查封、扣押的决定应当及时书面告知当事人，并说明理由。

对物品需要进行检测、检验、检疫或者技术鉴定的，查封、扣押的期间不包括检测、检验、检疫或者技术鉴定的期间。检测、检验、检疫或者技术鉴定的期间应当明确，并书面告知当事人。检测、检验、检疫或者技术鉴定的费用由行政机关承担。

第二十六条 对查封、扣押的场所、设施或者财物，行政机关应当妥善保管，不得使用或者损毁；造成损失的，应当承担赔偿责任。

对查封的场所、设施或者财物，行政机关可以委托第三人保管，第三人不得损毁或者擅自转移、处置。因第三人的原因造成的损失，行政机关先行赔付后，有权向第三人追偿。

因查封、扣押发生的保管费用由行政机关承担。

第二十七条 行政机关采取查封、扣押措施后，应当及时查清事实，在本法第二十五条规定的期限内作出处理决定。对违法事实清楚，依法应当没收的非法财物予以没收；法律、行政法规规定应当销毁的，依法销毁；应当解除查封、扣押的，作出解除查封、扣押的决定。

第二十八条　有下列情形之一的，行政机关应当及时作出解除查封、扣押决定：

（一）当事人没有违法行为；

（二）查封、扣押的场所、设施或者财物与违法行为无关；

（三）行政机关对违法行为已经作出处理决定，不再需要查封、扣押；

（四）查封、扣押期限已经届满；

（五）其他不再需要采取查封、扣押措施的情形。

解除查封、扣押应当立即退还财物；已将鲜活物品或者其他不易保管的财物拍卖或者变卖的，退还拍卖或者变卖所得款项。变卖价格明显低于市场价格，给当事人造成损失的，应当给予补偿。

第二十九条　冻结存款、汇款应当由法律规定的行政机关实施，不得委托给其他行政机关或者组织；其他任何行政机关或者组织不得冻结存款、汇款。

冻结存款、汇款的数额应当与违法行为涉及的金额相当；已被其他国家机关依法冻结的，不得重复冻结。

第三十条　行政机关依照法律规定决定实施冻结存款、汇款的，应当履行本法第十八条第一项、第二项、第三项、第七项规定的程序，并向金融机构交付冻结通知书。

金融机构接到行政机关依法作出的冻结通知书后，应当立即予以冻结，不得拖延，不得在冻结前向当事人泄露信息。

法律规定以外的行政机关或者组织要求冻结当事人存款、汇款的，金融机构应当拒绝。

第三十一条　依照法律规定冻结存款、汇款的，作出决定的行政机关应当在三日内向当事人交付冻结决定书。冻结决定书应当载明下列事项：

（一）当事人的姓名或者名称、地址；

（二）冻结的理由、依据和期限；

（三）冻结的账号和数额；

（四）申请行政复议或者提起行政诉讼的途径和期限；

（五）行政机关的名称、印章和日期。

第三十二条 自冻结存款、汇款之日起三十日内，行政机关应当作出处理决定或者作出解除冻结决定；情况复杂的，经行政机关负责人批准，可以延长，但是延长期限不得超过三十日。法律另有规定的除外。

延长冻结的决定应当及时书面告知当事人，并说明理由。

第三十三条 有下列情形之一的，行政机关应当及时作出解除冻结决定：

（一）当事人没有违法行为；

（二）冻结的存款、汇款与违法行为无关；

（三）行政机关对违法行为已经作出处理决定，不再需要冻结；

（四）冻结期限已经届满；

（五）其他不再需要采取冻结措施的情形。

行政机关作出解除冻结决定的，应当及时通知金融机构和当事人。金融机构接到通知后，应当立即解除冻结。

行政机关逾期未作出处理决定或者解除冻结决定的，金融机构应当自冻结期满之日起解除冻结。

第三十四条 行政机关依法作出行政决定后，当事人在行政机关决定的期限内不履行义务的，具有行政强制执行权的行政机关依照本章规定强制执行。

第三十五条　行政机关作出强制执行决定前，应当事先催告当事人履行义务。催告应当以书面形式作出，并载明下列事项：

（一）履行义务的期限；

（二）履行义务的方式；

（三）涉及金钱给付的，应当有明确的金额和给付方式；

（四）当事人依法享有的陈述权和申辩权。

第三十六条　当事人收到催告书后有权进行陈述和申辩。行政机关应当充分听取当事人的意见，对当事人提出的事实、理由和证据，应当进行记录、复核。当事人提出的事实、理由或者证据成立的，行政机关应当采纳。

第三十七条　经催告，当事人逾期仍不履行行政决定，且无正当理由的，行政机关可以作出强制执行决定。

强制执行决定应当以书面形式作出，并载明下列事项：

（一）当事人的姓名或者名称、地址；

（二）强制执行的理由和依据；

（三）强制执行的方式和时间；

（四）申请行政复议或者提起行政诉讼的途径和期限；

（五）行政机关的名称、印章和日期。

在催告期间，对有证据证明有转移或者隐匿财物迹象的，行政机关可以作出立即强制执行决定。

第三十八条　催告书、行政强制执行决定书应当直接送达当事人。当事人拒绝接收或者无法直接送达当事人的，应当依照《中华人民共和国民事诉讼法》的有关规定送达。

第三十九条　有下列情形之一的，中止执行：

（一）当事人履行行政决定确有困难或者暂无履行能力的；

（二）第三人对执行标的主张权利，确有理由的；

（三）执行可能造成难以弥补的损失，且中止执行不损害公共利益的；

（四）行政机关认为需要中止执行的其他情形。

中止执行的情形消失后，行政机关应当恢复执行。对没有明显社会危害，当事人确无能力履行，中止执行满三年未恢复执行的，行政机关不再执行。

第四十条 有下列情形之一的，终结执行：

（一）公民死亡，无遗产可供执行，又无义务承受人的；

（二）法人或者其他组织终止，无财产可供执行，又无义务承受人的；

（三）执行标的灭失的；

（四）据以执行的行政决定被撤销的；

（五）行政机关认为需要终结执行的其他情形。

第四十一条 在执行中或者执行完毕后，据以执行的行政决定被撤销、变更，或者执行错误的，应当恢复原状或者退还财物；不能恢复原状或者退还财物的，依法给予赔偿。

第四十二条 实施行政强制执行，行政机关可以在不损害公共利益和他人合法权益的情况下，与当事人达成执行协议。执行协议可以约定分阶段履行；当事人采取补救措施的，可以减免加处的罚款或者滞纳金。

执行协议应当履行。当事人不履行执行协议的，行政机关应当恢复强制执行。

第四十三条 行政机关不得在夜间或者法定节假日实施行政强制执行。但是，情况紧急的除外。

行政机关不得对居民生活采取停止供水、供电、供热、供燃气等方式迫使当事人履行相关行政决定。

第四十四条　对违法的建筑物、构筑物、设施等需要强制拆除的，应当由行政机关予以公告，限期当事人自行拆除。当事人在法定期限内不申请行政复议或者提起行政诉讼，又不拆除的，行政机关可以依法强制拆除。

第四十五条　行政机关依法作出金钱给付义务的行政决定，当事人逾期不履行的，行政机关可以依法加处罚款或者滞纳金。加处罚款或者滞纳金的标准应当告知当事人。

加处罚款或者滞纳金的数额不得超出金钱给付义务的数额。

第四十六条　行政机关依照本法第四十五条规定实施加处罚款或者滞纳金超过三十日，经催告当事人仍不履行的，具有行政强制执行权的行政机关可以强制执行。

行政机关实施强制执行前，需要采取查封、扣押、冻结措施的，依照本法第三章规定办理。

没有行政强制执行权的行政机关应当申请人民法院强制执行。但是，当事人在法定期限内不申请行政复议或者提起行政诉讼，经催告仍不履行的，在实施行政管理过程中已经采取查封、扣押措施的行政机关，可以将查封、扣押的财物依法拍卖抵缴罚款。

第四十七条　划拨存款、汇款应当由法律规定的行政机关决定，并书面通知金融机构。金融机构接到行政机关依法作出划拨存款、汇款的决定后，应当立即划拨。

法律规定以外的行政机关或者组织要求划拨当事人存款、汇款的，金融机构应当拒绝。

第四十八条　依法拍卖财物，由行政机关委托拍卖机构依照

《中华人民共和国拍卖法》的规定办理。

第四十九条 划拨的存款、汇款以及拍卖和依法处理所得的款项应当上缴国库或者划入财政专户。任何行政机关或者个人不得以任何形式截留、私分或者变相私分。

第五十条 行政机关依法作出要求当事人履行排除妨碍、恢复原状等义务的行政决定，当事人逾期不履行，经催告仍不履行，其后果已经或者将危害交通安全、造成环境污染或者破坏自然资源的，行政机关可以代履行，或者委托没有利害关系的第三人代履行。

第五十一条 代履行应当遵守下列规定：

（一）代履行前送达决定书，代履行决定书应当载明当事人的姓名或者名称、地址，代履行的理由和依据、方式和时间、标的、费用预算以及代履行人；

（二）代履行三日前，催告当事人履行，当事人履行的，停止代履行；

（三）代履行时，作出决定的行政机关应当派员到场监督；

（四）代履行完毕，行政机关到场监督的工作人员、代履行人和当事人或者见证人应当在执行文书上签名或者盖章。

代履行的费用按照成本合理确定，由当事人承担。但是，法律另有规定的除外。

代履行不得采用暴力、胁迫以及其他非法方式。

第五十二条 需要立即清除道路、河道、航道或者公共场所的遗洒物、障碍物或者污染物，当事人不能清除的，行政机关可以决定立即实施代履行；当事人不在场的，行政机关应当在事后立即通知当事人，并依法作出处理。

第五十三条 当事人在法定期限内不申请行政复议或者提起

行政诉讼，又不履行行政决定的，没有行政强制执行权的行政机关可以自期限届满之日起三个月内，依照本章规定申请人民法院强制执行。

第五十四条　行政机关申请人民法院强制执行前，应当催告当事人履行义务。催告书送达十日后当事人仍未履行义务的，行政机关可以向所在地有管辖权的人民法院申请强制执行；执行对象是不动产的，向不动产所在地有管辖权的人民法院申请强制执行。

第五十五条　行政机关向人民法院申请强制执行，应当提供下列材料：

（一）强制执行申请书；

（二）行政决定书及作出决定的事实、理由和依据；

（三）当事人的意见及行政机关催告情况；

（四）申请强制执行标的情况；

（五）法律、行政法规规定的其他材料。

强制执行申请书应当由行政机关负责人签名，加盖行政机关的印章，并注明日期。

第五十六条　人民法院接到行政机关强制执行的申请，应当在五日内受理。

行政机关对人民法院不予受理的裁定有异议的，可以在十五日内向上一级人民法院申请复议，上一级人民法院应当自收到复议申请之日起十五日内作出是否受理的裁定。

第五十七条　人民法院对行政机关强制执行的申请进行书面审查，对符合本法第五十五条规定，且行政决定具备法定执行效力的，除本法第五十八条规定的情形外，人民法院应当自受理之日起七日内作出执行裁定。

第五十八条　人民法院发现有下列情形之一的，在作出裁定前可以听取被执行人和行政机关的意见：

（一）明显缺乏事实根据的；

（二）明显缺乏法律、法规依据的；

（三）其他明显违法并损害被执行人合法权益的。

人民法院应当自受理之日起三十日内作出是否执行的裁定。裁定不予执行的，应当说明理由，并在五日内将不予执行的裁定送达行政机关。

行政机关对人民法院不予执行的裁定有异议的，可以自收到裁定之日起十五日内向上一级人民法院申请复议，上一级人民法院应当自收到复议申请之日起三十日内作出是否执行的裁定。

第五十九条　因情况紧急，为保障公共安全，行政机关可以申请人民法院立即执行。经人民法院院长批准，人民法院应当自作出执行裁定之日起五日内执行。

第二节　行 政 法 规

《国务院关于贯彻实施〈中华人民共和国行政强制法〉的通知》

一、充分认识行政强制法施行的重要意义

行政强制法是继行政处罚法、行政复议法、行政许可法等之后又一部规范政府共同行为的重要法律，与行政机关关系重大。它的公布施行，对保障和监督行政机关严格依法履行职责，提高行政管理效率，维护公共利益和社会秩序，保护公民、法人和其他组织的合法权益具有重要意义。地方各级人民政府、国务院各部门要从深入贯彻落实科学发展观，加快建设社会主义法治国家和法治政府，构建社会主义和谐社会的高度，充分认识行政强制法施行的重要意义，采取有效措施，作出具体部署，狠抓贯彻落实，扎实做好行政强制法的贯彻实施工作。

二、加强对行政强制法的学习、宣传和培训

在总结多年来我国行政强制实践的基础上，行政强制法确立了行政强制的基本原则，规定了行政强制的种类和方式、行政强制设定、行政强制措施实施程序、行政机关强制执行程序、申请人民法院强制执行、实施行政强制的法律责任等重要制度。这些原则和制度，对行政强制作了系统规范和全面调整。各级行政机关工作人员特别是领导干部，要带头认真学习行政强制法，深刻领会行政强制法的精神，充分认识施行行政强制法对政府管理将产生的影响，准确把握行政强制法对行政执法提出的新任务、新要求。要抓紧组织行政执法人员开展行政强制法培训，使他们全面掌握行政强制法的各项规定，并在行政执法中自觉贯彻执行。要充分利用各种宣传舆论工具，采取多种形式，向人民群众广泛宣传行政强制法，让人民群众了解这部法律，监督这部法律的实施，依照这部法律维护自身的合法权益。

三、认真做好有关行政强制规定的清理工作

根据行政强制法的规定，现行有关行政强制的规定与行政强制法不一致的，都要修改或者废止。国务院各部门要抓紧对自己负责执行的行政法规中有关行政强制的规定进行梳理，对需要修改或者废止的提出处理意见，于 2011 年 9 月底前送国务院法制办。各地区、各部门要抓紧组织力量，对规章和规范性文件开展一次专项清理。规章、规范性文件存在设定行政强制措施或者行政强制执行，对法律、法规规定的行政强制措施的对象、条件、种类作扩大规定，与行政强制法规定的行政强制措施实施程序或者行政强制执行程序不一致等情形的，要及时予以修改或者废止；确需保留的，要依法及时上升为法律、法规。规章和规范性文件的清理工作要在2012年1月1日前全部完成，并向社会公布清理结果。凡与行政强制法不一致的有关行政强制的规定，自行政强制法实施之日起一律停止执行。

四、依法规范行政强制实施主体

根据行政强制法的规定，行政强制措施由法律、法规规定的行政机关实施，不得委托；行政强制执行由具有行政强制执行权的行政机关实施或者由行政机关申请人民法院实施；法律、行政法规授权的具有管理公共事务职能的组织可以在法定授权范围内以自己的名义实施行政强制。各地区、各部门要抓紧依据行政强制法开展行政强制实施主体清理工作，行政机关没有法定依据实施行政强制、行政机关内设机构以自己名义实施行政强制措施、非行政机关未经法律或者行政法规授权行使行政强制权的，都要予以纠正。

行政强制法规定，行使相对集中行政处罚权的行政机关，可以实施法律、法规规定的与行政处罚权有关的行政强制措施。行政强制措施依法由行使相对集中行政处罚权的行政机关行使后，原有关行政机关不得再实施这些行政强制措施，防止出现不同行政机关重复实施行政强制的现象。

根据行政强制法的规定，行政强制措施应当由行政机关具备资格的行政执法人员实施，其他人员不得实施。各地区、各部门要加强对行政执法人员的资格管理，把具备资格的人员配备在实施行政强制权的执法岗位上；对不具备资格的人员，要坚决调离执法岗位。要对行政执法人员开展严格规范公正文明执法教育，引导他们树立正确的执法理念，对采用教育、劝导等非强制手段可以达到行政管理目的的，不得实施行政强制。

五、严格遵守行政强制程序

行政强制法既规定了行政强制措施、行政机关强制执行以及行政机关申请人民法院强制执行的一般程序，又对查封、扣押和冻结等行政强制措施以及加处罚款和滞纳金、代履行等行政强制执行的程序作了专门规定。各地区、各部门都要严格遵守这些程序规定，大力强化程序意识，并结合实际，建立健全有关配套制度，保证把行政强制法的各项程序规定落到实处。

对行政决定的强制执行，现行体制是行政机关申请人民法院强制执行，或者依法强制执行。行政强制法规定，行政强制执行只能由法律设定，法律没有规定行政机关自己强制执行的，作出行政决定的行政机关应当申请人民法院强制执行。同时，从行政管理实际需要出发，行政强制法直接规定了行政机关可以自己执行的情况。各级行政机关要准确把握行政强制法对行政强制执行体制问题的立法精神，严格执行有关规定，正确运用行政强制法赋予的行政强制执行权，既要有效维护公共利益和社会秩序，又要切实保护公民、法人和其他组织的合法权益。

六、强化对实施行政强制的监督

行政强制法加强了对行政机关实施行政强制的监督，对行政机关及其工作人员违法实施行政强制应当承担的法律责任作了明确规定。各地区、各部门要采取有力措施，确保这些规定得到执行。要将有关行政强制的规定作为法规规章备案审查的重点，加大审查力度，对违法设定或者规定行政强制的，要坚决予以纠正。要完善当事人对行政机关实施行政强制进行陈述申辩的制度，尊重并保障当事人申请行政复议、提起行政诉讼、要求损害赔偿的权利。要健全行政强制执行的补救制度，对据以执行的行政决定被撤销、变更，或者执行错误的，行政机关应当恢复原状或者退还财物，或者依法给予赔偿。县级以上地方人民政府要建立重大行政强制决定的备案制度，切实加强对实施行政强制的监督检查，发现违法实施行政强制的，坚决予以纠正；应当追究法律责任的，依法追究有关责任人员的法律责任。

七、以贯彻实施行政强制法为契机，加快建设法治政府

各地区、各部门要把贯彻实施行政强制法，规范行政强制行为作为当前和今后一个时期全面推进依法行政，加快建设法治政府的一个重要抓手，把严格执行行政强制法与贯彻实施《全面推进依法行政实施纲要》、《国务院关于加强市县政府依法行政的决定》（国发〔2008〕17号）、《国务院关于加强法治政府建设的意见》（国发〔2010〕33号）结合起来，统筹考虑、统一安排。要以贯彻实施行政强制法为契机，进一步加强和改进政府立法，规范行政执法，加强执法监督，切实提高行政机关及其工作人员依法行政的能力和水平，扎扎实实地推进法治政府建设。

贯彻实施行政强制法，需要清理行政强制的规定，建立健全配套制度，强化对行政强制行为的监督，专业性强，任务重。各地区、各部门要充分发挥政府法制机构的作用，政府法制机构也要不断加强自身建设，切实担负起作为政府和政府部门领导参谋、助手的职责。

各地区、各部门接到本通知后，要结合本地区、本部门的实际情况，认真研究、落实。对行政强制法实施中的有关重要情况和问题，请及时报告国务院。

第三节　上海市地方性规章

《上海市人民政府关于贯彻实施〈中华人民共和国行政强制法〉的通知》

一、认真开展《中华人民共和国行政强制法》的学习、培训和宣传

《中华人民共和国行政强制法》（以下简称《行政强制法》）确立了行政强制的基本原则，规定了行政强制的种类和设定、行政强制的实施程序、实施行政强制的法律责任等重要制度。这些原则和制度，对规范和加强行政执法工作提出了新的要求，对政府管理也将产生深刻影响。各区县政府、市政府各部门要认真做好《行政强制法》的学习、培训和宣传工作。

全市各级行政机关领导干部要认真学习《行政强制法》，深刻领会《行政强制法》的精神，了解《行政强制法》的基本原则和主要制度。通过《行政强制法》的学习，进一步提高各级行政机关领导干部依法行政的意识和能力。

各区县政府、市政府各部门要将《行政强制法》培训作为加强行政执法队伍建设的重要抓手，抓紧组织对本区县、本部门的行政机关工作人员和行政执法人员开展《行政强制法》培训，使其了解和熟悉《行政强制法》的基本原则和内容。将《行政强制法》纳入本市行政执法人员基础法律知识培训和考试科目范围。新进行政执法人员上岗前，必须参加《行政强制法》培训并考试合格。同时，将《行政强制法》纳入本市行政执法人员轮训科目范围。已持有行政执法证的行政执法人员，必须参加包括《行政强制

法》在内的有关科目的轮训并考试合格，方可继续从事行政执法工作。

行政执法人员要全面掌握《行政强制法》的各项规定，并在行政执法中自觉贯彻执行。

要通过广播、电视、报刊、网络等媒体及其他各种形式，加强对《行政强制法》的宣传，让公民、法人和其他组织了解《行政强制法》的规定，知晓并正确行使自身依法享有的权利，加强对行政机关实施《行政强制法》的监督。

二、组织开展本市政府规章、规范性文件清理

各区县政府、市政府各部门要对本市现行有效的政府规章、规范性文件开展一次专项清理，查找规章、规范性文件中存在的与《行政强制法》规定不一致的问题，并根据不同情况，作出相应处理。

（一）清理的原则

根据《行政强制法》的规定，法律、法规以外的其他规范性文件不得设定行政强制措施；法律以外的其他规范性文件不得设定行政强制执行。本市政府规章、规范性文件中有关行政强制的规定与《行政强制法》不一致的，都要修改或者删除。具体如下：

1. 规章、规范性文件不得设定行政强制措施和行政强制执行；

2. 规章、规范性文件在对法律、行政法规、地方性法规作具体规定时，不得扩大行政强制措施的对象、条件、种类；

3. 规章、规范性文件不得授权或者委托行政机关、其他组织或者个人实施行政强制措施；

4. 规章、规范性文件规定的行政强制措施实施程序和行政强制执行程序不得违反《行政强制法》中的程序规定。

（二）清理的分工

1. 按照“谁起草、谁清理”的原则，各区县政府、市政府各部门负责对由其起草的政府规章、市政府和市政府办公厅规范性文件提出清理建议。政府规章、市政府和市政府办公厅规范性文件由多个部门共同负责实施的，相关部门也可以提出清理建议。

2. 各区县政府、市政府各部门负责对其制定的现行有效的规范性文件进行清理。

3. 各区县政府部门及乡镇政府规范性文件的清理，由各区县政府自行组织实施。

（三）清理建议的提出

各区县政府、市政府各部门要根据政府规章、市政府和市政府办公厅规范性文件的梳理情况，对其中有关行政强制的规定，区分不同情况分别提出清理建议报送市政府法制办：

1. 政府规章、市政府和市政府办公厅规范性文件违法设定行政强制的，予以删除；

2. 行政强制有法定依据，但政府规章、市政府和市政府办公厅规范性文件中有关实施主体、实施程序等规定不符合《行政强制法》规定的，予以修改；

3. 行政强制有法定依据，且政府规章、市政府和市政府办公厅规范性文件中有关实施主体、实施程序等规定符合《行政强制法》规定的，予以保留。

对政府规章设定的行政强制如建议删除，而行政管理实践中需要制定新的行政管理措施的，应当一并提出立法建议；对政府规章设定的“查封场所、设施或者财物”和“扣押财物”这两类行政强制措施，如需要上升为地方性法规的，需说明理由并提供论证意见。

（四）清理结果的处理

政府规章清理建议经市政府法制办审核后，由市政府法制办作如下处理：

1. 政府规章中需要删除或者修改有关行政强制规定的，通过简易程序，报市政府常务会议作出决定；

2. 对需要制定新的行政管理措施，无法通过简易程序修改解决的，报请市政府纳入立法计划；

3. 政府规章中有关行政强制措施的规定需要上升为地方性法规的，按程序报请市政府向市人大常委会提出议案。

市政府和市政府办公厅规范性文件清理建议，由市政府法制办会同市政府办公厅、起草机关或者实施机关等统筹研究并形成统一意见后，报市政府作出修改或者废止规范性文件的决定。

自 2012 年 1 月 1 日起，凡与《行政强制法》不一致的有关行政强制的规定，一律停止执行。

清理工作完成后，市政府将向社会公布政府规章清理结果，并由各规范性文件制定主体向社会公布规范性文件清理结果。其中，对规范性文件作出废止决定的，公布文件目录；作出修改决定的，公布修改后的文件全文。

（五）清理的时间

1. 2011 年 11 月 15 日前，各区县政府、市政府各部门完成其负责起草的政府规章、市政府和市政府办公厅规范性文件的清理，并将清理建议报送市政府法制办。

2. 2011 年 12 月 15 日前，市政府法制办完成对清理建议的审核，并报市政府常务会议审议。

3. 2011 年 12 月 15 日前，各区县政府、市政府各部门将本单位制定的规范性文件的清理结果报送市政府法制办。

三、依法规范行政强制实施主体

（一）严格把握规范清理的标准

各区县政府、市政府各部门要根据《行政强制法》和国务院《通知》要求，对本区县、本部门实施行政强制措施或者行政强制执行的行政执法主体进行规范与清理。规范与清理要严格把握以下标准：一是行政强制措施由法律、法规规定的行政机关实施，不得委托；二是依法行使相对集中行政处罚权的行政机关，可以实施法律、法规规定的与行政处罚权有关的行政强制措施；三是法律、行政法规授权的具有管理公共事务职能的组织，可以在法定授权范围内以自己的名义实施行政强制；四是法律没有规定行政机关强制执行的，作出行政决定的行政机关应当申请人民法院强制执行。

（二）纠正不合规范的行政强制实施主体

各区县政府、市政府各部门要结合本市深化行政执法体制改革的要求和推进事业单位分类改革的精神，对行政强制实施主体进行规范。行政机关没有法定依据实施行政强制、行政机关内设机构以自己名义实施行政强制措施、非行政机关未经法律或者行政法规授权行使行政强制权的，都要予以纠正。

（三）加强行政执法人员规范

根据《行政强制法》的规定，行政强制措施应当由行政机关具备资格的行政执法人员实施，其他人员不得实施。各区县政府、市政府各部门要严格按照《上海市人民政府关于进一步加强行政执法队伍建设的若干意见》（沪府发〔2011〕37 号）要求，进一步加强行政执法人员资格管理，确保实施行政强制权的执法人员具备相应资格；对不具备资格的人员，要坚决调离执法岗位。同时，要按照《上海市人民政府关于进一步规范和加强行政执法工作的意见》（沪府发〔2010〕21 号）要求和《上海市行政执法人员执法行为规范》，对行政执法人员开展执法纪律和职业道德教育，引导其牢固树立正确的执法理念，对采用教育、劝导等非强制手段可以达到行政管理目的的，不予实施行政强制，切实做到严格执法、规范执法、公正执法、文明执法。

四、严格遵守行政强制程序

（一）完善行政强制告知制度

各区县政府、市政府各部门在贯彻实施《行政强制法》时，要大力强化程序意识，建立健全有关配套制度，严格遵守《行政强制法》的各项程序规定，切实保护公民、法人和其他组织的合法权益。要进一步完善行政执法告知制度，特别是行政强制告知制度。行政机关实施行政强制措施的，要当场告知当事人采取行政强制的理由、依据以及当事人依法享有的权利、救济途径等；行政机关作出行政强制执行决定前，应当事先催告当事人履行义务。

（二）统一规范行政强制实施程序

各区县政府、市政府各部门要根据《行政强制法》的规定，研究制定本区县、本部门统一的规范行政强制程序的一般规则，界定执法权责，规范执法行为。要健全部门行政执法操作指南制度，明确本部门实施行政强制的权限、程序、流程和步骤；已经制定实施行政强制的操作指南的，要及时根据《行政强制法》的规定，进行相应的调整和完善。市政府各部门要根据《行政强制法》的规定，结合本系统行政执法的特点，对本系统内行政执法机构实施行政强制进行指导。

（三）依法实施行政强制执行

各区县政府、市政府各部门要关注所作出的行政决定的执行情况，没有行政强制执行权的，要依法及时申请人民法院强制执行；具有行政强制执行权的，要根据《行政强制法》的规定正确行使，以有效维护公共利益和社会秩序。

五、强化对实施行政强制的监督

《行政强制法》加强了对行政机关实施行政强制的监督，对行政机关和行政执法人员违法实施行政强制应当承担的法律责任作了明确规定。各区县政府、市政府各部门要结合贯彻实施《上海市行政执法过错责任追究办法》，切实采取有力措施，确保《行政强制法》的法律责任制度得到执行。

要完善相对人权益保护制度。各区县政府、市政府各部门要把保护相对人权益作为贯彻实施《行政强制法》的出发点和落脚点，将有关行政强制的执法操作规范、行政执法依据和相对人权益保护的内容，通过政府网站、办事大厅、公告栏等主动向社会公开，自觉接受当事人监督，尊重并保障当事人的陈述申辩权和救济权利。健全行政强制执行补救制度。对据以执行的行政决定被撤销、变更，或者执行错误的，行政机关应当恢复原状、退还财物或者依法给予赔偿。

要完善规范性文件备案审查制度。将有关行政强制的规定作为规范性文件备案审查的重点，加大审查力度，对违法设定或者规定行政强制的，要坚决予以纠正。逐步建立全市统一的重大行政强制决定备案制度。各区县政府、市政府各部门要认真研究、探索建立该制度，明确本区县、本部门重大行政强制决定的备案范围、备案程序和相应的监督机制，并及时总结经验。

要强化监察机关的专门监督。监察机关要加强对行政机关和行政执法人员实施行政强制情况的行政监察，发现违法实施行政强制的，要依法予以纠正。推进行政问责制度，对违法实施行政强制的责任人员，要依法追究其行政责任。加强行政执法检查。对《行政强制法》的执行情况，建立实施机关自查、政府法制部门检查和社会评议三者相结合的工作机制，使《行政强制法》的各项规定得到有效执行。

《上海市浦东新区人民政府关于贯彻实施〈中华人民共和国行政强制法〉的通知》

一、认真开展《中华人民共和国行政强制法》的学习、培训和宣传

《中华人民共和国行政强制法》（以下简称《行政强制法》）确立了行政强制的基本原则，规定了行政强制的种类和设定、行政强制的实施程序、实施行政强制的法律责任等重要制度。这些原则和制度，对规范加强行政执法工作提出了新的要求，对政府管理也将产生深刻影响。区政府各部门、各单位要认真做好《行政强制法》的学习、培训和宣传工作。

新区各级行政机关领导干部要认真学习《行政强制法》，深刻领会《行政强制法》的精神，了解《行政强制法》的基本原则和主要制度。通过《行政强制法》的学习，进一步提高各级行政机关领导干部依法行政的意识和能力。

要将《行政强制法》培训作为加强行政执法队伍建设的重要抓手，组织行政机关工作人员和行政执法人员开展《行政强制法》培训。《行政强制法》将纳入本市行政执法人员基本法律知识培训和考试科目范围。已持有行政执法证的行政执法人员，必须参加包括《行政强制法》在内的有关科目的轮训并考试合格，方可继续从事行政执

法工作。

要加强对《行政强制法》的宣传，让公民、法人和其他组织了解《行政强制法》的规定，知晓并正确行使自身依法享有的权利，加强对行政机关实施《行政强制法》的监督。

二、依法清理规范性文件和行政强制实施主体

（一）认真开展规范性文件清理

要对新区实施的政府规章、规范性文件开展一次专项清理，查找规章、规范性文件中存在的与《行政强制法》规定不一致的问题，并根据不同情况，做出相应处理。具体清理工作另行通知。

（二）认真开展行政强制实施主体清理

要根据《行政强制法》和国务院《通知》、市政府《通知》要求，对本部门、本单位实施行政强制措施或者行政强制执行的行政执法主体进行规范与清理。行政机关没有法定依据实施行政强制、行政机关内设机构以自己名义实施行政强制措施、非行政机关未经法律或者行政法规授权行使行政强制权的，都要予以纠正。区政府各部门、各单位要如实填写《行政强制实施主体清理表格》（附后），并于12月10日前交至区政府法制办行政复议处。

（三）加强行政执法人员执法规范

根据《行政强制法》的规定，行政强制措施应当由行政机关具备资格的行政执法人员实施。各部门、各单位要进一步加强行政执法人员资格管理，确保实施行政强制权的执法人员具备相应资格；对不具备资格的人员，要坚决调离执法岗位。同时，引导行政执法人员牢固树立正确的执法理念，对采用教育、劝导等非强制手段可以达到行政管理目的的，不予实施行政强制，切实做到严格执法、规范执法、公正执法、文明执法。

三、严格遵守行政强制程序

（一）完善行政强制告知制度

在贯彻实施《行政强制法》时，要大力强化程序意识，建立健全有关配套制度，严格遵守《行政强制法》的各项程序规定，切实保护公民、法人和其他组织的合法权益。要进一步完善行政执法告知制度，特别是行政强制告知制度。行政机关实施行政强制措施的，要当场告知当事人采取行政强制的理由、依据以及当事人依法享有的权利、救济途径等；行政机关作出行政强制执行决定前，应当事先催告当事人履行义务。

（二）统一规范行政强制实施程序

根据《行政强制法》的规定，各部门、各单位应当健全行政执法操作指南制度，明确本部门、本单位实施行政强制的权限、程序、流程和步骤；已经制定实施行政强制的操作指南的，要及时根据《行政强制法》的规定，进行相应的调整和完善。

（三）依法实施行政强制执行

各部门、各单位要关注所做出的行政决定的执行情况，没有行政强制执行权的，要依法及时申请人民法院强制执行；具有行政强制执行权的，要根据《行政强制法》的规定正确行使，以有效维护公共利益和社会秩序。

四、强化对实施行政强制的监督

《行政强制法》加强了对行政机关实施行政强制的监督，对行政机关和行政执法人员违法实施行政强制应当承担的法律责任作出了明确规定。各部门、各单位要结合贯彻实施《上海市行政执法过错责任追究办法》，切实采取有力措施，确保《行政强制法》的法律责任制度得到执行。

要完善相对人权益保护制度。各部门、各单位要将有关行政强制的执法操作规范、行政执法依据和相对人权益保护的内容，通过政府网站、办事大厅、公告栏等主动向社会公开，自觉接受当事人监督，尊重并保障当事人的陈述申辩权和救济权利。健全行政强制执行补救制度。对据以执行的行政决定被撤销、变更，或者执行错误的，行政机关应当恢复原状、退还财物或者依法给予赔偿。

要完善规范性文件备案审查制度。将有关行政强制的规定作为规范性文件备案审查的重点，加大审查力度，对违法设定或者规定行政强制的，要坚决予以纠正。

要强化监察机关的专门监督，推行行政问责制度，加强行政执法检查。对《行政强制法》的执行情况，建立实施机关自查、政府法制部门检查和社会评议三者相结合的工作机制，使《行政强制法》的各项规定得到有效执行。

第五章　政府信息公开类

第一节　行 政 法 规

《中华人民共和国政府信息公开条例》（节选）

第二条　本条例所称政府信息，是指行政机关在履行行政管理职能过程中制作或者获取的，以一定形式记录、保存的信息。

第四条　各级人民政府及县级以上人民政府部门应当建立健全本行政机关的政府信息公开工作制度，并指定机构（以下统称政府信息公开工作机构）负责本行政机关政府信息公开的日常工作。

政府信息公开工作机构的具体职能是：

（一）办理本行政机关的政府信息公开事宜；

（二）维护和更新本行政机关公开的政府信息；

（三）组织编制本行政机关的政府信息公开指南、政府信息公开目录和政府信息公开工作年度报告；

（四）组织开展对拟公开政府信息的审查；

（五）本行政机关规定的与政府信息公开有关的其他职能。

第十条　行政机关制作的政府信息，由制作该政府信息的行政机关负责公开。行政机关从公民、法人和其他组织获取的政府信息，由保存该政府信息的行政机关负责公开；行政机关获取的其他行政机关的政府信息，由制作或者最初获取该政府信息的行政机关负责公开。法律、法规对政府信息公开的权限另有规定的，从其规定。

行政机关设立的派出机构、内设机构依照法律、法规对外以自己名义履行行政管理职能的，可以由该派出机构、内设机构负责与所履行行政管理职能有关的政府信息公开工作。

两个以上行政机关共同制作的政府信息，由牵头制作的行政机关负责公开。

第十一条 行政机关应当建立健全政府信息公开协调机制。行政机关公开政府信息涉及其他机关的，应当与有关机关协商、确认，保证行政机关公开的政府信息准确一致。

行政机关公开政府信息依照法律、行政法规和国家有关规定需要批准的，经批准予以公开。

第十二条 行政机关编制、公布的政府信息公开指南和政府信息公开目录应当及时更新。

政府信息公开指南包括政府信息的分类、编排体系、获取方式和政府信息公开工作机构的名称、办公地址、办公时间、联系电话、传真号码、互联网联系方式等内容。

政府信息公开目录包括政府信息的索引、名称、内容概述、生成日期等内容。

第十三条 除本条例第十四条、第十五条、第十六条规定的政府信息外，政府信息应当公开。

行政机关公开政府信息，采取主动公开和依申请公开的方式。

第十四条 依法确定为国家秘密的政府信息，法律、行政法规禁止公开的政府信息，以及公开后可能危及国家安全、公共安全、经济安全、社会稳定的政府信息，不予公开。

第十五条 涉及商业秘密、个人隐私等公开会对第三方合法权益造成损害的政府信息，行政机关不得公开。但是，第三方同意公开或者行政机关认为不公开会对公共利益造成重大影响的，予以公开。

第十六条 行政机关的内部事务信息，包括人事管理、后勤管理、内部工作流程等方面的信息，可以不予公开。

行政机关在履行行政管理职能过程中形成的讨论记录、过程稿、磋商信函、请示报告等过程性信息以及行政执法案卷信息，可以不予公开。法律、法规、规章规定上述信息应当公开的，从其规定。

第十八条 行政机关应当建立健全政府信息管理动态调整机制，对本行政机关不予公开的政府信息进行定期评估审查，对因情势变化可以公开的政府信息应当公开。

第十九条 对涉及公众利益调整、需要公众广泛知晓或者需要公众参与决策的政府信息，行政机关应当主动公开。

第二十条 行政机关应当依照本条例第十九条的规定，主动公开本行政机关的下列政府信息：

（一）行政法规、规章和规范性文件；

（二）机关职能、机构设置、办公地址、办公时间、联系方式、负责人姓名；

（三）国民经济和社会发展规划、专项规划、区域规划及相关政策；

（四）国民经济和社会发展统计信息；

（五）办理行政许可和其他对外管理服务事项的依据、条件、程序以及办理结果；

（六）实施行政处罚、行政强制的依据、条件、程序以及本行政机关认为具有一定社会影响的行政处罚决定；

（七）财政预算、决算信息；

（八）行政事业性收费项目及其依据、标准；

（九）政府集中采购项目的目录、标准及实施情况；

（十）重大建设项目的批准和实施情况；

（十一）扶贫、教育、医疗、社会保障、促进就业等方面的政策、措施及其实施情况；

（十二）突发公共事件的应急预案、预警信息及应对情况；

（十三）环境保护、公共卫生、安全生产、食品药品、产品质量的监督检查情况；

（十四）公务员招考的职位、名额、报考条件等事项以及录用结果；

（十五）法律、法规、规章和国家有关规定规定应当主动公开的其他政府信息。

第二十一条　除本条例第二十条规定的政府信息外，设区的市级、县级人民政府及其部门还应当根据本地方的具体情况，主动公开涉及市政建设、公共服务、公益事业、土地征收、房屋征收、治安管理、社会救助等方面的政府信息；乡（镇）人民政府还应当根据本地方的具体情况，主动公开贯彻落实农业农村政策、农田水利工程建设运营、农村土地承包经营权流转、宅基地使用情况审核、土地征收、房屋征收、筹资筹劳、社会救助等方面的政府信息。

第二十二条　行政机关应当依照本条例第二十条、第二十一条的规定，确定主动公开政府信息的具体内容，并按照上级行政机关的部署，不断增加主动公开的内容。

第二十三条　行政机关应当建立健全政府信息发布机制，将主动公开的政府信息通过政府公报、政府网站或者其他互联网政务媒体、新闻发布会以及报刊、广播、电视等途径予以公开。

第二十四条 各级人民政府应当加强依托政府门户网站公开政府信息的工作，利用统一的政府信息公开平台集中发布主动公开的政府信息。政府信息公开平台应当具备信息检索、查阅、下载等功能。

第二十五条 各级人民政府应当在国家档案馆、公共图书馆、政务服务场所设置政府信息查阅场所，并配备相应的设施、设备，为公民、法人和其他组织获取政府信息提供便利。

行政机关可以根据需要设立公共查阅室、资料索取点、信息公告栏、电子信息屏等场所、设施，公开政府信息。

行政机关应当及时向国家档案馆、公共图书馆提供主动公开的政府信息。

第二十六条 属于主动公开范围的政府信息，应当自该政府信息形成或者变更之日起20个工作日内及时公开。法律、法规对政府信息公开的期限另有规定的，从其规定。

第二十九条 公民、法人或者其他组织申请获取政府信息的，应当向行政机关的政府信息公开工作机构提出，并采用包括信件、数据电文在内的书面形式；采用书面形式确有困难的，申请人可以口头提出，由受理该申请的政府信息公开工作机构代为填写政府信息公开申请。

政府信息公开申请应当包括下列内容：

（一）申请人的姓名或者名称、身份证明、联系方式；

（二）申请公开的政府信息的名称、文号或者便于行政机关查询的其他特征性描述；

（三）申请公开的政府信息的形式要求，包括获取信息的方式、途径。

第三十条　政府信息公开申请内容不明确的，行政机关应当给予指导和释明，并自收到申请之日起7个工作日内一次性告知申请人作出补正，说明需要补正的事项和合理的补正期限。答复期限自行政机关收到补正的申请之日起计算。申请人无正当理由逾期不补正的，视为放弃申请，行政机关不再处理该政府信息公开申请。

第三十一条　行政机关收到政府信息公开申请的时间，按照下列规定确定：

（一）申请人当面提交政府信息公开申请的，以提交之日为收到申请之日；

（二）申请人以邮寄方式提交政府信息公开申请的，以行政机关签收之日为收到申请之日；以平常信函等无需签收的邮寄方式提交政府信息公开申请的，政府信息公开工作机构应当于收到申请的当日与申请人确认，确认之日为收到申请之日；

（三）申请人通过互联网渠道或者政府信息公开工作机构的传真提交政府信息公开申请的，以双方确认之日为收到申请之日。

第三十二条　依申请公开的政府信息公开会损害第三方合法权益的，行政机关应当书面征求第三方的意见。第三方应当自收到征求意见书之日起15个工作日内提出意见。第三方逾期未提出意见的，由行政机关依照本条例的规定决定是否公开。第三方不同意公开且有合理理由的，行政机关不予公开。行政机关认为不公开可能对公共利益造成重大影响的，可以决定予以公开，并将决定公开的政府信息内容和理由书面告知第三方。

第三十三条　行政机关收到政府信息公开申请，能够当场答复的，应当当场予以答复。

行政机关不能当场答复的，应当自收到申请之日起20个工作日内予以答复；需要延长答复期限的，应当经政府信息公开工作机构负责人同意并告知申请人，延长的期限最长不得超过20个工作日。

行政机关征求第三方和其他机关意见所需时间不计算在前款规定的期限内。

第三十四条 申请公开的政府信息由两个以上行政机关共同制作的，牵头制作的行政机关收到政府信息公开申请后可以征求相关行政机关的意见，被征求意见机关应当自收到征求意见书之日起15个工作日内提出意见，逾期未提出意见的视为同意公开。

第三十五条 申请人申请公开政府信息的数量、频次明显超过合理范围，行政机关可以要求申请人说明理由。行政机关认为申请理由不合理的，告知申请人不予处理；行政机关认为申请理由合理，但是无法在本条例第三十三条规定的期限内答复申请人的，可以确定延迟答复的合理期限并告知申请人。

第三十六条 对政府信息公开申请，行政机关根据下列情况分别作出答复：

（一）所申请公开信息已经主动公开的，告知申请人获取该政府信息的方式、途径；

（二）所申请公开信息可以公开的，向申请人提供该政府信息，或者告知申请人获取该政府信息的方式、途径和时间；

（三）行政机关依据本条例的规定决定不予公开的，告知申请人不予公开并说明理由；

（四）经检索没有所申请公开信息的，告知申请人该政府信息不存在；

（五）所申请公开信息不属于本行政机关负责公开的，告知申请人并说明理由；能够确定负责公开该政府信息的行政机关的，告知申请人该行政机关的名称、联系方式；

（六）行政机关已就申请人提出的政府信息公开申请作出答复、申请人重复申请公开相同政府信息的，告知申请人不予重复处理；

（七）所申请公开信息属于工商、不动产登记资料等信息，有关法律、行政法规对信息的获取有特别规定的，告知申请人依照有关法律、行政法规的规定办理。

第三十七条　申请公开的信息中含有不应当公开或者不属于政府信息的内容，但是能够作区分处理的，行政机关应当向申请人提供可以公开的政府信息内容，并对不予公开的内容说明理由。

第三十八条　行政机关向申请人提供的信息，应当是已制作或者获取的政府信息。除依照本条例第三十七条的规定能够作区分处理的外，需要行政机关对现有政府信息进行加工、分析的，行政机关可以不予提供。

第三十九条　申请人以政府信息公开申请的形式进行信访、投诉、举报等活动，行政机关应当告知申请人不作为政府信息公开申请处理并可以告知通过相应渠道提出。

申请人提出的申请内容为要求行政机关提供政府公报、报刊、书籍等公开出版物的，行政机关可以告知获取的途径。

第四十一条　公民、法人或者其他组织有证据证明行政机关提供的与其自身相关的政府信息记录不准确的，可以要求行政机关更正。有权更正的行政机关审核属实的，应当予以更正并告知申请人；不属于本行政机关职能范围的，行政机关可以转送有权更正的行政机关处理并告知申请人，或者告知申请人向有权更正的行政机关提出。

第四十二条　行政机关依申请提供政府信息，不收取费用。但是，申请人申请公开政府信息的数量、频次明显超过合理范围的，行政机关可以收取信息处理费。

行政机关收取信息处理费的具体办法由国务院价格主管部门会同国务院财政部门、全国政府信息公开工作主管部门制定。

第四十四条 多个申请人就相同政府信息向同一行政机关提出公开申请，且该政府信息属于可以公开的，行政机关可以纳入主动公开的范围。

对行政机关依申请公开的政府信息，申请人认为涉及公众利益调整、需要公众广泛知晓或者需要公众参与决策的，可以建议行政机关将该信息纳入主动公开的范围。行政机关经审核认为属于主动公开范围的，应当及时主动公开。

第四十九条 县级以上人民政府部门应当在每年1月31日前向本级政府信息公开工作主管部门提交本行政机关上一年度政府信息公开工作年度报告并向社会公布。

县级以上地方人民政府的政府信息公开工作主管部门应当在每年3月31日前向社会公布本级政府上一年度政府信息公开工作年度报告。

第五十条 政府信息公开工作年度报告应当包括下列内容：

（一）行政机关主动公开政府信息的情况；

（二）行政机关收到和处理政府信息公开申请的情况；

（三）因政府信息公开工作被申请行政复议、提起行政诉讼的情况；

（四）政府信息公开工作存在的主要问题及改进情况，各级人民政府的政府信息公开工作年度报告还应当包括工作考核、社会评议和责任追究结果情况；

（五）其他需要报告的事项。

全国政府信息公开工作主管部门应当公布政府信息公开工作年度报告统一格式，并适时更新。

第五十一条　公民、法人或者其他组织认为行政机关在政府信息公开工作中侵犯其合法权益的，可以向上一级行政机关或者政府信息公开工作主管部门投诉、举报，也可以依法申请行政复议或者提起行政诉讼。

第二节　上海市地方性规章

《上海市政府信息公开规定》（节选）

第二条　（定义）

本规定所称的政府信息，是指行政机关在履行行政管理职能过程中制作或者获取的，以一定形式记录、保存的信息。

第五条　（主管部门）

市人民政府办公厅是本市政府信息公开工作的主管部门，负责推进、指导、协调、监督全市的政府信息公开工作，制定相关工作规范。

区人民政府办公室是本行政区域政府信息公开工作的主管部门，负责推进、指导、协调、监督本行政区域的政府信息公开工作。

第六条　（工作机构）

市和区人民政府及其工作部门、镇（乡）人民政府应当建立健全本机关的政府信息公开工作制度，并指定机构（以下统称政府信息公开工作机构）负责本机关政府信息公开的日常工作。

政府信息公开工作机构的具体职能是：

（一）具体承办本机关主动公开政府信息事宜，维护和更新本机关主动公开的政府信息；

（二）接收和处理向本机关提出的政府信息公开申请；

（三）对本机关制作的公文进行公开属性审查认定；

（四）对拟公开的政府信息组织开展相关审查；

（五）本机关的政府信息涉及其他机关的，与有关机关进行协商、确认；

（六）组织编制本机关的政府信息公开指南、政府信息公开目录和政府信息公开工作年度报告；

（七）组织开展本机关政府信息公开情况的分析、研究，并提出完善信息公开工作的意见和建议；

（八）履行本机关规定的与政府信息公开有关的其他职能。

市级行政机关的政府信息公开工作机构可以制定本系统行政机关派出机构、内设机构政府信息公开工作的具体规范，纳入本机关政府信息公开指南并向社会公布。

第七条 （专家委员会）

市人民政府办公厅应当建立由高校、科研机构以及相关部门、单位的专家组成的政府信息公开专家委员会。

政府信息公开专家委员会负责论证分析政府信息公开工作的重大问题，研究本市政府信息依申请公开办理过程中的疑难问题，对政府信息公开工作提出意见和建议。

第八条 （虚假和不完整信息的处理）

行政机关应当及时、准确地公开政府信息。

行政机关发现影响或者可能影响社会稳定、扰乱社会和经济管理秩序的虚假或者不完整信息的，应当报告本级人民政府或者上一级行政机关，并及时发布准确、完整的政府信息予以澄清。

第十二条　（公开主体）

行政机关制作的政府信息，由制作该政府信息的行政机关负责公开。行政机关从公民、法人和其他组织获取的政府信息，由保存该政府信息的行政机关负责公开；行政机关获取的其他行政机关的政府信息，由制作或者最初获取该政府信息的行政机关负责公开。法律、法规对政府信息公开的权限另有规定的，从其规定。

行政机关设立的派出机构、内设机构依照法律、法规、规章对外以自己名义履行行政管理职能的，可以由该派出机构、内设机构负责与所履行行政管理职能有关的政府信息公开工作。

行政机关被撤销或者行政管理职能发生变更的，由承继其行政管理职能的行政机关负责原行政机关或者行政管理职能所涉及政府信息的公开；没有承继机关的，由作出撤销或者变更决定的行政机关负责原行政机关或者行政管理职能所涉及政府信息的公开。

第十三条　（信息公开指南和目录）

行政机关应当依照《中华人民共和国政府信息公开条例》（以下简称《条例》）第十二条规定编制本机关的政府信息公开指南和政府信息公开目录，通过政府门户网站等渠道向社会公布并及时更新。

政府信息公开指南应当标准规范、清晰易懂，政府信息公开目录应当分类科学、内容完整，便于公众检索、查询。

第十四条　（信息公开协调机制）

行政机关应当建立健全政府信息公开协调机制。

有下列情形之一的，行政机关应当与有关机关进行沟通、确认，保证行政机关公开的政府信息准确一致：

（一）行政机关公开政府信息前，知道该政府信息涉及其他机关的；

（二）政府信息涉及两个以上机关，但与相关机关已公开的政府信息内容不一致的。

相关行政机关对政府信息发布的内容意见不一致，但政府信息内容可以根据行政机关职责权限作区分的，按照有权机关的意见办理；职责权限无法区分的，提请共同的上级行政机关确定。

行政机关公开政府信息依照法律、行政法规和国家有关规定需要批准的，经批准后予以公开。

第十五条 （公开范围与方式）

除本规定第十六条、第十七条规定的政府信息外，政府信息应当公开。

行政机关公开政府信息，采取主动公开和依申请公开的方式。

第十六条 （不予公开情形）

下列政府信息不予公开：

（一）依法确定为国家秘密的政府信息；

（二）法律、行政法规禁止公开的政府信息；

（三）公开后可能危及国家安全、公共安全、经济安全、社会稳定的政府信息；

（四）涉及商业秘密、个人隐私等公开会对第三方合法权益造成损害的政府信息，但第三方同意公开或者行政机关认为不公开会对公共利益造成重大影响的除外。

行政机关依据前款第三项规定决定不予公开政府信息的，应当书面报告市人民政府办公厅。

第十七条 （内部事务信息、过程性信息和行政执法案卷信息）

行政机关的内部事务信息，包括人事管理、后勤管理、内部工作流程等方面的信息，可以不予公开。

行政机关在履行行政管理职能过程中形成的讨论记录、过程稿、磋商信函、请示报告等过程性信息以及行政执法案卷信息，可以不予公开。法律、法规、规章规定上述信息应当公开的，从其规定。

前两款所列的内部事务信息和过程性信息如果已对公民、法人和其他组织的权利义务产生直接影响，并且作为行政机关行政管理依据的，应当公开。

第十八条 （信息公开审查机制）

行政机关应当建立健全政府信息公开审查机制，明确审查的程序和责任。

行政机关在制作公文时，应当开展公文公开属性认定，审查并明确该公文的公开属性，确定不予公开的，应当注明理由。

行政机关在公开政府信息前，应当依照《中华人民共和国保守国家秘密法》以及其他法律、法规和国家有关规定进行审查。行政机关不能确定政府信息是否可以公开的，应当依照法律、法规和国家有关规定报有关主管部门或者保密行政管理部门确定。

第十九条 （动态调整机制）

行政机关应当建立健全政府信息管理动态调整机制。

行政机关应当对本机关不予公开和依申请公开的政府信息进行定期评估审查，对不予公开的政府信息因情势变化可以公开的，应当予以公开；对依申请公开的政府信息，经认定可以主动公开的，应当主动公开。

就相同的政府信息，多个申请人向同一行政机关提出公开申请并已获取的，行政机关可以将该政府信息纳入主动公开的范围。

申请人认为依申请公开的政府信息涉及公众利益调整、需要公众广泛知晓或者需要公众参与决策，建议行政机关将该信息纳入主动公开范围的，行政机关经审核认为属于主动公开范围的，应当及时主动公开。

第二十条 （主动公开范围）

除《条例》第二十条、第二十一条规定外，行政机关还应当主动公开下列政府信息：

（一）保障性安居工程建设、保障性住房分配、国有土地使用权出让、国有产权交易等公共资源配置领域政府信息；

（二）农村综合帮扶、社会救助和社会福利、基本医疗卫生、灾害事故救援、公共文化体育等社会公益事业建设领域政府信息；

（三）权力清单、责任清单、负面清单及其动态调整信息；

（四）基本公共服务的项目清单、服务标准；

（五）年度重大行政决策事项目录；

（六）政府实事项目立项及实施情况信息；

（七）依照本市有关规定应予公开的行政处罚决定信息；

（八）直接作为行政执法和行政管理依据的信息；

（九）国家和本市规定应当主动公开的其他政府信息。

第二十一条 （公开途径）

行政机关应当通过政府公报、政府网站或者其他互联网政务媒体、新闻发布会、政府信息查阅场所以及报刊、广播、电视等途径主动公开政府信息。

第二十二条 （政府公报）

市和区人民政府应当健全政府公报制度。

市人民政府规章、市和区人民政府制定的行政规范性文件，应当及时在本级人民政府公报上全文登载。市和区人民政府部门制定的行政规范性文件，可以在本级人民政府公报上全文登载。涉及面广、与民生关系密切、社会关注度高或者专业性强的政府规章或者重要政策文件，可以刊登配套解读材料。

政府公报免费向公众发放，并在国家档案馆、公共图书馆免费供公众查阅。

市和区人民政府应当适应移动互联网发展趋势，推出适合移动平台展示的电子版政府公报，方便公众查询、利用。

第二十三条　（政府网站）

行政机关应当依托政府门户网站统一、集中发布主动公开的政府信息。政府门户网站应当强化信息检索、查阅、下载等功能。

属于主动公开范围的政府信息，行政机关应当在本机关的政府网站上公开；行政机关未设立政府网站的，应当通过本级人民政府或者上级行政机关的政府网站公开。

第二十四条　（其他互联网政务媒体）

行政机关应当加强其他互联网政务媒体建设和管理。

对于涉及重大公共利益的主动公开信息，行政机关应当及时推送到政务微博、微信、移动客户端等政务新媒体平台，以方便公众知晓的形式发布。

第二十六条　（政府信息查阅场所）

市和区人民政府应当在国家档案馆、公共图书馆等设置政府信息查阅场所，并配备相应的设施、设备。

有条件的行政机关应当设立公共查阅室、资料索取点、信息公告栏、电子信息屏等场所、设施，公开政府信息。

区行政服务中心应当设置政府信息查阅专区，有条件的社区事务受理中心可以配备相应的设施、设备，方便公众查阅政府信息。

行政机关应当及时向国家档案馆、公共图书馆提供主动公开的政府信息。

第二十七条 （主动公开时限）

属于主动公开范围的政府信息，应当自该政府信息形成或者变更之日起 20 个工作日内及时公开，但法律、法规规定超过 20 个工作日的除外。

法律、法规、规章规定或者行政机关承诺少于 20 个工作日的，按照相关规定或者承诺的时限公开。

第二十八条 （申请公开政府信息）

除主动公开的政府信息外，公民、法人或者其他组织可以向本市各级人民政府、区级以上人民政府部门以及对外以自己名义履行行政管理职能的派出机构、内设机构申请获取相关政府信息。

第二十九条 （申请的提出）

公民、法人或者其他组织申请获取政府信息的，可以采用包括信件、数据电文在内的书面形式向行政机关的政府信息公开工作机构提出。申请人采用书面形式确有困难的，也可以口头提出申请，由接收申请的行政机关工作人员代为填写申请书，并由申请人签字或者盖章确认。

政府信息公开申请应当包括下列内容：

（一）申请人的姓名或者名称、身份证明、联系方式；

（二）申请公开的政府信息的名称、文号或者便于行政机关查询的其他特征性描述；

（三）申请公开的政府信息的形式要求，包括获取信息的方式、途径。

申请人通过邮寄、传真方式提出政府信息公开申请的，可以在信封、传真件的显著位置标明“政府信息公开申请”字样。

第三十条　（申请时间的确定）

行政机关收到政府信息公开申请的时间，按照下列规定确定：

（一）申请人通过行政机关明确的互联网渠道提交申请的，以系统提示申请提交成功之日为收到申请之日；

（二）申请人以挂号信等邮寄方式提交政府信息公开申请的，以行政机关签收之日为收到申请之日；以平常信函等无需签收的邮寄方式提交政府信息公开申请的，政府信息公开工作机构应当于收到申请的当日与申请人确认，确认之日为收到申请之日；

（三）申请人当面提交政府信息公开申请的，以提交之日为收到申请之日，行政机关应当出具书面凭证；

（四）申请人通过政府信息公开工作机构公开的传真提交政府信息公开申请的，以双方确认之日为收到申请之日。

需要与申请人确认收到申请时间，但申请人未提供电话联系方式或者提供的联系电话无法接通的，以行政机关收件登记之日为收到申请之日。

第三十一条　（一事一申请）

一个政府信息公开申请原则上对应一个政府信息。

一个政府信息公开申请要求公开的政府信息分属多个行政机关制作、保存或者信息类别和项目繁多，行政机关可以要求申请人按照“一事一申请”原则对申请方式加以调整，并在合理期限内重新提交申请。

申请人就一个具体事项向同一行政机关提出多个内容相近的政府信息公开申请，行政机关需要对现有的信息进行拆分处理才能答复的，行政机关可以要求申请人对申请作适当归并处理，并在合理期限内重新提交申请。

答复期限自行政机关收到重新提交的申请之日起计算。申请人未按照要求重新提交申请的，视为放弃申请，行政机关不再处理该政府信息公开申请。

第三十二条 （申请的补正）

政府信息公开申请内容不符合本规定第二十九条第二款规定的，行政机关应当给予指导和释明，并自收到申请之日起 7 个工作日内一次性告知申请人作出补正，说明需要补正的事项和合理的补正期限。答复期限自行政机关收到补正的申请之日起计算。

补正的申请不符合要求或者补正后仍然无法指向特定政府信息的，行政机关可以通过与申请人当面或者电话沟通等方式，确定申请人所需获取的政府信息；仍无法确定的，行政机关应当书面告知申请人申请内容不明确，无法处理该政府信息申请。

申请人无正当理由逾期未补正的，视为放弃申请，行政机关不再处理该政府信息公开申请。

第三十三条 （第三方意见征求）

申请人要求获取的政府信息，公开可能损害第三方合法权益的，行政机关应当书面征求第三方的意见。第三方应当自收到征求意见书之日起 15 个工作日内提出意见。

对于第三方的意见，行政机关按照下列情况作出处理：

（一）第三方同意公开的，行政机关予以公开；

（二）第三方不同意公开且有合理理由的，行政机关不予公开；

（三）第三方不同意公开但无合理理由，或者逾期未提出意见的，由行政机关依照《条例》和本规定有关规定决定是否公开；

（四）第三方不同意公开或者逾期未提出意见，但是行政机关认为不公开可能对公共利益造成重大影响的，可以决定予以公开，并将决定公开的政府信息内容和理由书面告知第三方。

第三十四条　（联合发文机关意见征求）

申请公开的政府信息由两个以上行政机关共同制作，但是未明确公开属性或者需要变更公开属性的，牵头制作的行政机关收到政府信息公开申请后，应当征求相关行政机关的意见。被征求意见机关应当自收到征求意见书之日起15个工作日内提出意见；逾期未提出意见的，视为同意公开。联合发文机关意见不一致的，提请共同的上级行政机关确定。

第三十五条　（依申请公开的答复期限）

行政机关收到政府信息公开申请，能够当场答复的，应当当场予以答复；不能当场答复的，应当自收到申请之日起20个工作日内予以答复；需要延长答复期限的，应当经政府信息公开工作机构负责人同意，并告知申请人，延长的期限最长不得超过20个工作日。

行政机关征求第三方和其他机关意见所需时间，不计算在前款规定的答复期限内，但是行政机关应当将征求意见的期限和理由告知申请人。

第三十六条　（申请数量、频次明显超过合理范围）

申请人申请公开政府信息的数量、频次明显超过合理范围，行政机关可以要求申请人在合理期限内说明理由。申请人未说明理由的，视为放弃申请。行政机关认为申请理由不合理的，告知申请人不予处理；行政机关认为申请理由合理，但是无法在本规定第三十五条规定的期限内答复申请人的，可以确定延迟答复的合理期限并告知申请人。

行政机关适用前款规定告知申请人不予处理的，应当书面报告市人民政府办公厅。

第三十八条 （答复）

对公民、法人或者其他组织提出的政府信息公开申请，行政机关根据下列情况分别作出书面答复：

（一）所申请公开信息已经主动公开的，告知申请人获取该政府信息的方式和途径；

（二）所申请公开信息可以公开的，向申请人提供该政府信息，或者告知申请人获取该政府信息的方式、途径和时间；

（三）所申请公开信息行政机关依法决定不予公开的，告知申请人不予公开并说明理由；

（四）经检索没有所申请公开信息的，告知申请人该政府信息不存在并说明情况；

（五）所申请公开信息不属于本机关负责公开的，告知申请人并说明理由；能够确定负责公开该政府信息的行政机关的，告知申请人该行政机关的名称、联系方式；

（六）行政机关已就申请人提出的政府信息公开申请作出答复、申请人重复申请公开相同政府信息的，告知申请人不予重复处理；

（七）所申请公开信息属于工商、不动产登记资料等信息，有关法律、行政法规对信息的获取有特别规定的，告知申请人依照有关法律、行政法规的规定办理。

第三十九条 （特别情形处理）

申请内容属于下列情形之一的，行政机关应当作出相应处理：

（一）所申请公开内容不属于《条例》及本规定所指政府信息的，告知申请人并说明有关情况；

（二）所申请公开内容需要行政机关对现有政府信息进行加工、

分析的，可以不予提供；

（三）以政府信息公开申请的形式进行咨询，要求行政机关解答特定问题的，告知申请人不作为政府信息公开申请处理，可以根据便民原则作出解答或者指引；

（四）所申请内容属于信访、行政复议、诉讼、国家档案馆保管的档案等信息，或者以政府信息公开申请的形式进行信访、投诉、举报等活动，告知申请人不作为政府信息公开申请处理，并可以告知通过相应渠道提出；

（五）所申请内容为要求行政机关提供政府公报、报刊、书籍等公开出版物的，可以告知申请人获取的途径。

第四十二条　（自身信息的更正）

公民、法人或者其他组织有证据证明行政机关提供的与其自身相关的政府信息记录不准确的，可以要求行政机关更正。有权更正的行政机关审核属实的，应当予以更正并告知申请人；不属于本行政机关职能范围的，行政机关可以转送有权更正的行政机关处理并告知申请人，或者告知申请人向有权更正的行政机关提出。

第四十三条　（便民服务）

行政机关应当为申请人申请政府信息提供必要的便利服务：

（一）提供申请书的格式文本，方便公民、法人和其他组织提出申请；

（二）申请人描述所需政府信息的文件名称、文号或者确切特征等有困难，向行政机关咨询的，行政机关应当提供必要的帮助；

（三）为存在阅读困难或者视听障碍的公民提供必要的帮助；

（四）申请内容不属于政府信息的，相关信息已获取并可以公开的，可以便民提供给申请人；

（五）申请内容不属于本行政机关负责公开的政府信息，相关信息已主动公开的，可以便民告知申请人获取该政府信息的方式和途径。

区人民政府可以设立本行政区域的集中接收申请窗口，方便公民、法人或者其他组织申请公开政府信息。

第四十四条 （收费）

行政机关依申请提供政府信息，不收取费用。但是，申请人申请公开政府信息的数量、频次明显超过合理范围的，行政机关可以收取信息处理费。行政机关收取信息处理费的具体办法按照国家有关规定执行。

第四十五条 （依申请公开工作规范）

行政机关应当建立健全政府信息依申请公开工作制度，完善申请登记、审核、办理、答复、归档等工作流程的具体工作要求，加强工作规范。

行政机关收到政府信息公开申请后，应当及时通过统一的政府信息公开业务平台进行登记、办理。

第四十六条 市和区人民政府应当对本级人民政府部门和下一级人民政府信息公开工作进行评议和考核。具体评议和考核工作，由本级政府信息公开工作主管部门组织实施。

政府信息公开工作主管部门开展评议工作，可以委托第三方实施，并可以邀请人大代表、政协委员、社会公众等参与。评议结果应当作为对本级人民政府部门和下一级人民政府的考核依据之一。相关考核情况应当纳入行政机关绩效考核范围，并向社会公布。

第四十七条 （工作监督）

政府信息公开工作主管部门应当加强对政府信息公开工作的日

常指导和监督检查，按季度通报本级人民政府部门和下一级人民政府的政府信息公开工作情况；对未按照要求开展政府信息公开工作的，予以督促整改或者通报批评；需要对负有责任的领导人员和直接责任人员追究责任的，依法向有权机关提出处理建议。

第五十条（社会监督与救济途径）

公民、法人或者其他组织认为行政机关未按照要求主动公开政府信息或者对政府信息公开申请不依法答复处理的，可以向政府信息公开工作主管部门提出。政府信息公开工作主管部门查证属实的，应当予以督促整改或者通报批评。

公民、法人或者其他组织认为行政机关在政府信息公开工作中侵犯其合法权益的，可以向上一级行政机关或者政府信息公开工作主管部门投诉、举报，也可以依法申请行政复议或者提起行政诉讼。

第六章　浦东新区法规

《上海市浦东新区深化“一业一证”改革规定》

（2021年9月28日上海市第十五届人民代表大会常务委员会第三十五次会议通过）

第一条　为了持续深化“一业一证”改革，推动政府审批服务向以市场主体需求为中心转变，优化营商环境，根据有关法律、行政法规的基本原则，结合浦东新区实际，制定本规定。

第二条　本规定适用于浦东新区在市场主体注册登记后深化“一业一证”改革的相关管理服务活动。

本规定所称的“一业一证”改革，是指通过优化审批流程和集中审批程序，将市场主体进入特定行业涉及的多张许可证整合为一张行业综合许可证的改革举措。

第三条　浦东新区深化“一业一证”改革，应当坚持需求导向，再造审批管理服务流程，创新制度供给；坚持系统集成，建立市场主体全生命周期集成服务机制，落实放管结合；坚持重点突破，激发市场主体发展活力，助力产业发展。

第四条　浦东新区人民政府应当加强深化“一业一证”改革的组织领导，建立健全深化改革的统筹推进工作机制。

浦东新区审批制度改革部门负责组织协调“一业一证”改革工

作，开展改革满意度社会评价，总结提炼改革创新举措。

浦东新区有关审批部门依据职权或者接受委托，负责具体有关行政许可的受理、审查、决定以及相应的事中事后监管等工作。

浦东新区行政审批局负责行业综合许可证的具体办理工作。

第五条　浦东新区应当根据国家和本市改革部署，编制“一业一证”改革行业清单。

对纳入“一业一证”改革的行业，浦东新区人民政府应当确定牵头管理部门和协同管理部门。牵头管理部门负责协调指导该行业“一业一证”改革中的审批、监管、服务等工作，组织制定统一适用于该行业的综合许可细则，建立健全行业综合许可全流程管理和综合监管制度。

第六条　浦东新区应当深入推进政务服务“一网通办”，开设“一业一证”线上专栏和线下专窗。申请人可以通过“一网通办”平台，查询“一业一证”改革行业，获取集成该行业全部准入条件的告知单和申请表，并进行线上办理。

申请人的申请由浦东新区行政审批局统一收件后，各有关审批部门应当并联审批、限时办结，并由行政审批局统一制作、送达行业综合许可证等文书。

第七条　行业综合许可证是“一业一证”改革行业经营活动涉及的多项行政许可的效力集成，是确认市场主体取得相关行政许可、获得行业准营资格的证明。

各有关国家机关应当对行业综合许可证的效力予以认可，对有关行业准入涉及的单项行政许可不再单独受理、发证；在相关管理服务活动中，不得要求市场主体提供单项行政许可证件。

第八条　对纳入“一业一证”改革的行业，浦东新区应当建立行业综合许可证统一有效期制度。单项行政许可设定的有效期，整合为行业综合许可证后可以取消或者延长。

行业综合许可证所整合的单项行政许可变更或者失效的，相关行政审批部门应当同步调整该行业综合许可证的相应信息。

第九条 对纳入“一业一证”改革的行业涉及的场所、设备、人员、资金、管理制度等审批条件，可以实行告知承诺制，允许申请人以告知承诺书替代证明符合相关审批条件的材料，但是直接涉及国家安全、国家秘密、意识形态安全、公共安全、金融业审慎监管、生态环境保护、人身健康、生命财产安全的除外。

支持浦东新区探索实行基于“一业一证”改革的市场准营承诺即入制。

第十条 对纳入“一业一证”改革的行业，应当依托“一网统管”平台，通过“双告知、双反馈、双跟踪”证照衔接机制和“双随机、双评估、双公示”协同监管机制，实行对市场主体全生命周期的动态监管、风险监管、信用监管和分类监管。

行业监管部门与市场监督管理部门应当做好业务系统对接和工作衔接，方便市场主体在公示信息时一并填报经营活动的有关信息。

第十一条 浦东新区应当建立深化“一业一证”改革长效机制，针对行业综合许可单轨制、行业综合许可证统一有效期制度、市场准营承诺即入制等改革举措，结合改革创新实践编制改革举措清单，及时动态调整，并向社会公布。

第十二条 本市建立与“一业一证”改革相适应的政务信息共享机制。对纳入“一业一证”改革的行业，有关部门和单位应当将市场主体的许可、年报、处罚、信用、电子证照等信息，及时、准确共享至浦东新区有关部门，不得要求市场主体重复填报。

涉及“一业一证”改革的市级相关部门，应当优化完善相关业务应用系统，及时与浦东新区“一业一证”申办系统对接，建立数据交换机制，保障“一业一证”改革的深化实施。

第十三条　市人民政府及其有关部门应当积极争取国家有关部门对浦东新区深化“一业一证”改革的支持，加大赋权力度，帮助解决改革中的问题，及时总结推广改革经验。

第十四条　纳入“一业一证”改革的行业，不改变该行业行政许可实施的法律关系。浦东新区行政审批局应当建立行政复议和行政诉讼咨询服务机制，将行政复议被申请人和行政诉讼被告告知相关当事人。

第十五条　本规定自2021年10月1日起施行。

《上海市浦东新区市场主体退出若干规定》

第一条　为了深化“放管服”改革，畅通市场主体退出渠道，完善优胜劣汰的市场机制，优化营商环境，根据有关法律、行政法规的基本原则，结合浦东新区实际，制定本规定。

第二条　本规定适用于在浦东新区的市场监督管理部门（以下称“登记机关”）注册登记的有限责任公司、非公司企业法人、合伙企业和个人独资企业等市场主体退出及相关管理活动。

本规定所称的市场主体退出，包括简易注销、承诺制注销，以及登记机关依职权作出的强制除名和强制注销。

第三条　市场主体未发生债权债务、已将债权债务清偿完结或者具有国家规定的其他情形的，可以适用简易注销程序。

市场主体申请简易注销登记的，应当通过国家企业信用信息公示系统（以下称“公示系统”）或者政府网站公示拟申请简易注销登记以及全体投资人承诺等信息，公示期为十日。

市场主体注销依法须经批准或者市场主体存在股权（财产份额）被冻结、出质，有正在被立案调查或者采取行政强制、司法协助以及国家规定的其他情形的，不适用简易注销程序。

第四条 市场主体决议解散后无法完成清算，具备下列条件的，可以适用承诺制注销：

（一）非公司企业法人主管部门（出资人）、合伙企业全体合伙人等承诺对市场主体的所有债务依法承担责任，并对因市场主体未清算造成的损害承担连带责任；

（二）市场主体的债务有担保的，担保人承诺继续承担责任。

市场主体有本规定第三条第三款所列情形的，不适用承诺制注销。

第五条 市场主体拟申请承诺制注销的，应当通知债权人，并通过公示系统或者政府网站公示承诺事项，公示期为四十五日。登记机关应当同时将市场主体拟申请承诺制注销的相关信息推送至同级税务、人力资源社会保障等部门。

有关利害关系人及相关政府部门在公示期内未向登记机关提出异议的，市场主体可以提出承诺制注销申请。登记机关应当对申请材料进行形式审查。申请材料齐全、符合法定形式的应当当场作出准予注销登记的决定；不能当场作出的，应当在三个工作日内作出决定；情形复杂的，经登记机关负责人批准，可以再延长三个工作日。

第六条 市场主体被吊销营业执照、责令关闭或者撤销的，清算义务人应当依法组织清算；满六个月未办理清算组公告或者申请注销登记的，登记机关可以作出强制除名决定。

强制除名决定应当向市场主体的住所地或者先行确认的送达

地送达，并可以通过公示系统或者政府网站公告送达，公告期为六十日。

第七条 强制除名决定生效后，产生以下法律后果：

（一）市场主体的营业执照（正本、副本）作废；

（二）以统一社会信用代码（注册号）代替市场主体的名称；

（三）除统一社会信用代码（注册号）、被强制除名时间和原因等信息外，市场主体的其他信息不再向社会公示；

（四）不再作为市场主体统计基数；

（五）市场主体状态作相应标记。

第八条 强制除名决定生效届满六个月，市场主体仍未办理清算组公告或者申请注销登记的，登记机关应当通过公示系统或者政府网站催告，并启动强制注销程序。

登记机关应当通过登记系统查询市场主体是否存在股权（财产份额）被冻结、出质以及投资设立其他市场主体的情况，并向同级人民法院、人力资源社会保障、税务部门和自然资源确权登记部门征询市场主体是否涉及审理、办理或者执行中的案件、拖欠职工工资、欠缴社会保险、欠缴税款及未结涉税事项等情形以及不动产权利登记情况。相关部门收到征询意见函后应当于十五个工作日内书面答复。

第九条 市场主体不存在本规定第八条第二款所列情形或者相关部门收到征询意见函后未作答复的，登记机关应当通过公示系统或者政府网站发布拟作出强制注销决定的公告。公告应当载明市场主体名称（统一社会信用代码）、债权人等利害关系人提出异议的方式、强制注销的后果等，公告期为六十日。

公告期满，登记机关应当作出强制注销决定，并向社会公布，但是公告期内有下列情形之一的除外：

（一）市场主体办理清算组公告或者申请注销登记的；

（二）利害关系人或者相关政府部门提出异议的。

强制注销决定可以通过公示系统或者政府网站公告送达，公告期为六十日。

第十条 强制注销决定生效后，市场主体资格终止。除因登记机关违反本规定的条件和程序作出决定外，强制注销决定不予撤销。

登记机关应当同步向同级人民法院、人力资源社会保障、税务和自然资源确权登记部门推送市场主体强制注销的信息。人力资源社会保障、税务等有关部门应当根据登记机关的推送信息，及时更新社会保险和税务登记等信息。

第十一条 因市场主体已经注销导致其分支机构或者其出资的市场主体无法办理注销等相关登记的，可以由该已经注销市场主体的继受主体或者投资人代为办理。

因市场主体之外的其他主体已经撤销或者注销导致其管理或者出资的市场主体无法办理注销等相关登记的，可以由该已经撤销或者注销主体的继受主体或者上级主管单位代为办理。

第十二条 市场主体在简易注销、承诺制注销程序中提交虚假材料或者采取其他欺诈手段隐瞒重要事实的，登记机关应当根据情形作出撤销注销登记等处理，并依法追究相应的法律责任。

市场主体未经清算被依法注销的，其清算义务人承担的组织清算义务不变。有关利害关系人认为其合法权益受到侵害的，有权通过民事诉讼向市场主体的投资人或者清算义务人等追究民事责任；构成犯罪的，依法追究刑事责任。

第十三条 市市场监督管理部门负责组织协调全市市场主体退出改革推进工作，加强对浦东新区市场主体退出工作的支持。

浦东新区的市场监督管理部门负责实施优化市场主体退出登记程序，通过“一网通办”平台，推动市场主体退出全程线上办理。人力资源社会保障、税务、自然资源确权登记、大数据管理等相关部门应当落实信息共享、程序对接和协同办理等工作。

人民法院作出终结强制清算程序或者终结破产程序的裁定的，登记机关应当依据申请办理注销登记。

第十四条　本规定自2021年11月1日起施行。

《上海市浦东新区城市管理领域非现场执法规定》

（2021年10月28日上海市第十五届人民代表大会常务委员会第三十六次会议通过）

第一条　为了规范城市管理领域非现场执法工作，提高城市管理科学化、精细化、智能化水平，提升城市治理能力和治理成效，根据法律、行政法规的基本原则，结合浦东新区实际，制定本规定。

第二条　本规定适用于浦东新区城管执法部门运用非现场执法方式对违法行为进行查处的相关工作。

本规定所称的非现场执法，是指运用现代信息技术手段收集、固定违法事实，采用信息化等方式进行违法行为告知、调查取证、文书送达、罚款收缴等的执法方式。

第三条　浦东新区人民政府负责统筹协调有关部门推进非现场执法工作。

浦东新区城管执法部门负责非现场执法具体推进以及业务指导和监督，依托“一网统管”平台推动非现场执法工作。浦东新区发展改革、科技经济、公安、财政、人力资源社会保障、规划自然资源、市场监管等部门在各自职责范围内履行相关职能，为非现场执法工作提供协助与保障。

浦东新区街道办事处、镇人民政府负责完善本辖区社会各方共同参与的共建共治共享基层治理格局，开展城市管理领域非现场执法工作。

第四条 浦东新区城管执法部门查处城市管理领域多发易发、直观可见且依托信息化设备设施能够辨别、易于判断的违法行为，可以实施非现场执法。

浦东新区人民政府应当编制非现场执法事项清单，在政府网站公布，并及时动态调整。

第五条 浦东新区城管执法部门开展非现场执法工作应当依法行政，规范执法流程，坚持公平公正，做到高效与便民相一致、处罚与教育相结合、法律效果与社会效果相统一。

第六条 浦东新区城管执法部门开展非现场执法工作应当为当事人政策查询、陈述申辩、权利救济、责任履行等活动提供便利，充分保护当事人的合法权益。

第七条 浦东新区城管执法部门可以在道路、广场等公共场所以及具备条件的社区公共区域，利用电子技术监控设备收集、固定违法事实。

电子技术监控设备的安装使用应当经过法制审核和技术审核，确保电子技术监控设备符合国家标准或者行业标准。电子技术监控设备应当定期维护、保养、检测，保持功能完好。

电子技术监控设备分为固定式和移动式。固定电子技术监控设备设置的地点应当有明显可见的标识标志，并向社会公布。移动电子技术监控设备应当安装在统一标识的车辆上，监控区域应当向社会公布。

第八条　浦东新区城管执法部门应当建立相关信息数据库和信息平台，与区公安、市场监管、民政、住房管理等部门建立信息互通共享机制。

浦东新区城管执法部门应当依据必要合理原则，依法规范采集行政相对人的相关主体身份信息，并对采集的个人信息按照有关法律、法规进行处理。

浦东新区街道办事处、镇人民政府应当发挥基层治理机制作用，协助城管执法部门落实基层信息规范采集和依法按需共享制度。

第九条　浦东新区城管执法部门可以通过视频、音频等方式开展询问调查。视频、音频询问时，应当表明执法人员身份，告知被询问人相关权利和义务。

视频、音频资料可以替代书面询问笔录。必要时，浦东新区城管执法部门应当对视频、音频资料的形成时间和关键内容等作文字说明。

第十条　浦东新区城管执法部门应当审核视听资料、电子数据记录的内容是否符合真实、清晰、完整、准确的要求。未经审核或者经审核不符合要求的，不得作为行政处罚的证据。

第十一条　浦东新区城管执法部门依据审核确认的证据，拟作出行政处罚的，可以采用电子邮件、短信、互联网应用程序、“一网通办”平台等信息化方式将违法事实、拟处罚内容、陈述申辩途径等告知当事人，要求其在指定时间内接受处理。

第十二条　浦东新区城管执法部门应当设置指定处理窗口，并采取信息化等方式为当事人陈述、申辩提供便利。

浦东新区城管执法部门应当及时对当事人提出的事实、理由和证据进行复核。当事人提出的事实、理由或者证据成立的，应当予以采纳，不得因当事人陈述、申辩而给予更重的行政处罚。

第十三条 浦东新区城管执法部门在非现场执法案件中制作的法律文书，可以使用电子公章和电子签名。

经当事人同意并签订确认书的，浦东新区城管执法部门可以采用电子邮件、短信、互联网应用程序等信息化方式送达行政处罚决定书等相关法律文书。

第十四条 当事人可以通过电子支付系统缴纳罚款。浦东新区城管执法部门应当开通电子支付系统缴纳罚款的途径，并出具财政部门统一制发的专用电子票据。

第十五条 对当事人的违法行为，浦东新区城管执法部门应当通过短信告知或者语音电话等方式进行劝阻教育，责令及时改正；当事人及时改正且违法行为轻微的，不予处罚。

第十六条 浦东新区城管执法部门应当制定信息数据保护规范，建立信息数据安全管理机制和信息数据查询制度，明确本单位工作人员的查询权限和查询程序，加强信息数据安全保护。

对于履行职责中知悉的当事人的个人信息、隐私或者商业秘密，浦东新区城管执法部门及其工作人员应当严格保密，不得泄露、出售或者非法向他人提供。

违反前款规定的，责令改正，并对直接负责的主管人员和其他直接责任人员依法给予处分。

第十七条 市城管执法部门应当加强对浦东新区城市管理领域非现场执法工作的监督和支持，制定处罚裁量基准，开展业务指导和执法监督。

浦东新区城管执法部门应当加强与相关部门的协同联动，完善前端管理、普法教育、街区包干、行业自治、小区自我管理等多元化治理机制，充分发挥基层组织、社区、物业服务企业等的积极作用，提升城市管理效能。

浦东新区城管执法部门应当加强非现场执法工作的宣传，增强市民自觉遵守城市管理规定的意识，共同维护城市管理秩序。

第十八条　本规定自2021年12月1日起施行。

《上海市浦东新区建立高水平知识产权保护制度若干规定》

（2021年10月28日上海市第十五届人民代表大会常务委员会第三十六次会议通过）

第一条　为了贯彻落实在浦东新区建立高水平知识产权保护制度的要求，强化知识产权全链条保护，率先构建制度完备、体系健全、环境优越的国际知识产权保护高地，根据法律、行政法规的基本原则，结合浦东新区实际，制定本规定。

第二条　浦东新区人民政府应当加强对知识产权保护工作的领导，统筹协调推进知识产权保护工作中的重大事项，整合优化知识产权保护工作资源，完善知识产权统一管理的体制机制和综合服务平台建设，全面推进知识产权领域综合执法，加强知识产权保护的教育宣传和经费保障。

浦东新区知识产权部门负责知识产权保护工作的统筹协调和组织实施，开展国家知识产权部门相关业务在浦东新区的综合受理，依据职权或者接受委托综合行使相关部门在知识产权领域的行政执法权，配合国家知识产权部门开展集成电路布图设计行政执法。

浦东新区知识产权保护中心建立健全知识产权事务“一站式”保护机制，对接国家知识产权保护平台，推动国家知识产权事务在浦东新区“一网通办”，并可以依托“一网统管”平台协助开展前款规定的相关行政执法工作。

第三条 浦东新区知识产权部门应当对生物医药、高端装备制造、新一代信息技术等领域拟报请加快审查的专利申请，根据国家知识产权部门的规定提供预审服务。

浦东新区知识产权部门应当配合国家知识产权部门开展专利复审无效案件优先审查、专利无效案件远程视频审理等快速确权服务，推进专利确权案件与行政裁决案件联合审理。

第四条 单位和个人在实施专利、进入国外市场前或者拟上市等阶段，委托专业机构对产品或者技术是否侵犯他人专利权进行专利实施调查并获取专利实施调查报告的，可以作为判断是否故意侵权的参考依据。

第五条 在涉及公共利益的著作权侵权行政执法程序中，被投诉人主张其不承担侵权责任的，应当提供证据证明已经取得权利人的许可，或者具有法律规定的不经权利人许可而可以使用的情形。被投诉人不能提供或者提供的证据不足以推翻投诉人提供的侵权证据的，可以认定被投诉人的行为构成侵犯著作权。

第六条 单位和个人恶意申请商标注册的，应当对申请人给予警告，有违法所得的，可以并处违法所得五倍最高不超过五万元的罚款；没有违法所得的，可以并处三万元以下的罚款。

第七条 禁止任何单位和个人实施下列违反地理标志保护规定的行为：

（一）通过使用地理标志产品名称或者产品描述，使公众误认为该产品来自获得保护的地理标志产地范围的；

（二）在产地范围之外的相同或者类似产品上使用获得保护的地理标志产品名称或其意译、音译、字译，或者同时使用“类”“型”

“式”“仿”等表述的；

（三）未经批准擅自在产品上使用地理标志专用标志的；

（四）在产品上使用与地理标志专用标志相似的标志，使公众误认为是地理标志专用标志的；

（五）销售上述产品的。

违反前款规定的，责令立即停止违法行为，没收、销毁违法生产、销售的产品和伪造地理标志专用标志的工具；违法经营额五万元以上的，可以处违法经营额五倍以下的罚款，没有违法经营额、违法经营额难以计算或者违法经营额不足五万元的，可以处二十五万元以下的罚款。销售不知道是违反前款规定的产品，能够证明该产品是自己合法取得并说明提供者的，责令停止销售。

第八条　在商业秘密行政执法程序中，商业秘密权利人提供初步证据，证明其已经对所主张的商业秘密采取保密措施，且合理表明商业秘密被侵犯，涉嫌侵权人应当证明权利人所主张的不属于商业秘密或者其不存在侵犯商业秘密的行为。

对于侵犯商业秘密的行为，除依据《中华人民共和国反不正当竞争法》的规定处理外，还应当责令侵权人返还或者销毁载有商业秘密的图纸、软件或者其他有关载体，不得继续披露、使用或者允许他人使用商业秘密。侵权人利用权利人的商业秘密生产的产品，尚未销售的，应当监督侵权人销毁，但是权利人同意收购或者同意侵权人继续销售的除外。

权利人向人民法院请求返还或者销毁载有商业秘密的图纸、软件或者其他有关载体，清除其控制的商业秘密信息的，人民法院应予支持。

第九条　会展活动举办单位不得允许未提交知识产权合规承诺

或者相关知识产权权属证明的参展方参加展会。

参展项目被权利人投诉侵权的，会展活动举办单位应当立即要求参展方在限定时间内提供未侵权证明；参展方无法提供的，会展活动举办单位应当立即采取遮盖、下架展品或者取消参展资格等措施。

会展活动举办单位违反本条第一款、第二款规定的，给予警告，并可以处三万元以上十万元以下的罚款。

第十条 故意侵犯知识产权，情节严重的，人民法院可以根据规定按照权利人因被侵权所受到的实际损失、侵权人因侵权所获得的利益、许可使用费或者权利使用费倍数的一倍以上五倍以下确定赔偿数额；情节特别严重的，人民法院可以按照权利人因被侵权所受到的实际损失、侵权人因侵权所获得的利益、许可使用费或者权利使用费倍数的五倍以上十倍以下确定赔偿数额。权利人的实际损失、侵权人因侵权所获得的利益、许可使用费或者权利使用费难以计算的，由人民法院根据侵权行为的情节，判决给予一千万元以下的赔偿。

专利侵权纠纷司法判决、行政裁决生效后，再次侵犯同一专利权的，没收违法所得，并处违法经营额一倍以上五倍以下的罚款；没有违法经营额、违法经营额难以计算或者违法经营额不足五万元的，处五万元以上二十五万元以下的罚款。

因侵犯商业秘密被司法判决或者行政处罚，自司法判决、行政处罚决定生效之日起二年内再次侵犯商业秘密的，可以对侵权人从重处罚。

第十一条 浦东新区知识产权部门在知识产权纠纷立案前或者立案后，可以自行、委托或者移交相关组织进行调解，但是涉嫌犯罪的案件除外。

知识产权行政案件立案前达成调解协议并履行完毕的，可以不予立案。立案后达成调解协议并履行完毕的，可以从轻或者减轻处罚；没有损害第三人合法权益和公共利益的，可以免除处罚。

第十二条　浦东新区人民法院应当明确相关审判组织统一审理管辖范围内的知识产权民事、行政和刑事案件。

高等院校、科研机构、知识产权服务机构等单位具有专门知识的人，经遴选可以担任知识产权案件的专家陪审员。

支持浦东新区人民法院在知识产权案件办理中探索书状先行模式。

第十三条　浦东新区人民检察院应当明确相关检察办案部门统一履行知识产权刑事、民事、行政和公益诉讼检察职能。

支持浦东新区人民检察院在地理标志、集体商标、药品专利等涉及公共利益的知识产权领域探索开展公益诉讼。

第十四条　支持浦东新区设立科创板拟上市企业知识产权服务站，依法为全国拟上市企业提供知识产权问询辅导、知识产权评估评价等服务。

第十五条　鼓励金融机构优化知识产权质押融资模式，建立融资担保风险分担机制，加大对中小企业、科技创新企业、文化创意企业的增信服务力度。

鼓励企业以高价值知识产权组合为基础构建底层知识产权资产，在能产生稳定现金流的前提下探索知识产权证券化模式。

第十六条　本规定自 2021 年 12 月 1 日起施行。

《上海市浦东新区完善市场化法治化企业破产制度若干规定》

（2021 年 11 月 25 日上海市第十五届人民代表大会常务委员会第三十七次会议通过）

第一条 为了进一步加强企业破产工作，完善市场化、法治化的企业破产制度，促进企业优胜劣汰和市场资源高效配置，持续优化营商环境，根据有关法律、行政法规的基本原则，结合浦东新区实际，制定本规定。

第二条 本规定适用于在浦东新区办理企业破产以及相关的管理、保障活动。

浦东新区人民法院设立破产审判内设机构，集中管辖市高级人民法院指定的破产与强制清算案件。

第三条 浦东新区应当建立区人民政府和区人民法院共同牵头、相关部门参加的企业破产工作府院协调机制，统筹推进企业破产相关工作，加强企业破产信息共享，协同研究解决企业破产办理的重大问题。

浦东新区人民政府应当切实发挥在企业破产工作中的公共管理和服务职能，保障破产工作所需相关经费，完善破产企业财产快速处置和职工合法权益保障等机制，并指定相关部门承担企业破产府院协调机制的日常工作。浦东新区发展改革、建设交通、市场监管、公安、商务、税务、金融工作、人力资源社会保障、规划资源、司法行政等部门应当按照各自职责，建立破产信息平台和查询中心，健全破产案件财产处置联动机制，保障破产管理人依法规范履职，协同做好企业破产办理相关行政事务。

浦东新区人民法院应当推进破产审判专业化建设，完善支持企业庭外重组、预重整等破产拯救机制，完善破产案件繁简分流、简易程序快速审理等破产审判机制，提高破产案件办理的质量和效率。

第四条 企业董事、高级管理人员知道或者应当知道本企业出现《中华人民共和国企业破产法》第二条情形的，应当及时采取启动重组、向债权人披露经营信息、提请企业申请预重整或者破产重整、和解、清算等合理措施，避免企业状况继续恶化和财产减损。

企业董事、高级管理人员因故意或者重大过失违反前款规定造成企业财产损失，管理人或者债权人主张其在造成损失范围内向企业承担赔偿责任的，人民法院应当予以支持。

第五条 鼓励和引导企业在向人民法院申请破产重整前通过与债权人、出资人等利害关系人进行谈判协商，拟定重组方案。重整程序启动后，可以以重组方案为依据拟定重整计划草案提交人民法院依法审查批准。

对于具有挽救价值，且在短期内有实现重组可能的债务人，经债务人或者主要债权人申请，人民法院可以决定对企业进行预重整。申请人可以请求人民法院给予法律指导和监督，并协调政府有关部门依法给予必要的支持。

预重整中债务人与部分债权人已经达成的有关协议，与重整程序中拟定的重整计划草案内容一致的，该部分债权人对协议的同意视为对重整计划草案表决的同意。

第六条 在企业破产重整程序中，债权人未在人民法院确定的期限内申报债权的，不得在重整计划执行期间及重整保护期内行使权利。重整保护期为重整计划执行完毕后的一年期间。

破产重整案件的已知债权人收到债权申报书面通知和失权后果告知后，无正当理由未在人民法院确定的期限内申报债权的，视为放弃债权，债务人不再向该债权人承担清偿责任。

第七条 破产案件事实清楚、债权债务关系明确、财产状况清晰且具备下列情形之一的，应当先行适用简易破产程序：

（一）债务人账面资产为一千万元以下；

（二）已知债权人为三十人以下；

（三）已知债务总额为一百万元以下。

第八条 破产重整案件符合本规定第七条情形的，应当适用简易破产重整程序，债务人可以在管理人的监督下自行管理财产和营业事务。

债务人或者管理人应当自人民法院裁定债务人重整之日起三个月内，同时向人民法院和债权人会议提交重整计划草案。人民法院应当自收到重整计划草案之日起十五日内召开债权人会议对重整计划草案进行表决。债权人会议可以采用非现场方式召开。

第九条 破产衍生诉讼案件登记立案前，人民法院可以先行委派特邀调解组织或者特邀调解员进行调解。委派调解达成协议的，当事人可以依法申请司法确认。

当事人明确拒绝调解的，人民法院应当依法登记立案。登记立案后或者在审理过程中，人民法院认为破产衍生诉讼案件适宜调解，经当事人同意，可以委托特邀调解组织、特邀调解员或者由人民法院专职调解员进行调解。委托调解达成协议的，经审查后依法出具调解书。

第十条 破产案件受理后，管理人可以申请通过人民法院执行网络查控系统查询、控制债务人的存款、车辆、不动产、证券、对外投资等财产，人民法院应当于收到结果反馈之日起二日内将财产查控情况告知管理人。

需要采取保全措施的，人民法院应当于收到申请之日起五日内作出裁定并执行，情况紧急应立即开始执行。

第十一条 人民法院受理破产申请后，应当向已对债务人财产采取保全措施的有关单位发出解除通知，并附破产受理裁定书及指定管理人决定书。有关单位收到通知或者知悉破产申请受理后七日内未解除的，财产处置方案经债权人会议同意和人民法院审核后，管理人可以先行处置被查封债务人财产，处置后依据人民法院出具的法律文书办理解封和资产过户、移交手续。

第十二条 处置破产财产时，经债权人会议同意可以直接变价处理，不适用拍卖程序。确需进行拍卖的，由债权人会议自行确定或者授权管理人确定起拍价，并优先通过网上拍卖平台进行。拍卖应在规定的最短期限内完成。法律法规对特定财产处置方式有特别规定的，从其规定。

第十三条 处置破产财产时，破产企业的在建建筑工程符合竣工验收条件，但因材料缺失、相关单位不配合等原因导致无法办理竣工验收手续的，管理人可以委托有资质的专业机构鉴定。鉴定意见认为符合建筑工程质量标准的，视为完成竣工验收，并由管理人办理竣工验收备案手续。

破产企业的机动车交通违法的罚款作为破产债权在破产程序中依法处理，累计记分予以核销。

第十四条 企业被人民法院宣告破产后，管理人应当依法组织清算并拟定破产财产分配方案，财产分配方案经人民法院裁定认可后予以执行。

企业应当清算而未及时清算的，主管机关或者利害关系人可以申请人民法院指定有关人员组成清算组强制清算。强制清算执行本规定有关破产办理的规定。强制清算过程中，清算组发现企业财产不足以清偿债务，但企业具有挽救价值和重整可能的，应当注重维护企业运营价值，及时申请破产重整。

第十五条 浦东新区建立完善破产信息共享和破产状态公示机

制。浦东新区人民法院应当将企业破产、强制清算程序中的下列重要信息及时与浦东新区社会信用主管部门共享，并由浦东新区社会信用主管部门按照规定向社会公示：

（一）企业破产、强制清算程序的受理、办理、终结的相关基本信息；

（二）管理人的名称、指定程序、履职情况等信息；

（三）企业董事、监事、高级管理人员违反忠实义务和勤勉义务，承担相关法律责任等信息；

（四）其他重要信息。

第十六条　浦东新区建立完善破产重整企业信用修复机制。浦东新区人民法院裁定批准重整计划或者认可破产和解协议后，管理人可以通过“一网通办”平台或者直接向原失信信息提供单位申请信用修复。

重整计划执行期间及执行完毕后，不得因破产重整直接排除其参与招投标、融资等市场行为的资格，不得限制其参与评优评先以及在政府审批、公共服务中享受容缺受理、证明替代等便利措施，法律、行政法规另有规定的除外。

第十七条　破产案件管理人由人民法院指定。债权人或者债务人提出破产申请的，可以向人民法院书面提名一名管理人人选。被提名人选符合任职条件并事先作出相关书面承诺的，人民法院应当指定其担任破产案件管理人。

数名申请人同时提出破产申请且提名的管理人人选不一致的，人民法院应当组织全体申请人协商，协商一致的，人民法院应当指定其担任破产案件管理人；协商不成的，人民法院应当直接指定管理人。

第十八条　债权人会议可以作出更换管理人的决议，并由人民法院指定新的管理人。

人民法院召集第一次债权人会议时，可以组织债权人就是否更换管理人进行讨论和表决。债权人会议确定了符合任职条件的管理人人选的，人民法院应当指定其担任破产案件管理人。债权人会议确定的人选不符合任职条件或者未确定新的人选的，人民法院可以直接指定新的管理人。

第十九条　浦东新区司法行政部门在市主管部门指导下会同有关部门支持破产管理人协会在浦东新区开展活动，推行管理人职业规范、履职评价、投诉处理、行业信用等常态化的行业监管制度。

浦东新区人民法院应当建立管理人履职情况的个案监督和指导机制。债权人会议和债权人委员会应当督促管理人勤勉履职。人民法院、债权人会议和债权人委员会对管理人的个案履职评价信息及时向社会公布。

发现虚假破产、妨碍清算、侵占公司财物或者虚假诉讼的犯罪线索的，管理人可以依法向有关机关控告或者举报。有关机关对管理人的控告、举报应当依法处理。

第二十条　本规定自 2022 年 1 月 1 日起施行。

《上海市浦东新区促进张江生物医药产业创新高地建设规定》

（2021 年 12 月 29 日上海市第十五届人民代表大会常务委员会第三十八次会议通过）

第一条　为发挥以张江为引领的生物医药科创策源和产业生态优势，实施国家战略要求，促进浦东新区生物医药产业高质量发展，推动浦东新区形成世界级生物医药产业集群，更好地满足人民群众对健康生活的需求，根据有关法律、行政法规的基本原则，结合浦东新区实际，制定本规定。

第二条 本规定适用于在浦东新区行政区域内从事生物医药研发、生产、经营、使用以及相关促进保障活动。

第三条 本市坚持制度引领、改革创新、以人为本、开放合作、风险预防、科学规范的原则，推进浦东新区生物医药产业高质量发展。

第四条 市人民政府应当加强对浦东新区生物医药产业发展工作的领导，建立和完善促进生物医药产业发展议事协调机制，深化与国家有关部门的协作，统筹协调浦东新区生物医药产业发展中的重大事项。

浦东新区人民政府应当建立浦东新区生物医药产业发展促进工作机制，加强以张江为引领的生物医药产业发展工作，推动浦东新区生物医药产业创新发展。

浦东新区相关镇人民政府、街道办事处、园区管理机构应当在职责范围内做好生物医药产业发展的促进保障工作。

第五条 市经济信息化部门负责统筹本市生物医药产业发展，协调推进浦东新区生物医药产业创新高地建设。

市和浦东新区发展改革、科技、商务、卫生健康、药品监管、医疗保障、财政、规划资源、生态环境、人力资源社会保障、地方金融监管、绿化市容等部门以及海关等单位根据各自职责和本规定，负责浦东新区生物医药产业促进工作。

第六条 浦东新区人民政府设立浦东新区生物医药产业发展专家委员会。专家委员会负责对浦东新区生物医药产业发展、项目规划、重点布局等事项开展科学论证，提出意见建议。专家委员会的意见建议作为生物医药产业发展决策的重要参考。

第七条 市、浦东新区人民政府应当将促进人体细胞和基因产业发展纳入生物医药产业发展协调促进机制，在风险可控的前提下，支持符合条件的多元化投资主体开展人体细胞、基因技术研发和推进产业化进程。

市和浦东新区科技、卫生健康等部门应当强化对浦东新区生物医药企业开展人体细胞、基因技术开发和应用的监管，加强风险管控。

第八条 对于国家有关部门准许范围内的浦东新区生物医药企业，探索对其开展跨境研发所需的货物（含材料、耗材、试剂等）实施保税监管。

按照监管部门信息共享、风险可控的要求，浦东新区相关重点生物医药企业可以根据国家规定开展高附加值、高技术含量、符合环保要求的医疗器械保税维修业务；浦东新区特定区域内的相关企业可以根据国家规定开展出口高端医疗设备的返境维修。维修后的医疗器械，应当根据其来源复运至境外。

第九条 浦东新区具备药品商业化规模生产条件并且符合药品生产质量管理规范的生物医药企业，药物临床试验阶段申请药品生产许可的，在承诺临床样品的生产条件与申请上市许可阶段的生产条件一致的情况下，市药品监管部门可以核发《药品生产许可证》。

第十条 浦东新区药品上市许可持有人可以自行生产药品，也可以依法委托药品生产企业生产。经国家药品监管部门核准后，浦东新区药品上市许可持有人可以委托本市范围内一家以上符合条件的药品生产企业生产。市药品监管部门应当做好指导、服务，并配合国家药品监管部门开展相关审查工作。

血液制品、麻醉药品、精神药品、医疗用毒性药品、药品类易制毒化学品不得委托生产，但国家药品监管部门另有规定的除外。

第十一条 对国内尚无同品种产品上市的体外诊断试剂，浦东新区符合条件的医疗机构根据临床需要，可以自行研制，在执业医师指导下在本单位内使用。具体办法由市药品监管部门会同市卫生健康部门制定。

第十二条 市人民政府在国家授权范围内，可以批准浦东新区符合条件的医疗机构进口少量临床急需的药品和医疗器械。进口的药品和医疗器械应当在指定医疗机构用于特定医疗目的。

鼓励符合条件的生物医药企业对临床急需进口的少量药品和医疗器械开展临床真实世界数据应用研究，探索将临床真实世界数据用于药品和医疗器械注册，推动药品和医疗器械加快上市。

第十三条 本市按照国家有关授权，在相关区域内试点推动符合条件的浦东新区药品和医疗器械交易平台开展跨境电子商务零售进口部分药品和医疗器械业务。

市药品监管部门应当结合浦东新区生物医药产业发展的实际需求，在保证经营质量安全可控的前提下，优化药品批发经营许可实施，满足药品现代物流需求。

第十四条 本市根据浦东新区生物医药企业的研发需求，规划布局和建设进境非人灵长类等实验动物隔离检疫场。

浦东新区鼓励社会资本依法投资开展与生物医药研发相关的非人灵长类等实验动物及相关产品的保种、繁育、生产、供应等活动，保障生物医药研发使用需求。需要生产和使用非人灵长类等实验动物的，应当经浦东新区科技经济部门和野生动物保护主管部门批准，依法取得实验动物生产、使用许可证。

浦东新区卫生健康部门会同农业农村部门负责浦东新区新建、改建或者扩建与人体健康相关的动物生物安全二级实验室的备案。

第十五条　本市建立微生物、人体组织、生物制品、血液及其制品等生物医药特殊物品出入境联合监管机制。浦东新区人民政府应当会同有关部门对生物医药企业及其出入境特殊物品开展综合评估，对通过评估的企业及物品出具相应生物安全控制能力的证明。上海海关凭证明和企业提交的其他材料，简化通关手续。

本市建立生物医药研发用物品进口试点联合推进机制。浦东新区人民政府应当会同有关部门对企业及进口研发用物品进行认定。通过认定的企业及物品在办理通关手续时不需提交进口药品通关单。

浦东新区建立企业研发进口微量耗材管理服务平台，在进口许可、通关便利、允许分销等方面予以支持。

第十六条　本市在浦东新区设立人类遗传资源管理服务机构，开展人类遗传资源咨询、服务、培训、研究等工作，协助国家和本市人类遗传资源管理机构开展人类遗传资源的事中事后监管等工作。

第十七条　浦东新区行政区域内的药品检验检测机构经国家药品监管部门指定，可以开展创新药品的注册检验工作。市药品监管部门、浦东新区人民政府应当为药品检验检测机构的检验检测能力提升提供政策支持和保障。

浦东新区应当加强生物医药产品注册指导服务工作站建设。对符合产业发展方向的药品和医疗器械，注册指导服务工作站应当及时跟踪、对接注册进度，开展药品和医疗器械注册工作的前期指导服务，推动药品和医疗器械加快上市。

第十八条　本市支持国家药品监管局药品审评检查长三角分中心、医疗器械技术审评检查长三角分中心建设，协助配置职业化专业化的审评员、检查员，建立科学高效专业的审评检查工作机制。

市和浦东新区有关部门应当依托国家药品监管局药品审评检查长三角分中心、医疗器械技术审评检查长三角分中心，为生物医药企业提供高效便捷的指导和服务，根据相关规定推动创新药品和医疗器械纳入优先审评审批通道，加快推进创新药品和医疗器械注册上市。

第十九条 本市支持创新药品和医疗器械进入医疗机构使用。市和浦东新区有关部门对浦东新区医疗机构采购和使用的创新药品和医疗器械不纳入药品（耗材）收入所占比例、药品品种规格总数、采购比例限制等考核。

第二十条 本市支持高校、科研院所、医疗机构与浦东新区生物医药企业开展合作，通过共建实验室、研究院等方式推动建设创新协作产业生态圈。本市支持国家级和市级医药临床研究中心建设，探索浦东新区研究型医院试点建设，推进科技成果与临床研究对接，推动产学研医深度融合。

浦东新区科技经济、卫生健康部门应当开展创新药品和医疗器械研发项目评估工作，依托本市医院企业协同临床试验加速平台，促进临床试验需求对接，提升产医融合质量效率。

第二十一条 鼓励各类医疗卫生机构推进健康医疗数据采集、存储，加强应用支撑和运维技术保障。加快建设和完善以居民电子健康档案、电子病历、电子处方等为核心的基础数据库。

市和浦东新区卫生健康部门应当依据相关法律法规建立健康医疗数据共享与开放机制，制订健康医疗数据开放分类分级标准，推动健康医疗数据有序开放，为本市生物医药创新研发提供数据支撑。

第二十二条 本市支持在浦东新区建设高标准、集约化的生物样本库。

市卫生健康部门和浦东新区人民政府应当建立有效的生物样本研究应用与共享机制，支持企业牵头或者参与制定样本库建设管理标准。市和浦东新区卫生健康部门应当加强生物样本及其信息数据的存储与管理的指导，保障生物样本采集、存储、使用、共享等符合生物安全管理规范。

医疗卫生机构的生物样本，可以委托有相关资质的第三方机构集中存储和管理。

第二十三条　本市支持建设张江综合性国家科学中心，推进大科学设施规划建设，完善设施使用保护，严格设施周边管理，为生物医药产业发展提供基础性研究和保障。

第二十四条　对符合条件的新型生物医药研发机构，市和浦东新区有关部门应当在其管理模式、成果转化、体制机制改革等方面给予指导和支持。

浦东新区人民政府应当支持具备条件的生物医药企业开放创新中心建设。对符合条件的创新中心，在建设运营、人才奖励、知识产权保护等方面给予支持。

第二十五条　本市鼓励各类市场主体建设众创空间、孵化器、加速器等生物医药共享公共服务平台，创新服务模式，针对创新企业不同发展阶段提供完善的基础设施、针对性的运营管理和专业的研发服务，强化产业园区、创新研发企业、研发生产服务企业之间的协同联动。

第二十六条　本市推进生物医药制造业创新链、产业链、人才链深度融合。鼓励生物医药产业链核心企业牵头带动产业链供应链持续向高级化、现代化发展，打造一批拥有关键核心技术的生物医药领军企业。

第二十七条 本市建立浦东新区生物医药项目信息数据库并动态更新，创新研发成果有序转化的利益分享机制，实现本市生物医药创新研发与生产制造协同发展。

第二十八条 对符合生物医药产业发展导向的重点项目，市和浦东新区有关部门可以按照规定对土地用途、容积率、建筑高度等予以优化。

市和浦东新区规划资源部门应当深化产业用地“标准化”出让方式改革，增加混合产业用地供给。在符合产业功能导向和生物医药项目主导产业用途的前提下，对浦东新区生物医药产业用地试点允许受让人自主确定土地产业用途比例。

第二十九条 本市对符合规定的生物医药创新产品实行首购和订购制度。浦东新区健全优先使用生物医药创新产品的政府采购政策，加大生物医药创新产品政府采购力度，促进生物医药创新产品研发和示范应用。

第三十条 市地方金融监管部门、浦东新区人民政府应当创新生物医药产业金融服务模式，推动生物医药企业在科创板等资本市场上市；持续优化张江指数样本和权重，突出张江国家自主创新示范区生物医药等优势产业，引导资本市场支持张江生物医药产业发展。

市财政、地方金融监管部门应当加大对生物医药供应链金融的指导，重点支持金融机构围绕生物医药供应链核心企业开发适合产业发展需求的供应链金融产品，为生物医药产业链上下游中小企业融资提供服务。

本市发挥上海市中小微政策性融资担保基金作用，通过批次担保、联合担保、再担保等多种方式引导相关金融机构和融资担保机构，为浦东新区生物医药企业融资提供增信服务。

第三十一条　浦东新区生态环境部门可以会同科技经济部门按照生态保护红线、环境质量底线、资源利用上线和生态环境准入清单的生态环境分区管控要求，对抗体、疫苗、血液制品等生物制品领域建设项目，根据所在区域环境敏感程度、建设项目可能产生的环境影响和环境风险，制定细分行业的生态环境管理措施，实行差异化监管。

第三十二条　浦东新区生物医药研发机构、医疗机构可以将其依法取得的职务科技成果的知识产权或者知识产权的长期使用权给予成果完成人。

浦东新区组建生物医药专业职称评审委员会，对区域内非公领域生物医药产业专业技术人才开展职称评价；根据国家授权制定发布国际职业资格证书认可清单，研究国际职业资格与国内职称的衔接办法。

浦东新区生物医药研发机构、医疗机构的专业技术人员在其他企业、机构兼职或者利用与本人从事专业相关的科技创新成果在职创办企业的，相关权利义务由其所在单位规定，或者由其所在单位与专业技术人员约定。

第三十三条　本市贯彻落实国家生物安全战略，建立健全生物安全风险监测预警体系，健全完善生物安全科研攻关机制，推动本市生物安全技术及其产业化应用引领发展。

第三十四条　本规定自 2022 年 1 月 1 日起施行。

《上海市浦东新区市场主体登记确认制若干规定》

（2022 年 2 月 18 日上海市第十五届人民代表大会常务委员会第三十九次会议通过）

第一条 为了推进市场主体登记确认制，深化“放管服”改革，维护良好市场秩序和市场主体合法权益，优化营商环境，根据有关法律、行政法规的基本原则，结合浦东新区实际，制定本规定。

第二条 本规定适用于浦东新区的市场监督管理部门（以下称“登记机关”）推进市场主体登记确认制改革及其相关的管理、服务活动。

本规定所称市场主体登记确认制，是指登记机关依据法定的权限和程序，对有限责任公司、非公司企业法人及其分支机构，个人独资企业、合伙企业及其分支机构（以下统称“市场主体”）的主体资格和登记事项予以认定并公示其法律效力的登记制度。

第三条 实施市场主体登记确认制，应当遵循尊重意思自治、贯彻形式审查、全程公开透明、智慧便捷高效的要求，赋予市场主体更大的经营自主权，降低制度性交易成本。

申请人应当实名申请登记，并对其提交材料的真实性、合法性和有效性负责。登记机关对申请材料进行形式审查，对申请材料齐全、符合法定形式的予以确认并登记。

第四条 市场主体的设立登记实行行政确认。符合法律法规规定的设立条件的，由登记机关确认其主体资格，并分别登记为相应类型的市场主体，签发营业执照。取得营业执照的市场主体即可从事一般经营项目。

第五条 市场主体名称登记实行申报承诺制。申请人可以通过“一网通办”平台以自主申报、事先承诺的方式办理名称登记。

登记机关应当运用现代信息技术，对申请人申报的名称是否与他人相同或者近似等情形进行自动比对，实时导出比对结果，及时提示申请人可能存在的法律风险。

第六条　市场主体自主确定经营范围，并记载于章程（合伙协议）。

市场主体仅需将主营项目、许可项目以及涉及外商投资准入特别管理措施的项目申请登记。登记机关按照经营项目分类标准予以确认并登记。

市场主体超越登记的经营范围开展非许可类经营活动的，登记机关不予处罚；未经许可开展许可类经营活动的，由有关许可部门依法处理。

第七条　推进市场主体住所和经营场所分离改革。市场主体需要在住所以外开展经营活动的，可以备案多个符合条件的经营场所，也可以办理分支机构设立登记。

第八条　市场主体之间有控制关系、有共同投资方或者隶属于同一集团的，可以将同一地址作为住所登记。

符合住所托管要求的市场主体，可以将指定的场所登记为住所。

第九条　市场主体应当置备股东（合伙人、投资人）名册。股权（财产份额、出资额）转让的，应当书面通知市场主体。

市场主体应当及时变更名册并申请变更登记，免于向登记机关提交转让协议等材料。

第十条　推进市场主体备案事项改为自主公示。市场主体应当在设立时或者下列事项变动之日起二十个工作日内通过国家企业信用信息公示系统、"一网通办"平台向社会公示：

（一）董事、监事、高级管理人员；

（二）市场主体登记联络员；

（三）外商投资企业法律文件送达接受人。

市场主体公示前款规定的材料和事项应当合法、准确、完整。

公示虚假信息的，应当将其违法失信行为记入市场主体信用档案，依法实施失信惩戒；损害他人合法权益的，依法承担法律责任。

第十一条 按照分级分类监管原则，结合市场主体信用和风险状况，开展针对市场主体自主公示事项和留存文件的“双随机、一公开”抽查，并实施差异化监管措施。

对市场主体的登记事项和自主公示信息，利害关系人提出异议或者经抽查发现异常的，登记机关应当及时进行核查。核查期间，登记机关可以对市场主体的相关信息作出标注。

第十二条 发挥律师事务所、会计师事务所、税务师事务所等专业服务机构和有关行业协会等的共治功能，推进市场主体托管机制创新。

托管服务机构应当按照登记机关要求建立托管服务工作台账，配合协助有关部门开展对市场主体的监督管理，督促市场主体履行相关义务。

市场主体可以根据约定以托管服务机构的住所申请住所登记。市场主体在住所以外活动的，应当向托管服务机构提供相关信息。

第十三条 登记机关应当建立覆盖市场主体全生命周期的登记服务体系，实现登记工作的标准公开、服务公开和结果公开。

登记机关应当优化登记流程，推行材料清单标准化、办理流程电子化、登记服务智能化，便利市场主体通过“一网通办”平台全程线上办理登记。除登记法定代表人（执行事务合伙人）外，登记机关不再收取股东会决议、董事会决议、任免职文件等材料。

第十四条 推进以电子营业执照为载体，归集各类电子许可证信息，实现电子证照“一照通用”和市场主体营业执照记载项目精简化。营业执照记载项目包括市场主体的名称、法定代表人（执行事务合伙人、负责人或经营者）姓名、住所（主要经营场所）、注册资本（出资额）、登记机关等。

第十五条　市场主体违反本规定，未及时公示有关材料和事项或者公示的信息违法、虚假、遗漏的，责令限期改正；拒不改正的，可以处一万元以上十万元以下的罚款，列入经营异常名录；情节严重的，列入严重违法企业名单，实施信用惩戒。

托管服务机构违反本规定的，责令限期改正；拒不改正的，处一万元以上十万元以下的罚款。

提交虚假材料或者采取其他欺诈手段取得市场主体登记的，依法撤销登记。

第十六条　本市有关司法机关和行政机关应当支持市场主体登记确认制改革，建立与其相适应的评价、考核制度。

登记机关及其工作人员在实施确认登记中依据本规定和相关制度尽责履职、未牟取私利，但因现有科学技术、监管手段限制未能及时发现问题的，不予追究执法过错责任。

第十七条　本规定自2022年3月15日起施行。

《上海市浦东新区绿色金融发展若干规定》

（2022年6月22日上海市第十五届人民代表大会常务委员会第四十一次会议通过）

第一条　为了提升浦东新区绿色金融服务水平，促进绿色金融和普惠金融、科创金融的融合发展，推进上海国际金融中心核心区建设，打造上海国际绿色金融枢纽，加快经济社会发展全面绿色转型，促进生态文明建设，根据有关法律、行政法规的基本原则，结合浦东新区实际，制定本规定。

第二条 本规定适用于浦东新区行政区域内开展绿色金融活动及相关促进保障工作。

本规定所称绿色金融，是指为支持改善生态环境、应对气候变化、资源节约高效利用等经济社会活动所提供的金融服务。

第三条 市人民政府应当加强对浦东新区绿色金融工作的领导，深化与国家金融管理、发展改革、生态环境、财政等部门协作，推动绿色金融改革创新，加强绿色转型风险管理，协调解决绿色金融发展中的重大问题。

浦东新区人民政府应当建立绿色金融发展工作协调机制，健全与国家金融管理部门在沪机构联系机制，将绿色低碳转型纳入国民经济和社会发展规划，推动气候投融资等绿色金融改革创新试点，统筹各项支持政策，提升重点产业绿色能级，促进经济社会绿色发展。

第四条 市地方金融监管部门应当加强与国家金融管理部门在沪机构的沟通协调，指导浦东新区绿色金融改革创新和依法开展绿色金融监督管理相关工作。

市发展改革、生态环境、财政、经济信息化、科技、住房城乡建设管理、交通、市场监管、知识产权等部门应当按照各自职责，完善配套政策，支持浦东新区开展绿色金融改革创新。

市国有资产监督管理部门应当强化市属国有金融机构绿色金融业绩考核管理，推动市属国有金融机构落实国家金融管理部门绿色金融活动监督管理要求。

浦东新区金融工作部门应当做好本行政区域的绿色金融发展促进和服务保障等工作。浦东新区发展改革、生态环境、财政、科技经济信息化、建设交通、国有资产监督管理、市场监管、知识产权等部门应当按照各自职责支持开展绿色金融改革创新。

第五条　市人民政府应当统筹建立绿色企业评价要求、评价标准和绿色项目认定条件、认定标准工作机制。市发展改革、经济信息化、科技、生态环境、住房城乡建设管理、交通、市场监管等部门根据国家规定，研究制定行业绿色企业评价要求、评价标准和绿色项目认定条件、认定标准。

市生态环境部门会同市发展改革等部门，根据绿色企业评价要求、评价标准和绿色项目认定条件、认定标准，统筹市级各行业主管部门建立绿色项目库，引入第三方机构评估论证或者组织专家开展科学论证，将绿色企业、绿色项目、绿色技术等入库，并实行动态调整。

浦东新区人民政府应当会同国家金融管理部门在沪机构、市地方金融监管部门等，实施绿色金融国家标准和行业标准，组织制定国家绿色金融标准浦东新区配套制度或者补充性绿色金融地方标准，统一浦东新区绿色金融产品和项目评估、认定和分类标准。

第六条　市人民政府应当支持国家金融管理部门在沪机构在浦东新区建立改革试验机制，促进绿色金融等领域创新监管互动，支持金融机构等市场主体在有效控制风险的基础上开展产品业务创新。

市人民政府应当鼓励国家金融管理部门在沪机构开展金融科技创新监管工具实施工作，支持在浦东新区开展绿色金融活动的金融机构（以下统称浦东新区金融机构）利用金融科技手段，实现对绿色项目的识别、环境效益的测算。

第七条　市人民政府应当支持国家金融管理部门在沪机构通过完善绿色金融评价机制，引导浦东新区金融机构制定绿色金融发展规划，完善组织机制，建立绩效考核、激励约束和内部风险管理制度。

浦东新区人民政府及各部门在选择金融机构开展相关合作时，

应当将其实施环境信息披露情况和绿色金融评价结果作为重要依据。

第八条 本市支持金融机构、金融基础设施机构、相关交易场所等为碳密集型、高环境风险的项目或者市场主体向低碳、零碳排放转型提供金融服务。

市人民政府应当支持国家金融管理部门在沪机构结合浦东新区产业实际和区域特征，制定补充性转型金融标准、分类和管理规则。

第九条 本市支持符合条件的境内外机构发起设立为改善生态环境、应对气候变化、资源节约高效利用等经济社会活动提供金融服务的银行、证券、保险、基金、信托等金融机构。

本市支持世界银行、亚洲开发银行、亚洲基础设施投资银行等为绿色项目提供投融资和技术服务，发挥新开发银行总部效应，推动绿色金融国际合作项目在浦东新区落地。

本市发挥中国（上海）自由贸易试验区、中国（上海）自由贸易试验区临港新片区跨境资金流动先行先试优势，为绿色企业提供更便利的跨境投融资服务。

第十条 本市鼓励金融机构响应国际国内生物多样性金融相关倡议，利用国际绿色金融合作框架，参与生物多样性金融示范项目。

浦东新区人民政府鼓励金融机构创新业务模式，加强区域协作，参与生物多样性金融示范项目。

第十一条 浦东新区人民政府应当按照国家部署，开展气候投融资试点，探索差异化的投融资模式，以市场手段强化各类资金有序投入，创新激励约束机制，完善资金安排联动机制，抑制高碳投资。

支持浦东新区金融机构创新气候投融资产品和业务。

第十二条 国家金融管理部门在沪机构鼓励银行业金融机构改革内部资金转移定价机制，探索通过有关结构性货币政策工具、监管评价、提高绿色信贷不良率容忍度等方式，支持开展绿色信贷业务。

浦东新区银行业金融机构应当优化、创新绿色信贷产品和服务，扩大信贷规模，提供信贷便利，降低信贷成本，将环境、社会和治理要求纳入管理流程和全面风险管理体系。

第十三条 本市支持上海票据交易所为绿色票据发展提供技术支持，参与制定绿色票据标准，探索形成包括票据融资、应收账款融资、保理融资等供应链融资的绿色标准。

鼓励浦东新区金融机构依托上海票据交易所发展绿色票据业务，发挥绿色票据再贴现业务的定向支持作用，向绿色产业链上下游企业提供优质的支付融资方案。

第十四条 浦东新区人民政府探索将符合条件的重大清洁低碳能源项目等纳入地方政府专项债券支持范围，支持区域绿色项目建设。

浦东新区人民政府应当建立绿色债券项目储备，支持金融机构、地方金融组织、企业发行碳中和债券、可持续发展挂钩债券等各类债券，降低发债成本。

纳入绿色债券项目储备范围内的企业发行债券的，浦东新区人民政府鼓励区内融资担保机构提供担保支持，市中小微企业政策性融资担保基金按照规定提供再担保支持。

鼓励符合条件的第三方机构开展绿色债券信用评级，揭示绿色债券信用风险。

第十五条 中国外汇交易中心、上海证券交易所、上海清算所、跨境银行间支付清算公司、中国证券登记结算公司上海分公司、中央国债登记结算公司上海总部等金融基础设施机构应当为绿色债券的发行、登记、托管、交易、清算、结算等提供便利服务。鼓励金融机构承销绿色公司债券、绿色企业债券、绿色债务融资工具、绿色资产支持证券等。

国家金融管理部门在沪机构支持中国外汇交易中心、上海证券交易所等金融基础设施机构组织绿色债券做市，为金融机构开展绿色债券做市业务提供系统便利和支持。

第十六条 本市支持上海保险交易所在浦东新区试点建立绿色保险产品登记、清算、结算服务平台。

登记注册在中国（上海）自由贸易试验区的保险公司分支机构，可以办理绿色再保险分入业务。

第十七条 浦东新区从事涉及重金属、危险废物、有毒有害物质等环境高风险企业，应当投保环境污染责任保险。浦东新区生态环境部门应当每年制定并公布应投保企业名录。

国家金融管理部门在沪机构建立环境污染责任保险产品和服务监管机制。上海保险交易所试点建立浦东新区环境污染责任保险信息管理平台。

第十八条 本市支持银行业金融机构加大对绿色融资租赁项目的资金支持。

支持登记注册在浦东新区的融资租赁公司探索开展绿色低碳相关技术专利等无形资产的融资租赁业务。

登记注册在浦东新区的融资租赁公司开展节能环保、清洁生产、清洁能源、生态环境、基础设施绿色升级以及绿色服务等领域融资租赁业务的，经国家金融管理部门授权，可以适当放宽租赁资产余额集中度与关联度的监管限制。

第十九条 本市支持浦东新区信托机构通过信托贷款、股权投资、债券投资、资产证券化、公益（慈善）信托等方式开展绿色信托业务。

以不动产设立信托的，可以向不动产登记机构申请记载为信托财产。中国信托登记公司可以在浦东新区试点信托财产登记，办理绿色信托产品登记、统计、流转等事项。

第二十条 本市鼓励浦东新区金融机构遵循负责任投资原则，将环境、社会和治理因素纳入投资决策，督促被投资方改善环境绩效，减少环境风险，开展环境信息披露。

有关部门应当在绿色投资主题基金的市场主体登记、基金跨境投资审批等方面提供便利。

第二十一条 本市支持私募股权基金、创业投资基金等加大对绿色企业、绿色项目、绿色技术等的投资。

本市区域性股权市场运营机构组织建立私募股权与创业投资份额转让平台，开展私募股权和创业投资份额的托管、转让、质押登记等业务。国家对公司股权出质登记另有规定的，从其规定。

第二十二条 本市推动清洁低碳能源、生态环保等领域符合条件的项目纳入全国基础设施领域不动产投资信托基金试点项目库，并开展试点。

本市支持国家绿色发展基金等在沪各类绿色股权投资基金，聚焦浦东新区环境保护、污染防治、能源资源节约利用、绿色建筑、绿色交通、绿色制造等领域开展绿色投资。

浦东新区人民政府应当依托政府引导基金或者产业投资基金，通过政府和社会共同出资的方式，支持绿色产业发展。政府出资产生的投资超额收益部分可以按照一定比例，让利给社会出资人。

第二十三条 市、浦东新区相关部门应当按照规定对绿色低碳技术的创新开发给予支持。鼓励浦东新区金融机构对绿色低碳技术成果转化和应用开展投贷联动业务。

第二十四条 市中小微企业政策性融资担保基金应当为开展绿色项目融资的中小微企业加大担保支持力度，提高绿色融资担保业务比重和担保额度，给予费率优惠。市人民政府相关部门应当完善资本金补充、风险补偿和绩效考核机制。

对于获得市中小微企业政策性融资担保基金担保的浦东新区中小微企业，浦东新区相关部门应当按照规定给予经费补助等支持。

第二十五条 本市支持金融机构开展环境权益担保融资、回购、拆借等业务，推动金融机构成为上海环境能源交易所的直接交易主体。

本市支持浦东新区金融基础设施机构和金融机构等依法合规开展天然气、电力、氢能等绿色相关衍生产品和业务，推动浦东新区金融基础设施机构和金融机构依法参与创设、交易碳衍生品等相关业务。

第二十六条 市场主体可以办理有关环境权益担保登记，并对登记内容的真实性、完整性和合法性负责。中国人民银行征信中心动产融资统一登记公示系统、上海环境能源交易所等机构不对担保登记内容进行实质审查。

设定担保的碳排放权价值发生较大幅度减少等情形的，担保权人可以按照法律规定或者合同约定，请求补足担保价值，压降借贷资金额度或者提前收回借贷资金并处置担保标的。

债务人未能按期履行债务或者发生约定实现担保权的情形，担保权人可以与担保人协议以碳排放权折价或者拍卖、变卖该碳排放权。通过上海环境能源交易所进行转让的，可以采取协议交易、单向竞价或者其他符合规定的方式。

第二十七条　浦东新区内生产经营活动涉及温室气体重点排放、曾发生过环境事故的企业，从浦东新区金融机构或者地方金融组织获得绿色金融服务的，应当向资金融出方提供相关环境信息。

第二十八条　从浦东新区金融机构或者地方金融组织获得绿色金融服务的区内企业，发生下列情形之一的，应当在五个工作日内将相关信息告知资金融出方：

（一）与环境保护相关的行政许可事项发生变更的；

（二）发生突发生态环境事件的；

（三）发生对社会公众及投资者有重大影响的生态环境损害赔偿等事件的；

（四）因生态环境违法行为受到行政处罚或者被追究刑事责任的；

（五）资金融出方要求提供的其他环境信息。

第二十九条　浦东新区银行业金融机构法人应当按照中国人民银行发布的《金融机构环境信息披露指南》等标准要求，发布年度环境信息报告。鼓励浦东新区银行业金融机构法人开展环境信息临时披露，并增加披露频次和范围。

鼓励浦东新区内除银行业金融机构法人之外的金融机构发布年度环境信息报告，开展环境压力测试等环境风险量化分析，并将分析结果纳入信息披露范围。

第三十条　浦东新区人民政府应当依托市大数据资源平台建立绿色金融数据服务专题库，探索金融数据与公共数据的交互融合，与智慧能源双碳云平台、产业绿贷综合性融资服务平台等建立数据对接机制，依法推进信息的归集、整合、查询、共享。

浦东新区人民政府支持各类市场主体使用绿色金融数据服务专

题库，推动金融资源精准服务绿色项目库中的企业或者项目等。

第三十一条 浦东新区人民政府应当依托绿色金融数据服务专题库，与各类第三方机构开展数字化协作，探索建立企业碳账户和自然人（常住人口）碳账户，将企业碳排放表现信息和个人绿色低碳活动信息等纳入碳账户、形成碳积分。

鼓励浦东新区金融机构为碳积分高的企业和自然人提供优惠的金融产品或者服务。

加强浦东新区企业碳账户和自然人碳账户与全市碳普惠相关平台的衔接。

第三十二条 市人民政府应当将绿色金融发展纳入上海金融创新奖评选范围，按照规定评选和奖励。

浦东新区人民政府应当将绿色金融发展纳入财政政策体系予以专项支持，通过相关领域财政专项资金对下列机构加大支持力度：

（一）符合财政支持条件的金融机构、金融基础设施机构、地方金融组织、企业、第三方机构等；

（二）金融机构在区内新设符合财政支持条件的绿色金融事业部（业务中心）或者绿色金融分支机构。

第三十三条 浦东新区人民政府应当为吸引绿色金融高层次、紧缺急需和优秀青年人才提供便利支持。对绿色金融创新项目获得上海金融创新奖具有突出贡献的个人，浦东新区人民政府可以按照规定引进落户。

浦东新区人民政府应当为外籍绿色金融人才在居留、出入境、办理工作许可等方面提供便利支持。

浦东新区人民政府支持金融机构、高校、第三方机构等组织开展绿色金融相关专业技能培训。

第三十四条　本市各级人民法院、人民检察院应当充分发挥司法职能，为绿色金融创新发展提供司法保障。

支持人民法院、仲裁机构在审判、仲裁活动中尊重金融行业交易规则和习惯，发布绿色金融典型案例。支持上海金融法院探索金融市场案例测试机制，向金融市场提供规则指引，服务绿色金融创新。

第三十五条　本市支持提供绿色认证、环境咨询、资产评估、资信评级、数据服务、碳排放核算、环境信息披露报告核查等服务的第三方机构，依法开展专业化业务活动。

第三方机构应当勤勉尽责、恪尽职守，严格遵守数据安全和权益保护要求，对文件资料的真实性、准确性、完整性进行核查和验证。第三方机构制作、出具的文件有虚假记载、误导性陈述或者重大遗漏，给他人造成损失的，应当依法承担法律责任。

第三十六条　本规定所称环境权益，是指政府为解决外部性问题，对行为主体在自然资源和环境容量消耗数量方面设定许可、进行总量控制而产生的权益。

本规定所称碳排放权，是指分配给重点排放单位的规定时期内的碳排放额度。

第三十七条　本规定自2022年7月1日起施行。

《上海市浦东新区推进市场准营承诺即入制改革若干规定》

（2022年6月22日上海市第十五届人民代表大会常务委员会第四十一次会议通过）

第一条　为了创新政府服务管理方式，推进市场准营承诺即入制改革，优化营商环境，根据有关法律、行政法规的基本原则，结合浦东新区实际，制定本规定。

第二条 本规定适用于浦东新区推进市场准营承诺即入制改革的相关管理服务活动。

本规定所称的市场准营承诺即入制，是指通过一次性告知市场主体从事特定行业许可经营项目须具备的全部条件和标准，由市场主体书面承诺其已经符合要求并提交必要材料，即可取得行政许可的改革举措。

第三条 浦东新区推进市场准营承诺即入制改革，应当以市场主体需求为导向，统筹行政审批制度和商事制度改革，注重政府职能转变和改革系统集成，不断激发市场主体活力。

第四条 浦东新区人民政府应当加强组织协调，建立健全深化市场准营承诺即入制改革的统筹推进工作机制。

浦东新区审批制度改革部门负责牵头推进市场准营承诺即入制改革工作。

浦东新区行政审批局负责市场准营承诺即入手续的具体办理工作。

第五条 除涉及国家安全、社会稳定、生态环境安全、金融业审慎监管、重大公共利益的领域，浦东新区人民政府应当根据国家和本市改革部署，按照稳妥审慎、循序渐进、风险可控的要求，确定实行市场准营承诺即入制的行业及相应的事项，并向社会公布。

第六条 市场主体设立登记后，浦东新区行政审批局应当通过企业专属网页等途径推送通过承诺即入方式办理行业许可的线上链接和线下渠道。

市场主体选择承诺即入方式办理许可的，可以通过“一网通办”平台等在线办理，也可以线下办理。

在自然灾害、事故灾难、公共卫生和社会安全等突发事件应对处置期间，浦东新区行政审批局应当充分发挥“一网通办”平台作用，推进实现无接触服务、不见面办理。

第七条　浦东新区有关行政机关负责具体行业市场准营承诺即入制的推进以及相应市场主体的事中事后监管等工作。

对实行市场准营承诺即入制的行业，浦东新区有关行政机关应当按照场所、设备、人员、资金、管理制度等要素，对从事该行业经营活动涉及的法定许可条件进行标准化集成，对要求市场主体提交的材料整合精简，编制许可条件清单和材料清单，并向社会公开。

第八条　浦东新区行政审批局应当通过告知承诺书一次性告知市场主体从事特定行业经营活动涉及的行政许可事项、许可条件、法律法规依据以及所需材料目录、提交方式、提交期限等。

告知承诺书的告知内容应当全面、准确、易懂，可量化、可操作，不得模糊表述，不得含有兜底条款，不得在告知承诺书外另附许可审批条件。

第九条　市场主体按照承诺即入方式办理市场准营手续的，应当书面承诺其已经满足告知的条件、标准和技术等要求，并能够在约定的期限内提交相关材料。

第十条　浦东新区有关行政机关应当建立全流程指导和服务机制，通过线上线下多种渠道，为市场主体理解和履行承诺内容提供专业化、智能化的导航指引和咨询服务。

浦东新区行业牵头部门应当会同行政许可部门编制市场准营承诺即入制告知承诺书示范文本，并向社会公布。

对因承诺可以减省的材料，不再要求提供。对可以在行政许可后一定期限补交的材料，实行容缺办理、限期补交。

市场主体因突发事件影响超出提交材料期限的，按规定予以期限中止、顺延。

第十一条 市场主体从事许可经营项目应当符合许可条件和标准。市场主体向浦东新区行政审批局提交市场准营告知承诺书以及符合要求的有关材料后，即可取得行政许可。

第十二条 签署市场准营告知承诺书的市场主体及其承诺的内容由浦东新区行政机关向社会公开。

鼓励市场主体自行公开告知承诺书。

第十三条 市场主体告知承诺书的内容，构成行政机关实施事中事后监管的依据。

市场主体在告知承诺书约定的期限内未提交材料、提交的材料不符合要求的，浦东新区有关行政机关应当依法注销相关行政许可。

浦东新区有关行政机关应当按照分级分类监管原则，结合市场主体信用和风险状况，根据“双随机、一公开”的要求，在作出行政许可后二个月内对市场主体的承诺内容开展检查。

第十四条 浦东新区有关行业管理部门应当结合市场主体及其主要投资人等信用信息及行业管理实际，确定可以适用市场准营承诺即入方式的市场主体范围。依法列入严重违法失信企业名单的市场主体，不得适用市场准营承诺即入方式。

浦东新区社会信用管理部门应当加强市场主体公共信用信息的归集、共享等工作，有关行业管理部门应当建立健全市场主体信用记录，依法归集至公共信用信息服务平台。

第十五条 市大数据管理部门应当加强推进市场准营承诺即入

制改革的信息化保障，开发有关功能模块和数据接口，推动与浦东新区市场准营承诺即入制申办系统对接。市级有关部门应当优化完善相关业务系统，建立数据交换机制，确保市场准营承诺即入制全程线上办理。

浦东新区大数据管理部门应当为市场准营承诺即入制平台日常运行提供技术支撑。

第十六条　市人民政府及其行政审批制度改革等有关部门应当积极争取国家有关部门对浦东新区市场准营承诺即入制改革的支持，加大赋权力度，加强对浦东新区推进市场准营承诺即入制改革的指导、协调，帮助解决改革中的问题，及时总结推广改革经验。

第十七条　市场主体以不正当手段取得许可的，浦东新区相关行政机关应当依法给予行政处罚；开展相应经营活动的，适用未经许可从事经营活动的法律、法规处理。

第十八条　本规定自 2022 年 8 月 1 日起施行。